财政部规划教材
中央财经大学“双一流”建设精品教材

生存模型

廖　朴　编著

中国财经出版传媒集团
中国财政经济出版社
· 北京 ·

图书在版编目（CIP）数据
生存模型 / 廖朴编著. -- 北京 : 中国财政经济出版社, 2025. 6. --（财政部规划教材）（中央财经大学“双一流”建设精品教材）. -- ISBN 978-7-5223-3876-7
Ⅰ. F840.62
中国国家版本馆CIP数据核字第20253ZF637号

责任编辑：康婧琳　　责任校对：胡永立
封面设计：兰卡绘世　　责任印制：党　辉

生存模型
SHENGCUN MOXING

中国财政经济出版社 出版

URL：http：//www. cfeph. cn
E－mail：cfeph@ cfeph. cn

社址：北京市海淀区阜成路甲 28 号　邮政编码：100142
营销中心电话：010－88191522
天猫网店：中国财政经济出版社旗舰店
网址：https：//zgczjjcbs. tmall. com
涿州汇美亿浓印刷有限公司印刷　各地新华书店经销
成品尺寸：185mm×260mm　16 开　15. 75 印张　310 000 字
2025 年 6 月第 1 版　2025 年 6 月河北第 1 次印刷
定价：75. 00 元
ISBN 978－7－5223－3876－7
（图书出现印装问题，本社负责调换，电话：010－88190548）
本社图书质量投诉电话：010－88190744
打击盗版举报热线：010－88191661　QQ：2242791300

前　言

在风险评估与管理、金融保险、生物统计学等诸多领域中，对个体或系统未来生存状态的精准预测与深入分析始终是核心任务之一。生存分析作为一种用于研究未来生存状态数据统计规律的学科，在近年获得了飞速的发展与广泛应用。《生存模型》旨在系统性地为读者呈现生存模型领域的理论、方法以及前沿进展，助力读者深刻理解并熟练运用相关知识。

本书内容系统全面，涵盖了生存模型的核心知识体系。具体而言，本文包括两大部分内容：第一部分为理论基础知识，以马尔科夫模型为核心工具，深入探讨了个体或系统未来状态的建模方法。通过严谨的数学推导，本书从理论角度构建了一般的、具有普适性的转移概率估计框架。这一框架不仅为理解和分析生存数据提供了坚实的理论基础，还具备高度的灵活性，能够满足各类新型保险产品定价和准备金评估的复杂需求，为风险评估和管理实践中的关键问题提供了精准的量化工具。

第二部分聚焦生存概率估计的实践应用，以生存概率的估计和生命表的编制为核心内容。书中系统且深入地介绍了多种经典的生存模型以及生存概率的估计方法。这些内容为寿险精算中生存概率和死亡概率的估计提供了坚实的理论基础和实践指导。具体而言，书中探讨了如何利用历史数据和统计技术来构建生命表，还涵盖了多种估计方法，如 Kaplan－Meier 估计法等，以生成可靠的生存概率估计，为保险产品的定价和准备金评估提供了科学依据。

本书的目标读者群体广泛，既包括对生存分析感兴趣的初学者，可作为高校相关课程的教材使用，帮助他们快速掌握生存模型的基本概念与分析方法；也为保险精算领域的研究人员与从业者提供了极具价值的参考，助力他们在实际项目中灵活运用生存模型进行创新与决策支持。

在编写过程中，我们力求内容的系统性与全面性，确保理论阐述清晰、实例分析透彻、习题丰富，同时也注重对前沿研究动态的及时纳入，力求使本书成为一本兼具学习价值与实用价值的专业著作。此外，许多保险、精算专业的研究生参与了本书资料搜集整理和部分章节初稿撰写工作，他们是王膺权、梁可、邵一鸣、唐来乐、张龄立、王艺蓉等

(排名不分先后)，在此对他们的付出表示感谢!

由于学海无涯，作者水平有限，加之时间仓促，书中难免还有失误、遗漏之处，恳请广大读者提出建设性意见。文责自负。

廖　朴
2025 年 5 月

目录 Contents

第一章　引　　言

学习要点

- 对生存模型的主要内容有直观认识。
- 了解生存模型在精算学科体系中的作用。

第一节　生存模型的内容介绍

生存模型是对人的生存过程进行统计分析而建立的数学模型，它在形式上表现为一类特殊随机变量的概率分布。

生存过程是指生存状态随时间产生不确定性变化的过程。这一过程在模型中常使用研究对象从被开始观察到状态改变的持续时间，生存时间用 T 来表示。在形式上，生存模型包括参数模型和表格模型，前者即生存函数，而后者以实际中使用的生命表为代表。

生存模型的构建源于医学、精算学、人口学等领域研究中面临的实际问题。在这些领域的研究中，需要对目标群体未来的生存概率或生存时长进行计量。完成这一计量过程的数学载体就是生存模型。另外，对生存数据的分析方法也可以推广到更多有类似特征的数据中，借助生存模型的研究方法，同样可以对劳动力失业的持续时间、证券市场价格走势、交易指令等待成交时间展开研究。生存模型在精算学科体系中的作用详见本章第二节。

本书的主要内容涵盖了生存模型的理论基础，包括随机过程、Markov 链以及 Markov 过程；完整数据以及不完整数据下的生存函数估计与检验，以及异质生存函数、随机死亡率模型等生存模型理论的主干知识和前沿方向。本书的具体结构安排详见本章的第三节。

第二节 生存模型在精算学科体系中的作用

生存模型是精算学科的重要组成部分。可以说，精算学理论中凡是与目标群体预期的生存状况有关的部分，都依赖于生存模型的有关知识。图 1－1 展示了生存模型在精算学知识框架中的位置。

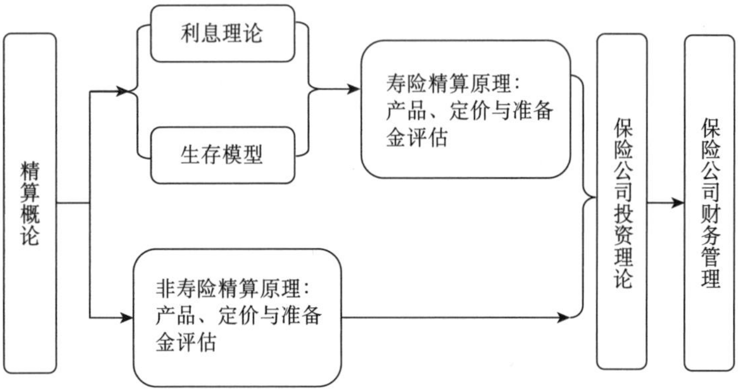

图 1－1 精算学科基础知识体系框架

在精算学科的知识体系中，生存模型与以利息理论为代表的金融数学知识并列，作为寿险精算学的理论基础，生存模型理论在寿险产品的定价与准备金评估等环节都起着关键作用。

一、生存模型和寿险精算的联系

生存模型对寿险精算的作用以应用生命表数据或生存函数进行计算为主，在内容上涵盖了寿险精算的许多基本理论与方法，主要可以包括以下几类。

1. 寿险产品的定价

在对寿险、健康险等人身险产品进行精算定价时，为估计产品的预期赔付金额，有必要将被保险人群体在保险有效期内的预期生存状况纳入精算定价公式。以定期寿险的定价为例，在不计保单费用和公司利润时，一份于死亡年末给付的单位保额终身寿险趸交纯保费的精算恒等式为

$$A_x = \sum_{k=0}^{\omega-1} v^{k+1}\ {}_kp_x q_{x+k} \tag{1-1}$$

在式（1－1）中，符号${}_kp_xq_{x+k}$表示年龄为x的个体在$x+k$岁和$x+k+1$岁之间死亡的概率，这一表达式在本书中将多次用到，本书各章节将对各种条件下死亡率的估计值展开讨论。在下面两部分同样涉及对含有预期生存状况的精算表达式的应用。

2. 寿险准备金的计算

在计算寿险准备金时，无论使用精算表达式还是现金流量法，都需要对被保险人的预期死亡率做出估计，从而确定需留存的准备金总额。使用精算表达式时，计算原理与第1部分基本相同；而在现金流量法中，使用精算表达式q_x和p_x对被保险人群体的预期生存概率进行逐年递推，以确定其精算现值。

3. 寿险保单利润的计算

在对人身保险产品进行利润测试的过程中，除使用精算表达式计算保单现金流外，对包括死亡率在内的计算基础进行选取与调整时，也需要根据行业数据或历史数据来选取合适的生存模型进行预估；另外，对寿险保单的利润按来源不同分别计算时，同样需要应用生存模型中的结论比较实际死亡率和预期死亡率来确定死差益。

二、生存模型在精算学科中的其他作用

除了在寿险精算理论中起到重要作用以外，在如长寿风险的度量等其他涉及投保人的生存或健康状况的问题中，往往也会需要使用到生存模型。在对长寿风险进行度量时，需要对研究目标的预期寿命分布及其变化趋势，建立死亡率模型加以分析。

在精算领域，生存模型理论的应用也存在于一些与生存过程性质类似的问题中。如当前广泛用于车险的NCD系统在本质上属于Markov链的应用，因此应用于HSD模型等生存模型的Markov过程分析方法同样适用。

第三节 本书的结构安排

本书第一章为引言，主要对本书的内容进行简要介绍。

本书第二章到第四章主要介绍了生存模型建立的理论基础。其中第二章是这一部分的数学基础，主要包括随机过程的定义、分类和基本性质。随后，本书的第三章和第四章介绍了对随机过程进行统计建模的常用方法及其在精算领域的应用，其中第三章主要包括Markov链的定义、C－K方程、Markov链稳态的性质以及Markov链的应用；第四章推广到更为一般的Markov过程，即对Markov过程的定义与分类、Kolmogorov微分方程和Markov过程的性质和应用进行探讨。该部分在精算领域的应用包括生存—死亡的两状态模型、HSD模型等，在本书第三、第四章的应用部分，以上精算领域对目标生存、疾病或死亡等状态的建模方法将被详细探讨。

本书第五章到第九章在上一部分的理论基础上，对生存函数的拟合、检验和估计进行研究。具体而言，第五章对生存函数的定义、余命的定义、常见的参数死亡率模型进行整体的介绍。第六章和第七章分别着重介绍了生存函数的非参数估计与修匀，以及生存函数的参数估计。其中第六章的非参数估计内容包括数据缺失的定义、分类和乘积极限模型（K－M模型）和累计危险率模型（N－A模型）等估计方法，余下的篇幅将介绍生存函数的另一重要表现形式——生命表的估计与修匀原理。第七章内容则主要包括了几种常用的参数生存函数模型及其估计方法。第八章引入异质特征，重点研究了异质特征生存函数的估计，具体涉及的方法主要包括比例危险率模型和Cox回归模型。本书的第九章简要介绍了随机死亡率模型和上文生存模型的区别，以及它的主要形式、分类以及应用。

第二章　随机过程简介

学习要点

在本章，我们将对随机过程的一般理论及随机过程的分类进行描述：

- 给出随机过程的定义、有限维分布、数字特征及样本路径。
- 对随机过程进行分类，分类依据如下：
  - 具有离散时间变化的离散状态空间的随机过程
  - 具有连续时间变化的离散状态空间的随机过程
  - 具有连续时间变化的连续状态空间的随机过程
  - 混合类型的随机过程

并对每种类型进行举例说明。

- 描述随机过程的性质：平稳性、增量及 Markov 性。
- 保险精算中常见的随机过程：白噪声过程、广义随机游走、泊松过程、复合泊松过程、生命的随机过程及计数过程。

第一节　随机过程的定义

一、随机过程的简介

一般来讲，把一族或一组有序随机变量称为随机过程，随机变量的下标表示其顺序。

通常来说，随机变量的顺序是根据时间推移观察的结果，因此随机变量 X_t 表示随机过程在时间 t 处的值。这一组随机变量是相互决定的，可以反映出其所表示的随机过程的性质。

举例来说，用 X_t 表示 t 时刻的股票价格，当最近 6 个交易日的股票价格的观测值已知时，我们可以使用这些数据来描述该过程并分析其在过去时点随时间变化的性质。这些数据还可以用于估计该随机过程中的某些参数，我们可以使用估计得到的随机过程来预测股票价格的未来走势。根据这一组随机变量之间的相关关系，我们能够根据该过程过去的特征对未来进行预测。

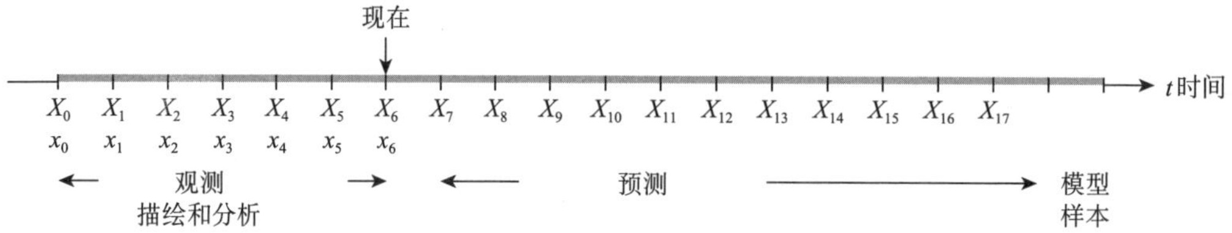

图 2－1　随机过程

本章给出随机过程的定义，并介绍不同类型的随机过程。第三节讨论随机过程的一些特性，即平稳性、独立增量和 Markov 性，第四节给出具体的随机过程的例子，以此来说明随机过程的定义和性质。

二、随机过程的定义

【定义 2－1】随机过程是对与时间相关的随机现象的定量描述。因此随机过程是随机变量 X_t 的集合，时间 t 属于参数集 J，该过程表示为 $\{X_t: t \in J\}$。随机变量 X_t 在时刻 t 取的值称为过程的状态，状态的全体称为状态空间，记为 S；集合 J 称为过程的时域或时间集。

因为随机变量之间可能具有相关性，为准确描述其性质，我们需要知道它们的联合分布，如果集合中的随机变量是相互独立的（例如抽样过程），那么知道每个随机变量的边际分布足矣。集合中的随机变量不一定具有相同的分布，但是具有相同随机变量分布的随机过程在研究中至关重要。随机过程的状态空间包含随机变量的所有取值，但对于集合中的特定随机变量，其某些取值出现的可能性为零。

【例 2－1】我们可以使用随机过程 $\{X_t\}$ 对 FTSE100 指数的收盘价进行研究。随机变量 X_t 表示第 t 天收盘时的值，我们需要考虑这个过程的状态空间和时域是离散的还是连续的。如果 X_t 的值取决于前两个交易日 X_{t-1} 和 X_{t-2} 的值，且其中的关系不发生变化，则可

以用该模型预测 X_t 的未来值，但即使模型良好，这些预测也可能不准确。

当我们利用随机过程来模拟现实情况时，我们首先需要确定时间集 J 和状态空间 S 的性质（离散或连续）。有时我们要研究的问题是连续情况或者事件的频率极高，但是由于设备限制或者观测程序过于复杂，我们无法得到所有时点的观测值，这时我们可以选择对其中某些时点进行测量，只要这些观测值能够满足我们的需求即可。通常来说，集合 J 不一定为日历时间，只要这些随机变量是按顺序排列即可。

在研究离散时间的随机过程时，如果数量足够大，通常用连续随机变量来近似表达离散随机变量（的状态空间）。例如，当二项分布的样本数量大于 20 或 30 时，通常将其近似为正态分布。虽然用连续分布近似得到的结果不够精确，但足以满足我们的需求。

三、随机过程的有限维分布和数字特征

对于一个随机变量来说，确定了其分布函数就能了解其性质。与此类似，我们可以定义随机过程 $\{X_t: t\in J\}$ 的一维分布为 $F_t(x)=P[X_t\leqslant x]$，X_t 的期望 $E(X_t)$ 为过程的均值函数，$\mathrm{var}(X_t)=E[X_t-E(X_t)]^2$ 为过程的方差函数。

我们将数字特征 $E[X_tX_s]$ 和 $\mathrm{cov}(X_t,X_s)=E[(X_t-E(X_t))(X_s-E(X_s))]$ 称为过程的自相关函数和协方差函数。

下面给出随机过程的有限维分布的定义：

【定义 2-2】 n 维随机变量 $X_{t_1},X_{t_2},\cdots,X_{t_n}$ 的联合分布函数为：

$$F_{t_1,t_2,\cdots,t_n}(x_1,x_2,\cdots,x_n)=P[X_{t_1}\leqslant x_1,\cdots,X_{t_n}\leqslant x_n] \quad (2-1)$$

称 $F_{t_1,t_2,\cdots,t_n}(x_1,x_2,\cdots,x_n)$ 为随机过程的有限维分布族。一维、二维、…、n 维分布函数的全体 $\{F_{t_1,\cdots,t_n}(x_1,\cdots,x_n),t_1,\cdots,t_n\in J,n\geqslant 1\}$ 称为该过程的有限维分布族。

有限维分布族的性质主要有以下两条：

（1）对称性：即有限维分布的形式与随机变量 $X_{t_1},X_{t_2},\cdots,X_{t_n}$ 的顺序无关。对 $\{1,\cdots,n\}$ 的任一置换（$i_1,\cdots,i_n$）有

$$F_{t_{i_1},\cdots,t_{i_n}}(x_{i_1},\cdots,x_{i_n})=F_{t_1,\cdots,t_n}(x_1,\cdots,x_n) \quad (2-2)$$

（2）相容性：当某些 $x\to\infty$ 时高维分布的边缘分布与相应的低维分布是一致的，即对 $m<n$ 有

$$F_{t_1,\cdots,t_m,t_{m+1},\cdots,t_n}(x_1,\cdots,x_m,\infty,\cdots,\infty)=F_{t_1,\cdots,t_m}(x_1,\cdots,x_m) \quad (2-3)$$

根据 Kolmogorov 存在性定理，如果分布族函数 $\{F_{t_1,\cdots,t_n}(x_1,\cdots,x_n),t_1,\cdots,t_n\in J,n\geqslant 1\}$ 满足对称性和相容性，则必存在一随机过程 $\{X_t: t\in J\}$，使得该分布族函数恰好是 $\{X_t: t\in J\}$ 的有限维分布族，即：

$$F_{t_1,t_2,\cdots,t_n}(x_1,x_2,\cdots,x_n)=P[X_{t_1}\leqslant x_1,\cdots,X_{t_n}\leqslant x_n] \tag{2-4}$$

有了过程的有限维分布族我们就能够得到随机过程$\{X_t: t\in J\}$中任意 m 个随机变量的联合分布，让我们更轻松地了解到变量之间的关系，从而进行问题的研究。

四、样本路径

在确定了时间集和状态空间后，剩下的任务就是定义随机过程$\{X_t: t\in J\}$，即确定$X_{t_1},X_{t_2},\cdots,X_{t_n}$的联合分布，其中 $t_1,t_2,\cdots,t_n\in J$ 且 $n\in Z$。确定其联合分布看似是一个困难的工作，但实际上几乎都是依靠一些简单的间接过程完成的。

下面看一个简单的股票价格模型，在每个交易日股票价格分别以 p 和 $1-p$ 的概率上涨或下降 1 元，且每日的价格变化是相互独立的，在 t 时刻的价格为 X_t，假设 $X_0=100$，因此模型中的初始价格（时间为 0 时的价格）是 100。

即使没有明确地给出联合分布，我们也能得到一个随机过程，我们称这种特殊情况为简单随机游走，时间（以天为单位）为 $J=\{0,1,2,\cdots\}$，状态空间（以元为单位）是一组非负整数$\{0,1,2,\cdots\}$。我们能够根据每次的增量确定其过程，每次的变化 $Z_t=X_t-X_{t-1}$形成了另一个随机过程，称其为中间过程。

增量的随机过程为：

$$Z_t=\begin{cases}+1, & \text{概率为 } p\\ -1, & \text{概率为 } 1-p\end{cases} \tag{2-5}$$

因为我们假设这些随机变量是相互独立的，因此，$\{Z_t\}_{t\in J}$是一组独立同分布（IID）的随机变量，但是应该注意到，X_t 本身既不独立也不同分布。

【定义 2－3】 白噪声是一个随机过程，由一组独立同分布的随机变量组成，随机变量可以是离散的也可以是连续的，时间集也可以是离散的或连续的。

回到刚才的例子中，一个简单的随机游走，根据其增量$\{Z_t\}_{t\in J}$可以定义为：

$$X_t=X_{t-1}+Z_t \tag{2-6}$$

其中，Z_t 是给定的白噪声过程。

已知概率 p 和 $1-p$，对于所有的 n 和 $t_1,t_2,\cdots,t_n$，我们可以计算 $X_{t_1},X_{t_2},\cdots,X_{t_n}$的联合概率分布，从而可以完整地刻画 X_t。

【例 2－2】 对于上述随机游走过程，计算 $P(X_2=102,X_5=103\mid X_0=100)$。

【答案】 我们可以通过考虑从 0 时刻价格为 100 到 2 时刻价格为 102、5 时刻价格为 103 的所有可能来计算。为了使这种情况发生，股票价格必须在前两天上涨，发生的概率为 p^2，然后必须再上涨两次再下降一次，这种情况发生的概率为 $p^2(1-p)$，但有三种不同

的可能性，因此 $P(X_2=102,X_5=103|X_0=100)=p^2\times3p^2(1-p)=3p^4(1-p)$。

可以用相同的方式计算其他联合概率，因此我们能够得到所有联合分布，从而将随机过程 X_t 具体化。

【例 2-3】 对于上述随机游走过程：

（1）计算：

（a）$P(X_2=100,X_4=103|X_0=100)$

（b）$P(X_2=100,X_4=102|X_0=100)$

（2）给定 $X_0=100$，写出 X_2，X_4 的联合分布。

【答案】

（1）计算概率：

（a）$P(X_2=100,X_4=103|X_0=100)=2p(1-p)\times0=0$；

因为从 $X_0=100$ 到 $X_2=100$ 有两种路径，每种路径的概率都是 $p(1-p)$，但是无法实现从 $X_2=100$ 到 $X_4=103$，因为没有合适的路径可以实现 3 个单位的增量。

（b）$P(X_2=100,X_4=102|X_0=100)=(p(1-p)+(1-p)p)p^2=2(1-p)p^3$。

（2）计算联合分布：

为了计算 X_2 和 X_4 的联合分布，我们需要计算出每种情况的概率，计算结果如下：

路径	概率（%）	路径	概率（%）
100 101 102 103 104	p^4	100 99 100 101 102	$p^3(1-p)$
100 101 102 103 102	$p^3(1-p)$	100 99 100 101 100	$p^2(1-p)^2$
100 101 102 101 102	$p^3(1-p)$	1000 99 100 99 100	$p^2(1-p)^2$
100 101 102 101 100	$p^2(1-p)^2$	100 99 100 99 98	$p(1-p)^3$
100 101 100 101 102	$p^3(1-p)$	100 99 98 99 100	$p^2(1-p)^2$
100 101 100 101 100	$p^2(1-p)^2$	100 99 98 99 98	$p(1-p)^3$
100 101 100 99 100	$p^2(1-p)^2$	100 99 98 97 98	$p(1-p)^3$
100 101 100 99 98	$p(1-p)^3$	100 99 98 97 96	$(1-p)^4$

从上述表格可以得到 X_2 和 X_4 的联合分布：

$P(X_2=98,X_4=96)=(1-p)^4$

$P(X_2=98,X_4=98)=2p(1-p)^3$

$P(X_2=98,X_4=100)=p^2(1-p)^2$

$P(X_2=100,X_4=98)=2p(1-p)^3$

$P(X_2=100,X_4=100)=4p^2(1-p)^2$

$P(X_2=100,X_4=102)=2p^3(1-p)$

$P(X_2=102,X_4=100)=p^2(1-p)^2$

$P(X_2=102,X_4=102)=2p^3(1-p)$

$P(X_2=102,X_4=104)=p^4$

【例 2-4】 若要定义一个随机过程$\{X_t\}$，则对于时间集 J 中的全部时刻 t，需要定义 X_t 的概率分布。请评价这句话。

【答案】 这句话是正确的，如果想定义一个随机过程，对任意 $t\in J$，我们需要定义 X_t 的概率分布，但以上说法并不完整。由于随机变量之间可能不独立，我们还需要定义 X_{t_1}，$X_{t_2},\cdots,X_{t_n}$ 的联合概率分布，对于所有的 n 和 J 中的 $t_1,t_2,\cdots,t_n$。

【定义 2-4】 对于所有 $t\in J$，随机变量 X_t 的任一现实为一条样本路径，是一个从 J 到 S 的映射。

我们可以将随机事件视为具有不同概率结果的试验，对于给定的试验，其结果是该随机变量的实现，样本路径就是一组特定试验的结果序列。

假设我们在时间$\{0,1,2,3,4\}$掷硬币，每次实验的结果正面记为 H，反面记为 T，因此表达式 $HHTHT$ 表示示例的样本路径，所有的样本路径由长度为 5 的 H 或 T 的所有序列的集合表示。

因为样本路径是从 J 到 S 的映射，则意味着我们将 J 中的每个元素与试验的结果 S 中的元素相对应。随机过程的样本路径的属性必须与现实生活中观察到的属性相匹配（至少在统计意义上），在这种情况下，我们说该模型是成功的，可用于预测现实问题，也就是说该模型至少必须具备现实问题的主要特征。

假设我们抛掷一个密度不均匀的硬币 1000 次，每次抛掷时有 1/4 的概率反面朝上。正反面出现具有相同概率的模型预测的结果倾向于正反面朝上的次数相近。但是在本试验中现实会与预测大相径庭，观察到的样本路径与预测路径之间的差异凸显了模型的缺点。

第二节　随机过程的分类

本节中，我们将以时域和状态空间为标准对随机过程进行分类，并从保险角度给出相应的随机过程分类的例子。

一、具有离散时间变化的离散状态空间的随机过程

一家汽车保险公司每年都会审查其客户的情况，根据司机的事故记录，提供三种折扣级别（0%，25%，40%）。在这个条件下，状态空间为 $S=\{0,25,40\}$，时间集合为 $J=\{0,1,2,\cdots\}$，其中每个间隔代表一年。

从上述示例可以看出，其时域是离散的，状态空间包含三个离散值。

我们能够注意到，通常情况下时间集始于0（无论是连续的还是离散的），将0时刻视为开始，在一个单位时间（天，分钟等）之后有 $t=1$。

原则上，公司可以连续记录每个保单持有人的折扣状态，但是折扣水平通常仅在保单年度续保日发生变化，因此，仅对这些值进行建模和记录就足够了，频繁记录会使工作更加复杂且昂贵，这在管理汽车保险保单组合方面作用不大。

二、具有连续时间变化的离散状态空间的随机过程

人寿保险公司将其保单持有人分类为“健康”，“生病”或“死亡”，因此状态空间 $S=\{H,S,D\}$，因为任何时候都可能生病或死亡，所以时间集可以取为 $J=[0,\infty)$。此外，以天为单位计算时间即可，因此使用 $J=\{0,1,2,\cdots\}$。

这里状态空间包含三个离散值，时间变化是连续的。

从以上可以看出，时域在记录地非常频繁时可以是连续的也可以是离散的，对于该模型，我们要研究的是诸如“在 s 时刻健康的人在 t 时刻生病的概率是多少？”之类的问题，这类研究问题要求我们使用连续时域的模型更合理。

三、具有连续时间变化的连续状态空间的随机过程

对于保险公司来说，有时无法预测一些索赔的发生时间和大小，这要求保险公司估计 $[0,\infty)$ 上的累计索赔额，以便评估无法偿还债务的风险。在此类问题中，标准做法是令 $S=[0,\infty)$ 和 $J=[0,\infty)$，若索赔额以1元为单位，那么状态空间不是真正意义上的连续，此外，将索赔时间精确到某一日的某一刻的做法意义不大，因此通常来说令 S 和 J 为 $\{0,1,2,\cdots\}$。

在我们选择使用连续还是离散时域时，我们的决策会受到数据可获得性的影响，例如，是用每天都记录的累计索赔数据还是仅在每个季度末才能得到的索赔数据；我们的选

择也会受到建模目的的影响，例如，只需预测每个季度末的累计索赔额还是需要进行更加详细的预测。

由于索赔金额自身的特点，原则上状态空间是离散的，但是状态空间包含大量的非负值，因此将状态空间近似为连续是很理想的。

一类具有连续状态空间和离散时域的重要模型是时间序列，许多经济和金融领域的随机过程都属于此类，例如公司股票每日收盘价格。

四、混合类型的随机过程

我们给出混合类型的随机过程的例子：对于一种养老金计划，参加该计划的成员可以选择在 60 岁至 65 岁之间的任一生日退休，由于不能准确预测 60 岁至 65 岁之间每年选择退休的人数，也不能预测出个体的死亡时间和死亡人数，因此，我们假设养老金计划的缴款人数量为状态空间是 $S=\{1,2,3,\cdots\}$，时域是 $J=[0,\infty)$ 的混合随机过程，固定的退休或者死亡可能会导致数额的减少。

显然，此过程是两个过程的组合：

- 对死亡人数建模的随机过程，它具有离散的状态空间和连续的时域。
- 对提前退休人数建模的随机过程，它具有离散的状态空间和离散的时域。

我们对减少的人数进行建模并观察人数的初始值与 $(0,t)$ 内减少量的差，这是一个混合的过程。

【例 2－5】 对于一家汽车销售和服务公司，每辆车的售价在 40000 元到 50000 元之间，每年的销量为 10 辆到 20 辆，这家公司还需要对之前出售的汽车进行定期保养和维护。请建立一个描述公司银行账户余额的模型，并描述这个随机过程的特征。

【答案】 这家公司的工作由两部分组成：

(a) 日常的保养与维护交易：

这些交易往往会产生“平稳”的银行账户结余变化，虽然有很多交易，但大多数交易的金额相对较小，所以我们有一个连续的状态空间和一个连续的时域。

(b) 汽车销售：

汽车销售的交易次数少但是交易金额较大，所以会使银行结余大幅增加。状态空间将由有限数量的离散值组成，时域是连续的。

通常来说，从概念上看，连续时间和连续状态空间的随机过程比离散过程更加复杂，但更加灵活（与计算积分比对无穷级数求和更容易是一个意思）。

对我们来说，更重要的是能够分析出随机过程状态空间的性质，并确定使用离散、连续还是混合时域。一般情况下，根据所研究的过程的性质，能够明确地选择状态空间（例如 Healthy - Sick - Dead 模型），但是使用连续还是离散时间集取决于研究的问题侧重于哪些方面，以及哪个时点的数据更容易获得等实际问题。

第三节　随机过程的一些性质

一、平稳性

【定义 2 - 5】 若一个随机过程对任意 $t_1, t_2, \cdots, t_n \in J$ 和 $k+t_1, k+t_2, \cdots, k+t_n \in J$ 及所有整数 n，$X_{t_1}, X_{t_2}, \cdots, X_{t_n}$ 和 $X_{k+t_1}, X_{k+t_2}, \cdots, X_{k+t_n}$ 的联合分布是相同的，则称为平稳的或严格平稳的。

平稳性的意思是说，随着时间的推移，该随机过程的统计属性保持不变，这里的“统计属性”是指概率、期望、方差等。例如，在 5 到 10 的时间段和 120 到 125 的时间段内，平稳过程在统计上是“相同的”。

特别地，对于所有 $t, t+k \in J$，X_t 和 X_{t+k} 的分布相同，这意味着期望 $E(X_t)$ 和方差 $\text{var}(X_t)$ 随时间恒定不变，不满足任何一个条件，都证明该过程不是平稳过程。

【例 2 - 6】 考虑如上所述的随机游走，以概率 p 和 $1-p$ 分别向右或向左移动一步。假设 $X_0=0$，则 $X_{10}=10$ 的概率是多少？$X_2=10$ 的概率是多少？随机游走是平稳过程吗？

【答案】 $P(X_{10}=10)=p^{10}$，$P(X_2=10)=0$，所以随机游走不是平稳的，若要证明过程是非平稳的，我们仅需证明其中一个特定条件无法成立。

严平稳的条件比较严格，在现实生活中很难实现，因此，我们介绍另一种情况，称为弱平稳性。弱平稳性要求随机过程的均值 $m(t)=E(X_t)$ 是常数且该过程的协方差：$\text{cov}(X_s, X_t)=E[(X_s-m(s))(X_s-m(t))]$ 仅取决于时间差 $t-s$。

这里将时间差 $t-s$ 称为滞后，还可以将协方差写为：

$$\text{cov}(X_s, X_t)=E(X_sX_t)-E(X_s)E(X_t) \tag{2-7}$$

对于一个随机过程来说，如果它是严格平稳的，那么它也是弱平稳的，但弱平稳过程不一定是严平稳过程。

【定义 2 - 6】 满足以下条件，该随机过程为弱平稳过程：

（1） $E(X_t)$ 对于所有的 t 是常数；

（2） $\text{cov}(X_t, X_{t+k})$ 只取决于滞后 k。

如果随机过程是弱平稳过程，则必须满足定义中的两个条件，根据方差的定义我们知道 $\text{var}(X_t)=\text{cov}(X_t,X_t)$，方差等于滞后0时的协方差。因此，对于弱平稳过程，$\text{var}(X_t)$ 是不变的。

下面给出一个是弱平稳但不是严平稳的例子：$X_t=\sin 2\pi At$，其中 A 是（0,1）上的均匀分布的随机变量，$t\in N^*$，则 $\{X_t, t\in N^*\}$ 是弱平稳过程，但不是严平稳过程。

二、增量

【定义 2-7】 随机过程的增量是其在一段时间内量的变化，即 $X_{t+u}-X_t$，其中 $u>0$。

随机过程的增量通常比过程本身具有更简单的性质。

【例 2-7】 令 S_t 表示一股特定股票的价格，假设在一定时期 u 内收入的分布是合理的，$\frac{S_{t+u}}{S_t}$ 取决于 u 但不取决于 t。因此对数价格过程 $X_t=\ln S_t$ 有平稳的增量：

$$X_{t+u}-X_t=\ln\frac{S_{t+u}}{S_t} \tag{2-8}$$

尽管 X_t 本身不是平稳的。

【定义 2-8】 如果对于任意时刻 t 及 $u>0$，增量 $X_{t+u}-X_t$ 独立于 $\{X_s:0\leqslant s\leqslant t\}$，则称随机过程 X_t 有独立增量。

在上一个例子中有效市场假设的一种形式是假设 $X_t=\ln S_t$ 有独立增量。

我们可以通过增量来定义随机游走，$u=1$ 时的增量是我们之前讨论过的过程 $\Delta X_t=X_{t+1}-X_t=Z_{t+1}$，它们独立于过程 $\{X_s:0\leqslant s\leqslant t\}$。实际上，对于任意正整数 u，增量 $X_{t+u}-X_t$ 独立于过程的过去值。

三、Markov 性

如果仅从随机过程的当前状态就可以预测过程的未来发展，而无须参考其过去的历史，就可以对其进行简化。假设随机过程在时刻 s 的值为 x，即 $X_s=x$。

【定义 2-9】 Markov 性为：

$$P[X_t\in A\mid X_{s_1}=x_1, X_{s_2}=x_2,\cdots,X_{s_n}=x_n, X_s=x]=P[X_t\in A\mid X_s=x] \tag{2-9}$$

对于所有的时间 $s_1<s_2<\cdots<s_n<s<t$ 及 S 中的所有的状态 $x_1,x_2,\cdots,x_n$ 和 x，以及 S

的所有子集 A 成立。

之所以使用子集 A，是因为 $A\subseteq S$（不仅是 $X_t=a\in S$）能够覆盖连续的状态空间。

对于离散状态空间，Markov 性可以进行简化：

离散状态空间的随机过程具有 Markov 性，如果满足：

$$P[X_t=a\mid X_{s_1}=x_1,X_{s_2}=x_2,\cdots,X_{s_n}=x_n,X_s=x]=P[X_t=a\mid X_s=x] \tag{2-10}$$

对于所有的时间 $s_1<s_2<\cdots<s_n<s<t$ 及 S 中的所有的状态 $a,x_1,x_2,\cdots,x_n$。

前面章节的“健康”，“生病”或“死亡”模型可以用 Markov 性描述：如果从患病状态完全恢复到健康状态，则过去的病史对未来的健康前景没有影响。

【定理 2-1】具有独立增量的随机过程具有 Markov 性。

证明：$P[X_t\in A\mid X_{s_1}=x_1,X_{s_2}=x_2,\cdots,X_{s_n}=x_n,X_s=x]$

$$=P[X_t-X_s+x\in A\mid X_{s_1}=x_1,X_{s_2}=x_2,\cdots,X_{s_n}=x_n,X_s=x]$$

$$=P[X_t-X_s+x\in A\mid X_s=x]$$

$$=P[X_t\in A\mid X_s=x]$$

【例 2-8】考虑如下定义在整数域的离散时间过程 $X_t=X_{t-1}+I_t$，其中 I_t 是以概率 $p_t=e^{-|X_{t-1}|}$ 取值为 1、以概率 $q_t=1-e^{-|X_{t-1}|}$ 取值为 -1 的随机变量，请问这个过程是 Markov 过程吗？是否具有独立增量？

【答案】增量 X_t-X_{t-1} 的值取决于当前状态 X_{t-1}，因此该过程没有独立增量，但由于我们对该过程除当前值之外的过去值的了解是无关紧要的，所以该过程具有 Markov 性。

请注意独立增量过程具有 Markov 性，但 Markov 性并不能推导出过程的增量是独立的。

第四节　保险精算中常见的随机过程

一、白噪声过程

考虑一个由一列相互独立的随机变量 $X_1,\cdots,X_n,\cdots$ 构成的离散时间的随机过程，这一随机过程无独立增量，但具有 Markov 性。

当且仅当所有的随机变量 X_n 都有相同分布时，该过程是一个严平稳过程，这样一系列相互独立的随机变量构成的过程一般称为离散时间的白噪声过程。

白噪声过程通常情况下均值为 0，即对于所有的 t，$m(t)=E[X_t]=0$。对于一个均值为 0 的白噪声过程，这个随机过程的协方差（协方差函数）为 $c(s,t)=E[(X_s-m(s))(X_t-m(t))]$，若 $s=t$，此时该式表示其方差，根据定义方差不为 0，即 $c(s,s)\neq 0$；若 $s\neq t$，根据白噪声的定义，协方差此时为 0。白噪声过程最重要的作用在于它是构建并研究更复杂的随机过程的起点和基础。

二、广义随机游走

对于一系列独立同分布的随机变量 $Y_1,\cdots,Y_j,\cdots$，定义随机过程 $X_n=\sum_{j=1}^{n}Y_j$，初始条件为 $X_0=0$。这一随机过程具有独立平稳增量，因此它也是一个离散 Markov 过程。我们把随机过程 $X_n=\sum_{j=1}^{n}Y_j$ 称为广义随机游走。因为它的均值和方差都随着 n 的增大而增大，所以这个随机过程不是宽平稳的。

我们可以使用广义随机游走来模拟 FTSE100 指数的收盘价，后一天的收盘价等于前一天的收盘价加上一个形式为随机游走的增量（作为对价格的微调）。

给出一个特例：如果每一步随机游走 Y_j 都只取 1 或者 -1 这两个值，那么该随机过程将变为简单随机游走。

此外，如果：

$$Y_j=\begin{cases}+1 & \text{概率为 } 0.5\\ -1 & \text{概率为 } 0.5\end{cases}$$

那么则称该过程为简单对称的随机游走。

三、泊松过程

强度为 λ 的泊松过程是时间连续但状态空间为整数的过程，我们将它记为 N_t，$t\geqslant 0$，该过程有以下 3 条性质：

（1）$N_0=0$；

（2）N_t 具有独立增量；

（3）N_t 具有平稳增量，且其任意增量都服从泊松分布，即：

$$P[N_t-N_s=n]=\frac{[\lambda(t-s)]^n e^{-\lambda(t-s)}}{n!},\ s<t,\ n=0,1,\cdots \tag{2-11}$$

泊松过程是一个 Markov 跳跃过程，其状态空间为 $S=\{0,1,2,\cdots\}$，但它不是平稳过程，同上一个例子中的随机游走过程一样，泊松过程的均值和方差随着时间的增加而呈线性增加。

泊松过程的实际意义是对从 s 到 t 这段时间内发生的事件进行计数（单位时间内事件发生的强度为 λ），因此它也被称为计数过程。

当我们要研究 $[0,t]$ 时间内累计发生的事件的个数时，无论我们所要研究的事件具有什么样的性质特点（车祸、保险公司遇到的索赔或是一个服务点上的顾客数），泊松过程都是重要的，我们将在后面章节对泊松过程进行进一步的学习。

由定义可知，泊松过程的增量服从泊松分布，因此增量只取整数值 $0,1,2,\cdots$。且泊松过程的状态值是关于时间递增的，说明当两个时间点 s 和 t 满足 $t\geqslant s$ 时，可以推出 $N_t\geqslant N_s$，因此泊松过程的期望函数是单调递增的，它一定不满足弱平稳的条件。

在后面的章节中我们会了解到，泊松过程每次的增量只能是 1，这意味着它是一个具有实际意义的计数过程。正因为这一特点，我们将其应用于近似 t 时间内发生的索赔次数，强度 λ 表示单位时间内索赔次数的期望值。在后面我们会了解到泊松过程的其他等价定义。

四、复合泊松过程

【定义 2－10】 对于泊松过程 N_t，$t\geqslant0$，和一列定义在相同概率空间的随机变量 Y_j，$j\geqslant1$，复合泊松过程为：

$$X_t = \sum_{j=1}^{N_t} Y_j \tag{2-12}$$

当 $N_t=0$ 时，定义 $X_t=0$。随机变量 Y_j 既可以是连续随机变量，也可以是离散随机变量。

例如，N_t 是 t 时刻之前发生的风暴次数，那么 Y_j 既可以表示第 j 次风暴发生后的保单索赔次数（离散），也可以是第 j 次风暴发生造成的损失额大小（连续）。

复合泊松过程具有独立增量，因此它具有 Markov 性。我们可以用复合泊松过程来表示保险公司在 $[0,t]$ 期间的累积赔付额。N_t 是 t 时刻之前发生的赔付次数，Y_j 是第 j 次赔付的赔付额。

复合泊松过程的一个应用是估计破产概率：

$$\Psi(u)=P[u+ct-X_t\leqslant0,\text{对于某些 } t \text{ 成立}] \tag{2-13}$$

其中，u 是给定的初始资本，c 是保费费率，X_t 是定义在 t 时间内的复合泊松过程，每次赔付额服从同一概率分布。

我们能够看出，如果我们以费率 c 收取保费，那么在 t 时刻我们收到的总保费是 ct，X_t 是 t 时间内的总赔付额，且初始资本是 u，所以保险公司在 t 时刻的盈余是 $u+ct-X_t$。破产概率的意义是保险公司在未来一段时间任意一时点破产的概率，即保险公司在未来一段时间任意一时点盈余小于 0 的概率。

五、描述生命的随机过程

在本节我们讨论描述生命的随机过程，对于一个人来说，其未来的生存状态是不确定的，当我们将个体的既往历史——比如病史、职业都排除在模型之外时，其未来的生存状态可以被描述为“生存”或“死亡”，因此可以定义其状态空间为 $\{L,D\}$，而且其任何时间都可能死亡，所以可以将时间集取为 $J=[0,+\infty)$。

这里状态空间包括两个离散值，时间的变化是连续的。此外，通常情况下，我们进行研究时可以将时间集简化为离散时间集，例如可以将时间集定义为整数年龄，即 $J=\{0,1,2,\cdots\}$。

因此，根据该随机过程的定义，所有过去的事情无法影响未来事件的发生，即任意年龄已知的个体在任意未来时段处在某个状态的概率只由其年龄与当下所处状态决定，即 Markov 性假设。

对于一个人，我们可以定义其未来的生存状态，但是保险公司通常研究的是一类人的未来生存情况，我们可以将 l 个人在未来某一时点全部生存状态定义为一个状态，也可以将至少一人的生存状态定义为一个状态，因此我们可以得到若干状态，该生命组合生存即为状态的续存，全部个体死亡即为状态的终止。

下面我们简单讨论一下两生命情形，假设两生命体为 X，Y，给出以下定义：

联合生存状态：即两个个体都生存，将该状态记为（XY）。

最后生存状态：即两个个体至少有一个生存，该状态记为（$\overline{XY}$）。

死亡状态：即两个个体都死亡，该状态记为（D）。

从以上可以看出，对于两生命模型，状态空间是离散的，时间集可以根据需要定义为连续时间集 $J=[0,+\infty)$ 或离散时间集 $J=\{0,1,2,\cdots\}$。

六、计数过程

计数过程是离散或连续时间上的随机过程 $X(t)$，其状态空间 S 是自然数集合，且 $X(t)$ 是关于 t 的非减函数。

习　题

1. 对于时间集为 J，状态空间为 S 的随机过程 X_n，定义如下项：

（1）平稳性；

（2）弱平稳性；

（3）增量；

（4）Markov 性。

2. 一个移动平均（随机）过程 X_n 具有离散时域和连续的状态空间，它的定义为：

$$X_n = Z_n + \alpha_1 Z_{n-1} + \alpha_2 Z_{n-2} + \alpha_3 Z_{n-3}$$

其中 $\{Z_n, n \in \mathbb{Z}\}$ 是独立同分布的随机变量，都服从 $N(0,\sigma^2)$，且 α_1，α_2，α_3 是连续的。

（1）证明 X_n 是弱稳定的；

（2）解释该过程为什么满足 Markov 性；

（3）推断该过程是否有独立的增量。

3.（1）

（a）定义一个强度为 λ 的泊松过程；

（b）定义一个复合泊松过程。

（2）采用复合泊松过程对保险公司的累计索赔额建模：

（a）解释为什么复合泊松过程具有 Markov 性；

（b）评价一下该模型对于给定的保险模式是否合理；

（c）说明复合泊松过程是否是弱平稳的；

（d）解释一下你是否希望累积索赔遵循弱平稳过程。

4. 对于参数为 λ 的泊松过程，给出到达时间随机变量 T 的分布。

5. 对于参数为 λ 的泊松过程，给出在长度为 t 的有限时间间隔内恰好发生一件事情的概率表达式。

6. 对于某一保险公司，其一特定类型索赔的数量可以近似为费率是 10 的泊松过程，该公司有 24 小时热线电话。在全部索赔报告中，40% 的赔付超过 1000 元，所有的索赔都是相互独立的，计算出现下一个金额超过 1000 元索赔的等待时间。

7. 我们可以通过一个随机过程 $\{X_t\}$ 来模拟 FTSE100 指数的收盘价。随机变量 X_t 表示第 t 天结束时的值。请解释该过程的状态空间和时间集是离散的还是连续的。

8. 考虑一个由以下方程定义的过程：$X_t = X_{t-1} + Z_t, t = 1,2,3,\cdots$ 其中，对于 $t = 0,1,2,\cdots$：

$$Z_t = \begin{cases} 1, \text{ with probability } & p \\ -1, \text{ with probability } & 1-p \end{cases}$$

和 $X_0 = 0$。

计算 $P(X_{10} = 10)$ 和 $P(X_2 = 10)$，然后评论该过程的平稳性。

9. 解释为何随机游走过程具有 Markov 性。

10. 考虑一个定义在整数上的离散时间过程：$X_t = X_{t-1} + I_t$，其中，I_t 是取值为 1 或 -1的随机变量，取值为 1 的概率为 $p_t = e^{-|X_{t-1}|}$，取值为 -1 的概率为 $q_t = 1 - e^{-|X_{t-1}|}$。

说明此过程是否具有：

(1) 独立增量。

(2) Markov 性。

11. 定义一个简单的对称随机游走过程，并指出它的时间集和状态空间。

12. 将普通股的价格建模为一个随机过程 X_n，$n = 0,1,2,3,\cdots$；初始条件为 $X_0 = x_0 > 0$，其中：

$X_n = x_0 \prod_{j=1}^{n} U_j$，$n \geq 1, U_n$ 是一个白噪声过程。

(1) 证明过程 $\ln X_n$，$n \geq 0$ 具有独立增量。

(2) 解释为什么 X_n 是 Markov 过程。

13. 已知 x_t 是一个系数为 λ 的泊松过程，求该过程在时间 t 与 $t+s$ 的协方差。

14. (1) X_n 是一个离散过程离散时间下的随机过程，证明如果不重叠的两个增量相互独立的话，这个过程满足 Markov 性。

(2) 证明在离散时间，离散状态下，一个白噪声序列有 Markov 性，但不具备独立增量性。

15. 假设一家保险公司的初始资本为 u，并每年持续获得保费收入 c。设 $S(t)$ 为截止时间 t 的总索赔金额。

(1) 设置一个模型用于估计该保险公司的破产概率（即其索赔支出超过其可用资金的概率）。列举你做的所有假设。

(2) 用 u、c 和 $S(t)$ 写出破产概率的表达式。

16. (1) 用 $\{x_t : t \in \bar{J}\}$ 表示一个随机过程，定义该过程的：

(a) 状态空间

(b) 时间集合

（c）样本路径

（2）随机过程模型可以根据状态空间是连续的还是离散的，以及时间是连续的还是离散的分为四类。写出每一个类别的：

（a）随机过程模型

（b）适用情形（每一类举一个例子）

参考答案

1.

（1）平稳性：随机过程 X_n 是平稳的，如果对于 $t_1,t_2,\cdots,t_m,k+t_1,k+t_2,\cdots,k+t_m\in J$ 及所有整数 m，$X_{t_1},X_{t_2},\cdots,X_{t_m}$ 的联合分布和 $X_{t_1+k},X_{t_2+k},\cdots,X_{t_m+k}$ 的联合分布是相同的。

（2）弱平稳性：随机过程是弱平稳的，如果期望 $E[X_t]$ 对于 t 是常数，且协方差仅取决于滞后 k。

（3）增量：若 $t,t+u\in J$，那么对于时间间隔 u 的增量为 $X_{t+u}-X_t$，通常令 $u=1$。

（4）Markov 性：

Markov 性质表明：

$$P[X_t\in A\mid X_{t_1}=x_1,X_{t_2}=x_2,\cdots,X_{t_m}=x_m]=P[X_t\in A\mid X_{t_m}=x_m]$$

对于所有 $t_1<t_2<\cdots<t_m<t\in J$，状态 $x_1,x_2,\cdots,x_m,x\in S$ 及 S 的所有子集 A。

2.

（1）Z_j 是独立同分布的，α_n 是常数，所以：

$$E[X_n]=(1+\alpha_1+\alpha_2+\alpha_3)E[Z]=(1+\alpha_1+\alpha_2+\alpha_3)\times 0=0$$

且

$$\text{var}[X_n]=\text{var}[Z]+\alpha_1^2\text{var}[Z]+\alpha_2^2\text{var}[Z]+\alpha_3^2\text{var}[Z]=(1+\alpha_1^2+\alpha_2^2+\alpha_3^2)\sigma^2$$

是一个常数。

滞后为 1 时的协方差为：

$$\begin{aligned}&\text{cov}(X_n,X_{n+1})\\&=\text{cov}(Z_n+\alpha_1Z_{n-1}+\alpha_2Z_{n-2}+\alpha_3Z_{n-3},Z_{n+1}+\alpha_1Z_n+\alpha_2Z_{n-1}+\alpha_3Z_{n-2})\\&=\alpha_1\text{var}(Z)+\alpha_1\alpha_2\text{var}(Z)+\alpha_2\alpha_3\text{var}(Z)\\&=(\alpha_1+\alpha_1\alpha_2+\alpha_2\alpha_3)\sigma^2\end{aligned}$$

滞后为 2 时的协方差为：

$$\begin{aligned}&\text{cov}(X_n,X_{n+2})\\&=\text{cov}(Z_n+\alpha_1Z_{n-1}+\alpha_2Z_{n-2}+\alpha_3Z_{n-3},Z_{n+2}+\alpha_1Z_{n+1}+\alpha_2Z_n+\alpha_3Z_{n-1})\end{aligned}$$

$= \alpha_2 \operatorname{var}(Z) + \alpha_1 \alpha_3 \operatorname{var}(Z)$

$= (\alpha_2 + \alpha_1 \alpha_3) \sigma^2$

滞后为 3 时的协方差为：

$\operatorname{cov}(X_n, X_{n+3})$

$= \operatorname{cov}(Z_n + \alpha_1 Z_{n-1} + \alpha_2 Z_{n-2} + \alpha_3 Z_{n-3}, Z_{n+3} + \alpha_1 Z_{n+2} + \alpha_2 Z_{n+1} + \alpha_3 Z_n)$

$= \alpha_3 \operatorname{var}(Z)$

$= \alpha_3 \sigma^2$

滞后为 4，5，6，…时的协方差为 0。

所以协方差只取决于滞后不取决于 n 的值，因此 X_n 是弱平稳的。

（2）对于一个 Markov 过程，X_n 的值只取决于最近已知的值，但在本题中，X_n 依赖之前的 X 的值，所以它不满足 Markov 性。

（3）如果一个过程的增量是独立的，那么这个过程必须具有 Markov 性，因为该过程不满足 Markov 性，因此它不具备独立增量。

3.

（1）

（a）泊松过程 N_t，$t \geqslant 0$，强度为 λ，若其是连续时间的随机过程，应满足：

（i）$N_0 = 0$；

（ii）N_t 有满足泊松分布的独立增量。

（b）$\{X_n\}_{n=0}^{\infty}$ 是一列独立同分布的随机变量，$t \geqslant 0$，强度为 λ 的复合泊松分布定义为：

$$S_t = X_1 + X_2 + \cdots + X_{N_t}$$

且 $S_0 = 0$。

（2）

（a）我们只需证明复合泊松过程有独立增量即可，因此具有独立增量就一定具有 Markov 性，从定义可知，复合泊松过程一定具有独立增量。

（b）该模型对于给定的保险模式是合理的，因为我们希望该模型在时间 t 时的累计索赔取决于已知最近的值。例如，如果我们知道第一天的累计索赔额是 1000 元，到第十天累计索赔额是 15000 元，那么第一天的累计索赔额 1000 不会为最近的 15000 元添加任何有用的信息。

（c）这个过程不是平稳的，因为会随时间 t 的变化而变化。

（d）期望 $E[S_t]$ 不是一个常数，因为累计索赔会随着时间增加，只有在个别索赔金额为 0 的情况下 $E[S_t]$ 才会是一个常数。

注意，要表明过程不是平稳的，只要表明任何一个条件都不成立就足够了。

4. 到达时间随机变量 T 的分布为$T \sim \mathrm{Exp}(\lambda)$。

5. 在 t 时间段内发生次数的分布为泊松分布 $P(\lambda t)$，所以在该时间段内恰好发生一次事件的概率是 $\lambda t e^{-\lambda t}$。

6. 索赔金额超过 1000 元的案件数是一个泊松过程，参数为 4/天。等待时间为以参数为 4 的指数分布，因此期望等待时间为 1/4 天或 6 小时。

7. 状态空间理论是离散的，因为股票价格是以便士为单位进行测量。然而，由于存在许多非常接近的不同值，通常更容易使用连续随机变量来模拟股票价格，这会导致连续的状态空间。

如果时间以天为单位测量，那么过程的值会在时间点 1，2，3，…记录。因此，时间集是离散的。

8. $P(X_{10}=10)=p_{10}$但 $P(X_2=10)=0$。X_2 和 X_{10}不具有相同的分布，因此该过程不是平稳的。

9. 随机游走具有独立增量，因此它具有 Markov 性质。

10.

(1) $X_t - X_{t-1} = I_t = \begin{cases} +1, & p_t = e^{-|X_{t-1}|} \\ -1, & q_t = 1 - e^{-|X_{t-1}|} \end{cases}$

增量 $X_t - X_{t-1}$，依赖于 X_{t-1}的值，所以该过程不具有独立增量。

(2) $X_t = X_{t-1} + I_t$，X_t 只依赖于 X_{t-1}，所以该过程是 Markov 过程。

11. 一个简单的对称随机游走过程被定义如下：

$$X_n = \sum_{j=1}^{n} Y_j$$

其中，随机变量 Y_j 是独立且同分布的，其概率分布为：

$$P(Y_j = +1) = \frac{1}{2};\quad P(Y_j = -1) = \frac{1}{2}$$

注意，“对称”这个词是重要的，因为它表明了一个特定的行走过程，即在行走过程中，可能地向上或向下游走。

此外，该过程从 0 开始，也就是说，$X_0 = 0$。

简单对称随机游走有一个离散的状态空间$\{\cdots, -2, -1, 0, +1, +2, \cdots\}$和一个离散的时间集$\{0, 1, 2, \cdots\}$。

12.

(1) 独立增量

根据定义，我们有

$$\ln X_n = \ln(x_0 \prod_{j=1}^{n} U_j) = \ln x_0 + \sum_{j=1}^{n} \ln U_j = \ln x_0 + \sum_{j=1}^{n} Z_j$$

其中，$Z_j = \ln U_j$ 是一个白噪声过程，即有一组独立同分布的随机变量。

所以，$\ln X_n - \ln X_{n-1} = \ln U_n = Z_n$

因为 Z_n，$n = 0,1,2,3,\cdots$是独立的，所以 $\ln X_n$ 具有独立增量。

（2）Markov 过程

由（1），我们知道 $\ln X_n$ 具有独立增量，所以，$\ln X_n$ 是一个 Markov 过程。

$$X_n = \exp(\ln X_n)$$

因为幂变换只是调整了过程的状态空间，所以，X_n 也是一个 Markov 过程。

13. $\mathrm{cov}(x(t), x(t+s)) = \mathrm{cov}(x(t), x(t)) + \mathrm{cov}(x(t), x(t+s) - x(t)) = \mathrm{var}(x(t)) = \lambda t$

14.

（1）$p = [X_n = a \mid X_{n-m} = x, X_{n-m-1} = x_{n-m-2}, \cdots]$

$= p[X_n - X_{n-m} + x = a \mid X_{n-m} = x, X_{n-m-1} = x_{n-m-2}, \cdots]$

$= p[X_n - X_{n-m} + x = a \mid X_{n-m} = x] = p[X_n = a \mid X_{n-m} = x]$

得证

（2）设白噪声序列为 z_n，

$\mathrm{cov}(z_n - z_{n-1}, z_{n-1} - z_{n-2}) = -\sigma^2$，所以不具备独立增量性，

但是由于白噪声过程自身在每个状态空间是相互独立的，所以 $p[z_n = a \mid z_{n-1}, z_{n-2}, \cdots] = p[z_n = a] = p[z_n = a \mid z_{n-1}]$，所以具备马氏性。

15.

（1）设 $N(t)$ 为赔付发生的数量，$N(t)$ 服从泊松分布。设 X_j 表示第 j 个索赔的金额，截止时间 t 的累计索赔金额为：$S(t) = X_1 + X_2 + \cdots + X_{N(t)}$。如果我们假设随机变量 X_j 是独立同分布的，并且它们与 $N(t)$ 无关，则 $S(t)$ 是一个复合泊松过程。

（2）破产概率 $P = (S(t) > u + ct \mid t > 0)$

16.

（1）

（a）随机过程$\{X_t : t \in J\}$的状态空间是一系列随机变量 X_t 可取值的集合。状态空间可以是连续或离散的。

（b）随机过程的时间集合是 J，它包含着该随机过程所能观察到的所有点的值。时间可以是连续或离散的。

（c）一条样本路径是随机变量 X_t 的一个实现路径。

（2）

（a）离散状态离散时间：Markov 链，简单随机游走以及离散时间的白噪声过程。

离散状态连续时间：Markov 跳跃过程（泊松过程）以及计数过程

连续状态离散时间：一般随机游走以及时间序列

连续状态连续时间：布朗运动、扩散过程和复合泊松过程

（b）离散状态离散时间：索赔折扣系统，X_t 表示投保单的年度折扣水平，$t=1,2,\cdots$

离散状态连续时间：健康疾病死亡模型，X_t 代表 t 时刻人的状态，$t=1,2,\cdots$

连续状态离散时间：每个交易日结束后的公司股票价格模型，以及英国每年的通货膨胀率。

连续状态连续时间：时间为 t 的累计索赔金额模型，以及公司在 t 时间的股票价格，其中 t 表示自交易开始以来的时间。

第三章 Markov 链

学习要点

- 理解 Markov 链模型的基本特征
- 理解 C－K 方程
- 计算 Markov 链的稳态
- 用 Markov 链描述一个基于频率的经验评级系统及其他的简单应用
- 描述一个非时间齐性的 Markov 链模型和一些简单应用
- 演示如何使用 Markov 链作为工具进行建模，以及如何使用它们

第一节 Markov 链概述

Markov 链的定义

【定义 3－1】 Markov 链是满足离散时间、离散状态的 Markov 过程。一个 Markov 链的状态空间 S 是有限或可数的，是由随机变量 $X_0, X_1, \cdots, X_n, \cdots$ 构成的序列，且这些随机变量满足 Markov 性：

$$P[X_n = j \mid X_0 = i_0, X_1 = i_1, \cdots, X_{m-1} = i_{m-1}, X_m = i] = P[X_n = j \mid X_m = i] \qquad (3-1)$$

其中，$n, m \in N, n > m$，且状态 $i_0, i_1, \cdots, i_{m-1}, i, j \in S$。

式（3－1）可以解释为：已知过程的当前状态 $X_m=i$，过去的附加信息与未来状态的概率分布无关。换句话说，尽管 X_m 中可能包含了一些过去的信息，但早期值中包含的附加信息对预测过程的未来行为没有任何影响。

【例 3－1】 车险公司的无索赔折扣系统（NCD）是 Markov 链的一个原始应用，在这个系统中保费的定价依赖于驾驶员的出险记录。假设一家车险公司可以提供三个折扣等级，包括无折扣（0 状态），25% 折扣（1 状态）和 50% 折扣（2 状态）。投保人的折扣等级的转移按照下列规则：

1. 初始状态均为无折扣。

2. 如果一年内没有发生索赔，那么下一年就会转移到更高的折扣等级，或者留在 50% 折扣等级。

3. 如果一年内发生了一次或多次索赔，那么下一年将会转移至更低的折扣等级，或者留在无折扣等级。

在这些规则下，一个投保人的折扣状态就构成了一个 Markov 链，状态空间是 $S=\{0,1,2\}$。当保单每年续保时，投保人会转移到另一个折扣等级或保持在原来的等级，不同等级之间转移的概率则依赖于投保人的索赔概率。假设索赔概率与当前折扣等级无关，一年内发生索赔的概率是$\frac{1}{4}$。

以上是一个满足 Markov 性的离散时间离散状态的过程，因为未来的折扣等级只取决于当前的水平，不受过去影响。转移概率图和转移矩阵是常见的 Markov 链的表示方式，上述模型的转移概率图和转移矩阵依次如图 3－1 所示。

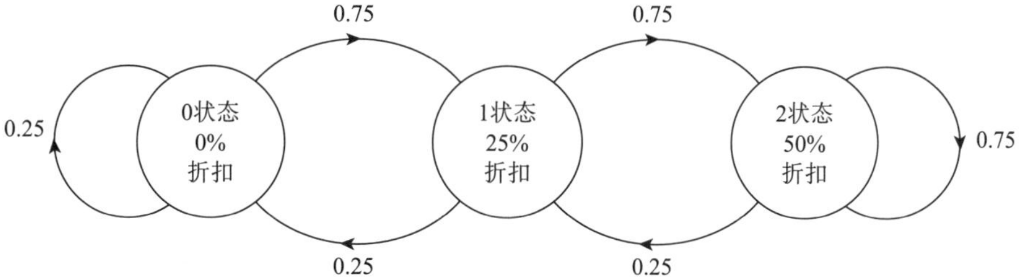

图 3－1 转移概率图

$$P=\begin{pmatrix} \frac{1}{4} & \frac{3}{4} & 0 \\ \frac{1}{4} & 0 & \frac{3}{4} \\ 0 & \frac{1}{4} & \frac{3}{4} \end{pmatrix}$$

转移矩阵中的第（i,j）项，即第 i 行和第 j 列，代表从状态 i 到状态 j 的一步转移概率。为了使这种表示法有意义，我们需要对状态进行标记，使其与矩阵中的项相对应。例如，状态“0%”对应 $i=1$，状态“25%”对应 $i=2$，状态“50%”对应 $i=3$。矩阵中，每行的概率之和为 1。因为在任何时候都必然发生从某种状态转移到另一种状态的情况，或者保持在原来状态，而过程处于状态 i 时可能发生的所有事件的概率之和等于 1。在转移概率图中，每个状态由图中的一个节点表示，只要 $p_{ij}>0$ 箭头由节点 i 指向节点 j，代表直接由 i 状态转移到 j 状态是可能的。p_{ij}的值可以在箭头上注明。

【例 3－2】 分析状态空间为 $S=\{\cdots,-2,-1,0,1,2,\cdots\}$ 的简单随机游走过程。假设随机变量 $Y_j, j=1,2,\cdots,n$ 相互独立，有相同的概率分布：

$$P[Y_j=1]=p, P[Y_j=-1]=1-p$$

令 $X_n=Y_1+Y_2+\cdots+Y_n$，则随机变量 $X_0,X_1,\cdots,X_n,\cdots$ 可以构成一个状态空间为 $S=\{\cdots,-2,-1,0,1,2,\cdots\}$ 的简单随机游走过程，其中 $Y_j, j=1,2,\cdots,n$ 被称作游走步数。因为该过程增量独立，所以其具有 Markov 性。由于状态空间是无限的，转移图和转移概率矩阵都是无限的，如图 3－2 所示。

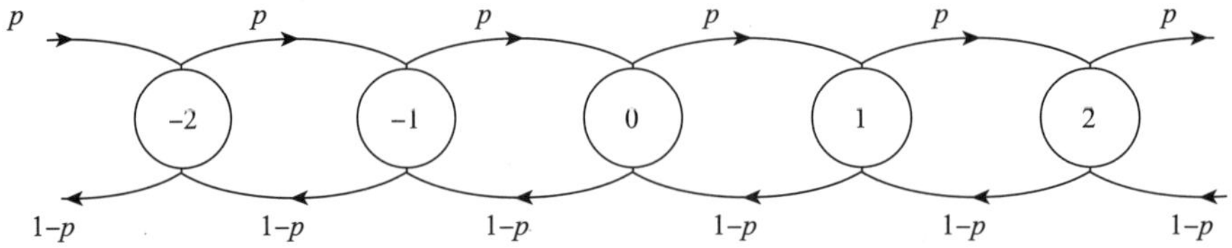

图 3－2 转移概率图

$$P=\begin{pmatrix} 0 & p & \cdots & & \\ 1-p & 0 & & & \\ & \ddots & \ddots & \ddots & \\ & & & 0 & p \\ & & \cdots & 1-p & 0 \end{pmatrix}$$

【例 3－3】 分析状态空间为 $S=\{0,1,2,\cdots,b\}$ 的简单随机游走过程。

这与［例 3－2］很相似，不同之处在于此例的状态空间具有吸收边界 0 和 b。这个过程可以用来描述一个持续赌博的赌徒拥有的财富。当他的财富到达目标 b 或为 0 时停止赌博，到达边界意味着永远停留在那里。

常用的边界条件包括：

反弹边界：$P[X_{n+1}=1 \mid X_n=0]=1$

吸收边界：$P[X_{n+1}=0 \mid X_n=0]=1$

混合边界：$\begin{cases} P[X_{n+1}=0 \mid X_n=0]=\alpha \\ P[X_{n+1}=1 \mid X_n=0]=1-\alpha \end{cases}$

通常，具有混合边界条件的转移图如图 3－3 所示。

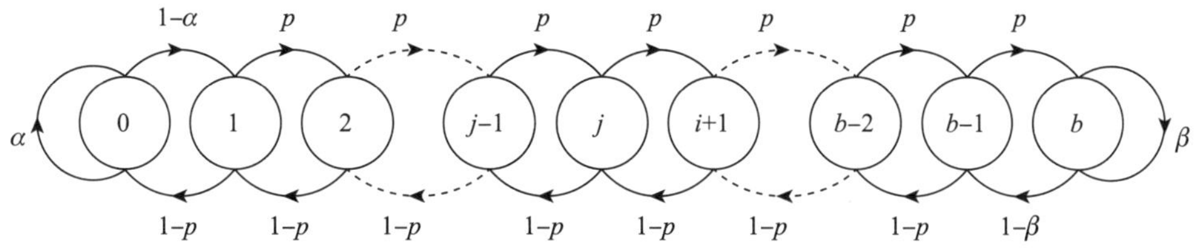

图 3－3　转移概率图

Markov 链的转移概率矩阵为：

$$P=\begin{pmatrix} \alpha & 1-\alpha & & & \\ 1-p & 0 & p & & \\ & \ddots & \ddots & \ddots & \\ & & 1-p & 0 & p \\ & & & 1-\beta & \beta \end{pmatrix}$$

其中，反弹或吸收边界是 α，β 为 0 或 1 时的特殊情况。

第二节　C－K 方程

一、C－K 方程的定义与证明

式（3－1）右边的条件概率是描述 Markov 链的关键对象，我们称之为转移概率，并用以下形式表示：

$$P[X_n=j \mid X_m=i]=p_{ij}^{(m,n)} \tag{3-2}$$

其中，$p_{ij}^{(m,n)}$ 是从 m 时刻的 i 状态转移到 n 时刻的 j 状态的概率。

特别地，我们可以定义一步转移概率为：

$$P[X_{m+1}=j \mid X_m=i]=p_{ij}^{(m,m+1)} \tag{3-3}$$

一步转移概率从概率的角度描述了近期的未来，告诉我们，在任何时间 m，下一步将发生什么。此外，我们利用一步转移概率组成的序列，能够计算出从时间 m 到时间 n 的任意长期转移概率（$n>m$）。要计算两个状态间的两步转移概率，我们运用矩阵 P^2，而对于三步转移概率，我们使用矩阵 P^3……这一方法极大地简化了对这种情况的分析。这也是我们接下来讨论的 Chapman - Kolmogorov 方程（以下简称"C - K 方程"）的基本内容。通常一步转移概率是容易知道的，而我们需要应用 C - K 方程来构造一般的转移概率。

【定义 3 - 2】 离散时间 Markov 链的转移概率服从 C - K 方程：

$$p_{ij}^{(m,n)} = \sum_{k \in S} p_{ik}^{(m,l)} p_{kj}^{(l,n)} \tag{3-4}$$

其中，对于所有状态空间 S 中的状态 i，j 和所有整数时间 $m \leqslant l \leqslant n$。

在证明这个结果之前，我们应该先弄清楚它的解释意义。通过引入一个固定的中间时刻 l，我们可以将时间 m 和 n 之间的任意路径分成两部分，假设 l 时处于某个状态 k。在图 3 - 4 中，整个路径的相关转移概率是每个部分转移概率的乘积，即 $p_{ik}^{(m,l)} p_{kj}^{(l,n)}$，表示从时刻 m 的状态 i 通过中间时刻 l 的状态 k 转移到时刻 n 的状态 j 的概率。概率能够被连接在一起，这就是我们称这些过程为 Markov 链的原因。

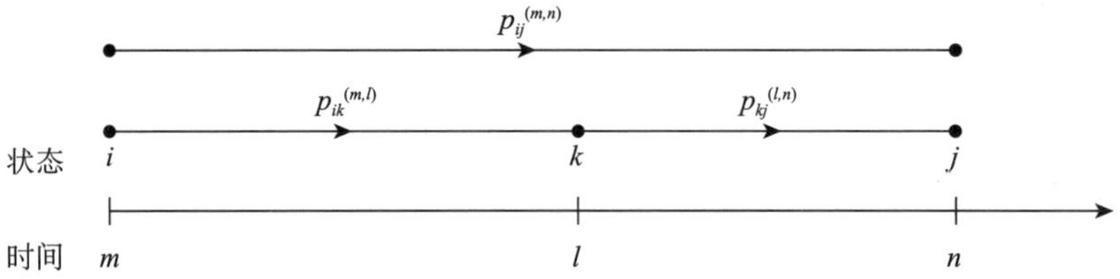

图 3 - 4　C - K 方程示意图

如果我们在时刻 m 开始于状态 i，在时刻 n 结束于状态 j，那么一般来说，这个中间状态 k 将有几种可能。为了考虑到所有不同的路径，我们必须对所有互斥且穷尽的可能性进行加总，这样就得到了式（3 - 4）的右侧。请注意，我们在这里使用了"结束于"，而不是"移动到"，因为转移还包括维持某个状态的可能性，即根本没有移动。

虽然式（3 - 4）一开始可能看起来相当令人生畏，但应该注意的是，通过将转移概率 $p_{ij}^{(m,n)}$ 看作转移矩阵 $P^{(m,n)}$ 的第 i，j 项，可以大大简化此过程。因此，式（3 - 4）还可以使用矩阵乘法写作 $P^{(m,n)} = P^{(m,l)} P^{(l,n)}$。我们将在下一节中更详细地讨论这种方法。

下面我们基于 Markov 性质式（3 - 1）和全概率公式从数学角度推导 C - K 方程。

如果 $A_1, A_2, \cdots, A_k, \cdots$ 构成一个不相交事件的全集，即：

$$\bigcup_{k=1}^{\infty} A_k = \Omega,\ A_k \cap A_j = \varnothing,\ k \neq j$$

那么对于任何两个事件 B，C：

$$P[B \mid C] = \sum_{k=1}^{\infty} P[B \mid C, A_k] P[A_k \mid C]$$

我们现在先运用全概率公式，定义 B 是“$X_n=j$”，C 是“$X_m=i$”，且 A_k 是“$X_l=k$”。因此：

$$P[X_n=j\mid X_m=i]=\sum_{k\in S}P[X_n=j\mid X_m=i,X_l=k]P[X_l=k\mid X_m=i]$$
$$=\sum_{k\in S}P[X_n=j\mid X_l=k]P[X_l=k\mid X_m=i]$$

在第二处等号使用 Markov 性质，暗含了 $l>m$ 的条件。

综上所述，式（3－4）得证。

C－K 方程允许我们根据一步转移概率 $p_{ij}^{(n,n+1)}$ 来计算一般转移概率。例如，如果我们想计算两步转移概率，我们可以取中间时间 $l=m+1$ 并应用方程。一旦我们有了两步转移概率，我们就可以用它们来计算三步转移概率，并且通过迭代过程找到任何阶的转移概率。因此，只要有下面内容，就可以完全确定 Markov 链的分布：

1. 一步转移概率 $p_{ij}^{(n,n+1)}$

2. 初始概率分布 $q_k=P[X_0=k]$

实际上，我们可以从中推导出任意路径的概率：

$$P[X_0=i_0,X_1=i_1,\cdots,X_n=i_n]=q_{i_0}p_{i_0,i_1}^{(0,1)}p_{i_1,i_2}^{(1,2)}\cdots p_{i_{n-1},i_n}^{(n-1,n)}$$

如果一个过程不满足 Markov 性，我们无法应用上述方法来解决问题。然而，有时可以通过改变状态空间的方式，使这些过程可以以 Markov 链的形式表示。一般来说，这样做可以简化对问题的分析。

【例 3－4】［例 3－1］的模型中，存在 3 个折扣等级，即 0%、25% 和 50%，下面将之前的模型修改。现在有四个折扣等级：

0：没有折扣

1：25% 的折扣

2：40% 的折扣

3：60% 的折扣

折扣等级的上升规则和［例 3－1］中的情况一样，但下降幅度要根据前年是否发生了索赔决定。所以，保单持有者的折扣状态 X_n 在状态空间 $S=\{0,1,2,3\}$ 上没有形成 Markov 链，因为 $P[X_{n+1}=0\mid X_n=2,X_{n-1}=1]=0$ 和 $P[X_{n+1}=0\mid X_n=2,X_{n-1}=3]>0$ 都是成立的，即未来的折扣等级依赖于现在和过去的索赔情况。

注意 $P[X_{n+1}=0\mid X_n=2,X_{n-1}=1]$ 指的是在第 $n+1$ 年折扣等级为 0%，在第 n 年折扣等级为 40%，在 $n-1$ 年折扣等级是 25% 的概率。这个概率等于 0，因为第 $n-1$ 年没有索赔（如果有的话，保单将不会上升到 40% 的折扣等级），所以即使在第 n 年发生了索赔，折扣等级也不可能下降到最低等级。在之前我们说过，可以将一个不是 Markov 链的过程转变成 Markov 链。下面我们通过改变状态空间来达到该目的。

要建立一个 Markov 链 $\{Y_n, n=0,1,2,\cdots\}$，需要将前一年的信息放入状态中，实际上只用对状态 2 这么做，我们可以将它分为：

2^+：40% 的折扣等级，前一年没有发生事故

2^-：40% 的折扣等级，前一年发生了事故

只将 2 状态分类是因为只有当今年处于 2 状态时，我们才需要过去的状态来决定未来的折扣等级：

1. 若今年你在 0% 的折扣等级而且发生了事故，下一年你将继续停留在 0% 的折扣等级。

2. 若今年你在 25% 的折扣等级而且发生了事故，下一年你将下降到 0% 的折扣等级。

3. 若今年你在 40% 的折扣等级而且发生了事故，下一年你有可能下降到 0% 折扣等级或 25% 折扣等级，而这取决于前一年你是否发生了事故。

4. 若今年你在 60% 的折扣等级，这意味着前一年你没有发生事故。所以如果你今年发生了事故，明年将下降到 40% 的折扣等级。

假设在任何一年不发生事故的概率是$\frac{3}{4}$，我们建立 Markov 链，状态空间为 $S' = \{0,1,2^+,2^-,3\}$，转移概率图详见图 3－5。

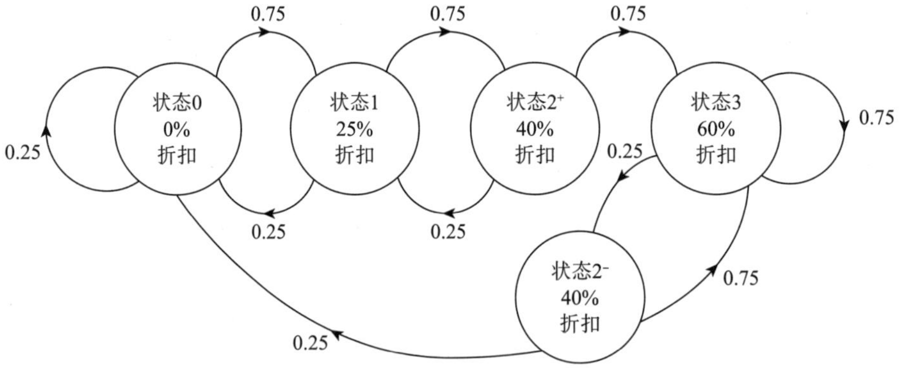

图 3－5　转移概率图

对应的转移概率矩阵为：

$$P=\begin{pmatrix} 1/4 & 3/4 & 0 & 0 & 0 \\ 1/4 & 0 & 3/4 & 0 & 0 \\ 0 & 1/4 & 0 & 0 & 3/4 \\ 1/4 & 0 & 0 & 0 & 3/4 \\ 0 & 0 & 0 & 1/4 & 3/4 \end{pmatrix}$$

二、时间齐性

【定义 3－3】 如果一步转移概率与时间无关，则简化为：

$$p_{ij}^{(n,n+1)} = p_{ij} \tag{3－5}$$

在这种情况下，可以认为 Markov 链是时间齐性的，转移概率仅取决于时间差：

$$P[X_{l+m} = j | X_m = i] = p_{ij}^{(l)} \tag{3－6}$$

式（3－6）只有在 $p_{ij}^{(m,l+m)}$ 独立于 m 时才有意义。我们称式（3－6）为 l 步转移概率。对于时间齐性的 Markov 链，C－K 方程如下：

$$p_{ij}^{(n-m)} = \sum_{k \in S} p_{ik}^{(l-m)} p_{kj}^{(n-l)} \tag{3－7}$$

对此有一个非常简单的解释，具有时间齐性的 Markov 链的状态转移矩阵 P 是一个 $N \times N$ 矩阵，其中，N 是状态空间 S 中的状态数（可能是无限的），且元素 p_{ij} 是一步转移概率，即 $(P)_{ij} = p_{ij}$。类似地，通过计算矩阵 P 的第 l 次方中的（i,j）项，可以得到 l 步转移概率 $p_{ij}^{(l)}$，即 $p_{ij}^{(l)} = (P^l)_{ij}$。

这里有两个值得注意的地方。第一，A_{ij}［或者 $(A)_{ij}$］是一个数字，表示矩阵 A 中的第（i,j）个元素，A 是矩阵。然而，一些不合理的表达形式也是存在的，有时候你会看到"矩阵 $(A)_{ij}$"。第二，矩阵次幂的表达方式和普通数字是一样的。比如，A^2 代表 AA，也就是说将两个矩阵紧挨着写在一起表示矩阵的相乘。

类似地，我们可以将转移概率看作矩阵的元素，将分布 $P(X_n = i)$ 看作一个行向量（$1 \times N$ 的矩阵，N 代表状态空间的大小），例如原始分布 X_0 可以由 q_k 组成的行向量表示，这将被表示为 $\underline{X_0}$。对于一个时齐的 Markov 链来说，我们有 $P(X_1 = i) = \sum_{k \in S} q_k p_{ki}$，矩阵形式为 $\underline{X_1} = \underline{X_0} P$，其中行向量 $\underline{X_1}$ 是 X_1 的分布，第 i 个元素是 $\sum_{k \in S} q_k p_{ki}$。这是原始等式的一个简写，是对矩阵中的元素求和。

根据前面关于表达式需要注意的地方，我们可以知道 $\sum_{k \in S} q_k p_{ki} = \sum_{k \in S} p_{ki} q_k$ 是成立的，这是因为 q_k 和 p_{ki} 都是数字，所以相乘时的顺序不重要。然而，在 $\underline{X_1} = \underline{X_0} P$ 中需要注意矩阵相乘时的顺序。表达式 $\underline{X_1} = P\,\underline{X_0}$ 是没有含义的，因为我们不能在一个行向量（X_0）的左边乘一个 $N \times N$ 的矩阵（P）（除非 N 刚好等于 1）。如果我们将行向量用列向量代替，变形的向量表示为 $\underline{X_0}^T$，那么这个顺序就有意义了。比如，等式 $\underline{X_1}^T = P^T\,\underline{X_0}^T$ 是合理的。

回顾例 3－2 中状态空间 $S = \{\cdots, -2, -1, 0, 1, 2, \cdots\}$ 的简单随机游走。为了在 n 步内由 i 状态变为 j 状态，随机游走中必须有 $u = \frac{1}{2}(n + j - i)$ 步向上走，$n - u$ 步向下走。因为

n 步内向上走的次数服从参数为 n、p 的二项分布，所以 n 步转移概率为：

$$p_{ij}^{(n)}=\begin{cases}\dbinom{n}{u}p^{u}(1-p)^{n-u}, & \text{当 } 0\leqslant n+j-i\leqslant 2n \text{ 且 } n+j-i \text{ 为偶数}\\ 0, & \text{其他情况}\end{cases}$$

对于一个非时齐的 Markov 链来说，转移概率不能简单地用 p_{ij} 来表示，因为他们依赖于每一时刻的值，而不只是时间差，一步转移概率应当表示为 $p_{ij}^{(n,n+1)}$。所以对于一个非时齐的 Markov 链来说，尽管两个时间间隔都是长度 n，0 时刻在状态 i 转移到 n 时刻状态 j 的概率和 m（$m\neq 0$）时刻在状态 i 转移到 $m+n$ 时刻状态 j 的概率是不同的。对于一个非时齐的 Markov 链来说，转移概率不仅依赖于时间间隔，而且依赖于时间的起始点。

【例 3-1（续）】 回顾例 3-1 中的 NCD 系统，计算在第 n 年不享受任何折扣的情况下，在第 $n+3$ 年保持最高的折扣等级的概率。

$$P=\begin{pmatrix}\frac{1}{4} & \frac{3}{4} & 0\\ \frac{1}{4} & 0 & \frac{3}{4}\\ 0 & \frac{1}{4} & \frac{3}{4}\end{pmatrix}$$

$$p_{02}^{(3)}=(P^{3})_{1,3}=\frac{9}{16}$$

其中，$p_{02}^{(3)}$ 代表的是从 0 状态转移 3 步到达 2 状态的概率。这等于 $(P^{3})_{1,3}$ 也就是矩阵 P^{3} 中的第一行第三列的元素。因此，你可以计算 P^{3} 然后找到位于第一行第三列的元素，结果是 $\frac{9}{16}$。然而计算矩阵 P 的立方要花很多时间，也没有必要，因为我们只需要一个概率，不需要考虑那么多可能路径。

我们可以采用另一个方法。已知在第 n 年时，投保人没有享受任何折扣，我们想要计算三步后最终停留在状态 2 的概率。实现这种情况的可能路径如下：

$0\to 0\to 1\to 2$ 概率为 $\frac{1}{4}\times\frac{3}{4}\times\frac{3}{4}$

或

$0\to 1\to 2\to 2$ 概率为 $\frac{3}{4}\times\frac{3}{4}\times\frac{3}{4}$

将这些概率加起来得到答案 $\frac{9}{16}$，因此我们可以看出，矩阵表达式只是我们计算概率的一种表达符号。然而，如果存在许多可能的路径，上面的方法就会很麻烦。也许解决这样的问题的最高效的方法应该如下所示。

既然我们知道 n 时刻的分布是（1,0,0），通过在向量（1,0,0）的后面乘以转移概率矩阵 P，得到$\left(\frac{1}{4},\frac{3}{4},0\right)$。然后继续在向量$\left(\frac{1}{4},\frac{3}{4},0\right)$的后面乘以转移概率矩阵 P，我们得到 $n+2$ 时刻的概率分布$\left(\frac{1}{4},\frac{3}{16},\frac{9}{16}\right)$。继续在向量$\left(\frac{1}{4},\frac{3}{16},\frac{9}{16}\right)$的后面乘以转移概率矩阵 P，我们就可以得到 $n+3$ 时刻的概率分布。

然而，由于我们只需要获得在 $n+3$ 年时处于最大折扣等级的概率，我们只需要将向量$\left(\frac{1}{4},\frac{3}{16},\frac{9}{16}\right)$和 P 的最后一列相乘。我们得到 $n+3$ 时刻的概率分布形式为$\left(*,*,\frac{9}{16}\right)$，所以题目所要求得的概率为$\frac{9}{16}$。

对于一个非时齐的模型来说，如根据交通和可能的天气条件，发生事故的可能性是依赖时间的。这可能和交通密度或索赔倾向的年度趋势有关。转移概率图和转移概率矩阵将会如图 3－6 所示。

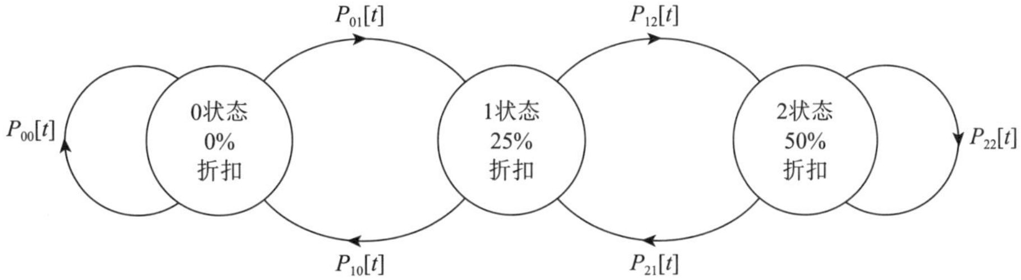

图 3－6　转移概率图

$$P(t)=\begin{pmatrix} P_{00}(t) & P_{01}(t) & P_{02}(t) \\ P_{10}(t) & P_{11}(t) & P_{12}(t) \\ P_{20}(t) & P_{21}(t) & P_{22}(t) \end{pmatrix}$$

第三节　Markov 链的稳态

【定义 3－4】 如果对于状态空间 S 中的所有 j，下列条件都满足时，我们说 $\pi_j, j\in S$ 是有着转移概率矩阵 P 的 Markov 链的稳态概率分布：

$$\pi_j = \sum_{i \in S} \pi_i p_{ij}$$

$$\pi_j \geqslant 0$$

$$\sum_{j \in S} \pi_j = 1$$

其中，π 是一个行向量。

对于上述定义的解释是，如果我们让 π 作为初始概率分布，也就是说 $P[X_0 = i] = \pi_i$，那么时刻 1 的分布再一次由 π 给出：

$$P[X_1 = j] = \sum_{i \in S} P[X_1 = j \mid X_0 = i] P[X_0 = i] = \sum_{i \in S} p_{ij}\pi_i = \pi_j$$

同样地，这在所有时刻 $n \geqslant 1$ 时都成立，所以 π 是一个不变的概率分布。事实上，这条链是一个平稳过程。

【例 3-5】 考虑仅有两个状态的 Markov 链，$S = \{0,1\}$，其转移概率矩阵为：

$$P = \begin{pmatrix} \frac{1}{2} & \frac{1}{2} \\ \frac{1}{3} & \frac{2}{3} \end{pmatrix}$$

求此链的稳态分布。

【答案】 我们想要求解 $\pi P = \pi$，可写成：

$$(\pi_0, \pi_1) \begin{pmatrix} \frac{1}{2} & \frac{1}{2} \\ \frac{1}{3} & \frac{2}{3} \end{pmatrix} = (\pi_0, \pi_1)$$

或者直接写成：

$$\frac{1}{2}\pi_0 + \frac{1}{3}\pi_1 = \pi_0$$

$$\frac{1}{2}\pi_0 + \frac{2}{3}\pi_1 = \pi_1$$

将两个等式的右边都移项到左边可以得到：

$$-\frac{1}{2}\pi_0 + \frac{1}{3}\pi_1 = 0$$

$$\frac{1}{2}\pi_0 - \frac{1}{3}\pi_1 = 0$$

这两个等式是等价的（只是有相反的符号），因此其中一个等式是可以舍弃的。通过解任意一个都可以得到：

$$\pi_1 = \frac{3}{2}\pi_0 \tag{3-8}$$

已知 $\pi_0+\pi_1=1$，因此，我们得到唯一的解：

$$\pi_0=\frac{2}{5},\quad \pi_1=\frac{3}{5}$$

我们可以把这个解代入被舍弃的式子中检验其正确性。

还要注意的是根据线性，式（3－8）的解的任何倍数仍是其解，解的唯一性源于标准化条件 $\sum_{j\in S}\pi_j=1$。因此，在更为复杂的问题中最好用 π 的其中一个分量（如 π_1，称为工作变量）来表示其他所有分量进行求解。工作变量的值将通过标准化求出，只要将工作变量求出来，其他分量也都可以算出来。

我们现在将方法步骤总结出来并应用于下面的例子。

【例 3－6】 考虑有四个状态的 Markov 链，$S=\{0,1,2,3\}$，其转移概率矩阵为：

$$P=\begin{pmatrix}0.3 & 0.7 & 0 & 0\\ 0.3 & 0 & 0.7 & 0\\ 0.1 & 0.2 & 0 & 0.7\\ 0.1 & 0 & 0.2 & 0.7\end{pmatrix}$$

求此链的稳态分布。

第一步：明确要求解的等式，舍弃其中一个等式。

$$(\pi_0,\pi_1,\pi_2,\pi_3)\begin{pmatrix}0.3 & 0.7 & 0 & 0\\ 0.3 & 0 & 0.7 & 0\\ 0.1 & 0.2 & 0 & 0.7\\ 0.1 & 0 & 0.2 & 0.7\end{pmatrix}=(\pi_0,\pi_1,\pi_2,\pi_3)$$

$$\begin{aligned}3\pi_0+3\pi_1+\pi_2+\pi_3&=10\pi_0\\ 7\pi_0+2\pi_2&=10\pi_1\\ 7\pi_1+2\pi_3&=10\pi_2\\ 7\pi_2+7\pi_3&=10\pi_3\end{aligned}$$

这里舍弃第一个等式，得到：

$$\begin{aligned}7\pi_0-10\pi_1+2\pi_2&=0\\ 7\pi_1-10\pi_2+2\pi_3&=0\\ 7\pi_2-3\pi_3&=0\end{aligned}$$

第二步：选择其中一个分量 π_j 作为工作变量。这里 π_2、π_3 都是合理的选择，下面选择 π_3 作为工作变量。

第三步：根据剩下的式子用工作变量表达其他未知量。

$$\pi_2 = \frac{3}{7}\pi_3$$

$$\pi_1 = \left(10 \times \frac{3}{7} - 2\right)\frac{\pi_3}{7} = \frac{16}{49}\pi_3$$

$$\pi_0 = \left(10 \times \frac{16}{49} - \frac{3}{7}\right)\frac{\pi_3}{7} = \frac{118}{343}\pi_3$$

第四步：利用 $\sum_j \pi_j = 1$ 解出工作变量。

整理上一步的结果：

$$\pi = (118, 112, 147, 343)\frac{\pi_3}{343}$$

列出方程：

$$\sum_j \pi_j = \frac{\pi_3}{343}(118 + 112 + 147 + 343) = \frac{720}{343}\pi_3 = 1$$

$$\pi_3 = \frac{343}{720}$$

第五步：将前两步的结果联立起来解出答案：

$$\pi = (0.1639, 0.1556, 0.2042, 0.4764)$$

最后将这个结果代入之前舍弃的式子中检验其正确性。

总结以上，我们通过求解 $\pi = \pi P$ 得到了一个有限状态的 Markov 链的稳态分布。

在上面的例子中最终我们只得到了一个解，值得注意的是，尽管解的唯一性来自 $\sum_{j \in S} \pi_j = 1$，但这并不意味着解就一定是唯一的。事实上可能存在即使使用了标准化公式仍然有多个解的情况。下节将给出存在唯一解的充分不必要条件。这个条件需要将 Markov 链进一步分成不可约和可约的 Markov 链。此外，如果状态空间不是有限的，则可能根本不会有稳态分布的存在，比如例 3 - 2。

第四节　Markov 链稳态的性质

一、存在性

一条 Markov 链是否存在稳态及稳态是否唯一是非常重要的。当状态空间 S 有限时，问题就简单多了，这种情况下，我们有如下结论：

【结论 3-1】 一个有着有限状态空间的 Markov 链至少有一个稳态。

证明这一结论需要用到线性代数的知识：若一个矩阵的各行元素之和均为 0，那么这个矩阵具有零特征值，这个矩阵的行列式的值为 0。而求解方程 $\pi P=\pi$ 时改写为齐次方程 $(P'-E)\pi=0$ 后不难发现，矩阵 $(P'-E)$ 和它的转置矩阵 $(P-E)$ 一样具有零特征值，且行列式的值为 0。由于系数矩阵的行列式为 0，因此一定存在元素不全为 0 的 π 作为该 Markov 链的稳态分布。

二、唯一性

对于稳态分布的唯一性问题，我们只讨论不可约的 Markov 链。

【定义 3-5】 如果 Markov 链中任意一个状态 j 都可以由其他任意状态 i 到达，则称这个 Markov 链是不可约的。

换句话说，如果任给一对状态 i，j，存在一个正整数 n，使得 $p_{ij}^{(n)}>0$，则称这个 Markov 链是不可约的。这个性质仅通过转移概率图就可以验证。

【结论 3-2】 有限状态的不可约的 Markov 链有唯一的稳态分布。

这个结论的证明用到了稳态分布的收敛性，对任意的 $j\in S$，有 $\pi_j=\lim\limits_{n\to\infty}p_{ij}^{(n)}$ 对任意 $i\in S$ 均成立。收敛性在下节会有详细的介绍。

假设 π 和 π' 为一个有限状态的不可约的 Markov 链的两个不同的稳态分布。

根据定义中的 $\pi P=\pi$ 的性质，可以拓展为 $\pi P^n=\pi$，任给 $i\in S$，两个等式均可以改写为 $\pi_i=\sum\limits_{k\in S}\pi_k p_{ki}=\sum\limits_{k\in S}\pi_k p_{ki}^{(n)}$。然后利用 $\pi_j=\lim\limits_{n\to\infty}p_{ij}^{(n)}$ 得到：

$$
\begin{aligned}
\pi_i &= \sum_{k\in S}\pi_k p_{ki}^{(n)} \\
&= \sum_{k\in S}\pi_k \lim_{N\to\infty}\frac{1}{N}\sum_{n=1}^{N}p_{ki}^{(n)} \\
&= \sum_{k\in S}\pi_k\pi_i,\ \forall i\in S
\end{aligned}
$$

同理也可以得到 $\pi_i'=\sum\limits_{k\in S}\pi_k'\pi_i,\forall i\in S$。因为 $\sum\limits_{k\in S}\pi_k'=1$，则 $\pi_i'=\pi_i$，$\forall i\in S$，稳态分布的唯一性得证。

即使 Markov 链是不可约的，无限状态空间的 Markov 链也可以没有稳态分布，例如例 3-2 的情况。

【例 3-7】 下面有三个过程的转移概率矩阵，判断是否是不可约的。

$$(1)\ P=\begin{pmatrix}\frac{1}{2} & \frac{1}{2} & 0 & 0\\ \frac{2}{3} & 0 & \frac{1}{3} & 0\\ 0 & 0 & \frac{2}{3} & \frac{1}{3}\\ 0 & 0 & \frac{1}{2} & \frac{1}{2}\end{pmatrix}$$

$$(2)\ P=\begin{pmatrix}\frac{1}{3} & 0 & \frac{2}{3} & 0\\ \frac{1}{10} & \frac{1}{5} & \frac{3}{5} & \frac{1}{10}\\ 0 & \frac{1}{2} & \frac{1}{3} & \frac{1}{6}\\ \frac{1}{4} & \frac{1}{4} & \frac{1}{2} & 0\end{pmatrix}$$

$$(3)\ P=\begin{pmatrix}\frac{1}{2} & \frac{1}{2} & 0 & 0 & 0\\ \frac{1}{3} & \frac{2}{3} & 0 & 0 & 0\\ 0 & 0 & 1 & 0 & 0\\ 0 & 0 & 0 & \frac{2}{3} & \frac{1}{3}\\ 0 & 0 & 0 & \frac{1}{2} & \frac{1}{2}\end{pmatrix}$$

模型（1）不是不可约的。从图 3－7 我们可以看出这个过程不是不可约的。比如，我们不能从 3 状态到达 1 状态。

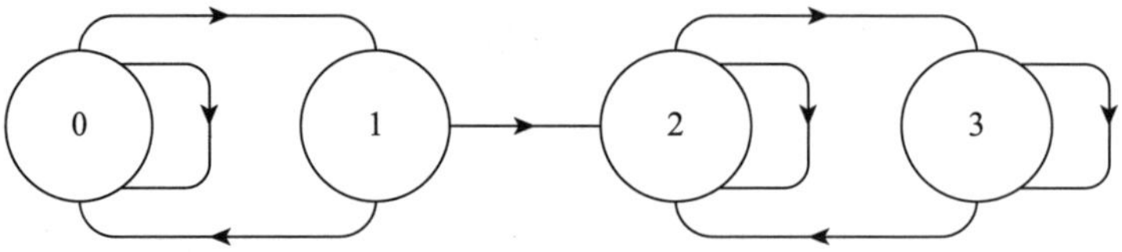

图 3－7　转移概率图

模型（2）是不可约的，即任给两个状态 i 和 j，i 都可以到达 j，如图 3－8 所示。我们可以通过观察转移概率矩阵或者画出转移概率图判断其是否可约。注意在画图的时候不一定要把概率也加上去，因为我们只需要看是否存在一个路径让状态 i 转移到 j 状态，对

于任意两个状态 i 和 j 来说。

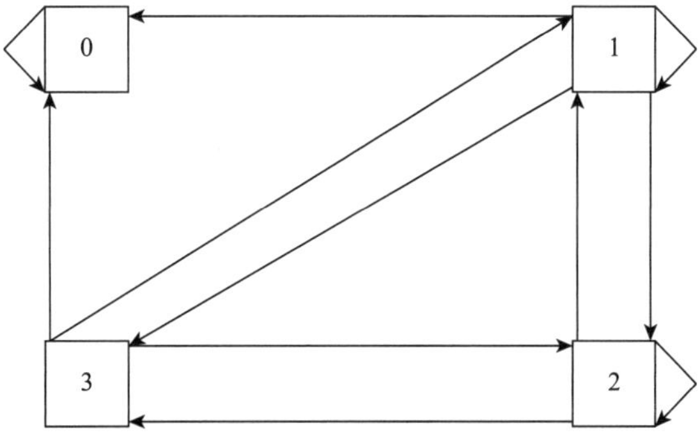

图 3-8 转移概率图

模型（3）不是不可约的。我们假设状态与矩阵指标是对应的{1,2,3,4,5}。观察转移概率矩阵的结构，它不可能离开状态{1,2}，类似地，它也不会离开状态{4,5}，它不可能离开状态 3。

三、收敛性

稳态分布的重要性来自它和 Markov 链长期状态的联系。在合适的条件下，一个 Markov 链在经过很长时间之后将会收敛到它的稳态分布。这个结论由概率分布的极限表示。如果极限是收敛的，那么当 n 趋于无穷的时候，即在时间趋于无穷的时候，$p_{ij}^{(n)}$ 就会趋于 π_j。

某些情况使上述情形复杂化了。我们需要先明确周期性的概念。

【定义 3-6】 状态 i 如果存在一个周期 $d>1$ 并且返回 i 状态的步数是 d 的整数倍（即 $p_{ii}^{(n)}=0$ 除非 $n=md$，m 为正整数），则 i 具有周期性，其周期为 d。

若一个状态没有周期性，则称其为非周期的。

【结论 3-3】 只有非周期的状态，极限 $\lim\limits_{n\to\infty}p_{ii}^{(n)}$ 才存在。

我们可以通过分析之前例子中的转移概率图来检验上述结论。在例 3-1 和例 3-4 中所有状态都是非周期的；在例 3-3 中所有状态都是非周期的，除非 $\alpha=0$ 或 1，$\beta=0$ 或 1。

一个非周期状态能否经过任意步数回到自身是不一定的，除非返回步数不会限制在一个 $d>1$ 的数的倍数上。因此，对于非周期的状态返回自身最常见的步数就是 1 了。

【例 3-8】 考虑一个时期的 Markov 链，其状态空间为 $S=\{0,1\}$，转移概率为 $p_{00}=0.8$，$p_{01}=0.2$，$p_{10}=1$，$p_{11}=0$。这个转移概率图如图 3-9 所示。

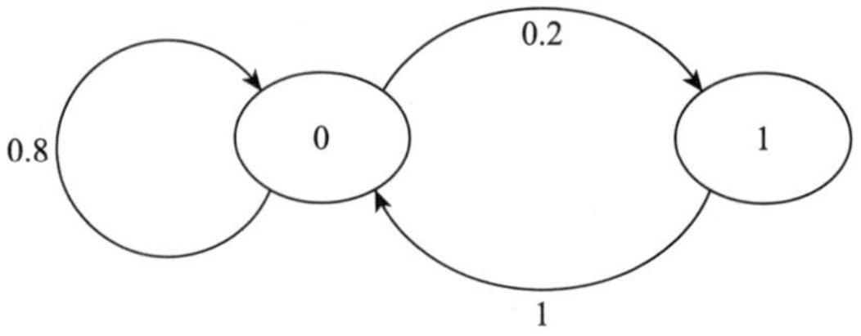

图 3－9　转移概率图

由于状态 0 有一个指向自己的箭头，表明它是非周期的。回到状态 1 的步数不可能是 1 步，但有可能是 2，3，4，…步。2，3，4，…最大的公约数为 1，所以状态 1 是非周期的。实际上，如果我们知道了下面关于不可约 Markov 链的重要结论，一旦我们决定状态 0 是非周期的，我们就可以直接说状态 1 也是非周期的。

【**结论 3－4**】如果一个 Markov 链是不可约的，那么所有状态都有相同的周期（或者说全都是非周期性的）。

这很大地简化了找不可约 Markov 链周期的问题，因为只需算其中一个状态的周期就可以了。注意例 3－8 的 Markov 链是不可约的（每一个状态都能由其他任意状态达到）。

画一个转移概率图可能会帮助你决定一个状态是否是周期的。注意如果一个状态有指向自身的箭头，那么这个状态一定是非周期的，因为这说明任意步数都能返回该状态。然而，即使没有箭头指向自身状态，这个状态依然有可能是非周期的。

【**例 3－9**】判断以下 Markov 链各状态的周期

$$P=\begin{pmatrix}0 & 1 & 0 & 0\\ 0 & 0 & 1 & 0\\ 0 & 0 & 0 & 1\\ 0.5 & 0 & 0.5 & 0\end{pmatrix}$$

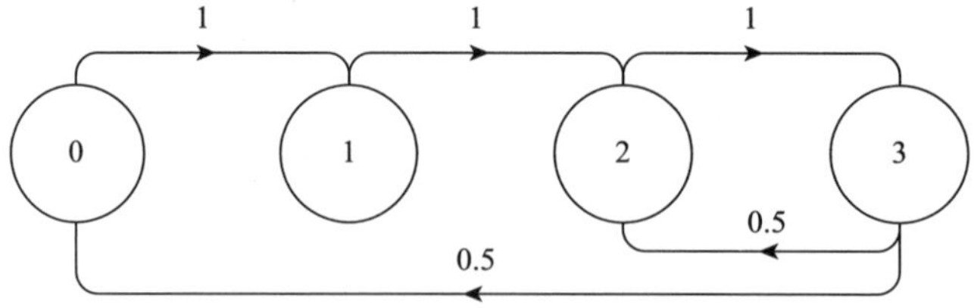

图 3－10　转移概率图

这个 Markov 链是不可约的，所以各状态周期相同。我们只需要分析一个状态的周期。从 0 状态返回 0 状态的步长有 4，6，8，10，取最大公约数 2。因此各状态的周期为 2。

【**例 3－10**】考虑一个 Markov 链，其状态空间为 $S=\{0,1\}$，转移概率为 $p_{01}=1$，$p_{10}=1$。转移概率图如图 3－11 所示。

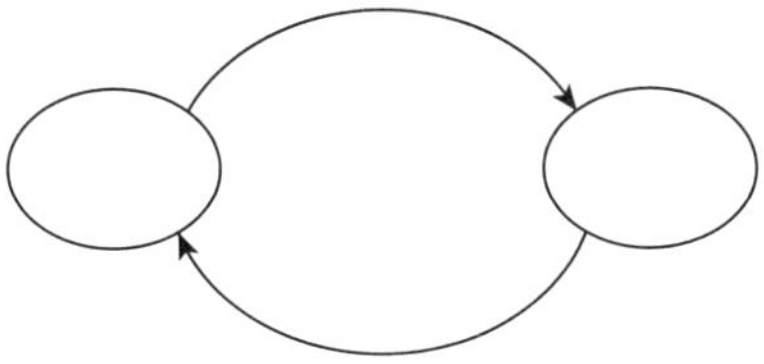

图 3-11 转移概率图

这条 Markov 链有有限个状态。每一个状态都能由其他任意状态达到所以这条链是不可约的。因此它一定有唯一的稳态分布。不难看出它的稳态分布就是$\left(\frac{1}{2},\frac{1}{2}\right)$，即在其中任意一个状态的概率相同。

给出转移概率矩阵 $P=\begin{pmatrix}0 & 1\\1 & 0\end{pmatrix}$。所以为了得到稳态分布我们需要求解：

$$(\pi_0,\pi_1)\begin{pmatrix}0 & 1\\1 & 0\end{pmatrix}=(\pi_0,\pi_1)$$

这等价于 $\pi_0=\pi_1$。和标准化方程联立解得 $\pi_0=\pi_1=\frac{1}{2}$。这是唯一的稳态分布，因为这是一条不可约有限状态的 Markov 链。从这个图我们可以看出从 0 状态回到 0 状态只能经过偶数倍步数。因此状态 0 的周期为 2。则状态 1 的周期也同样为 2。所以这条 Markov 链不是非周期的，所以这个过程可能就不会在长期收敛到它的稳态分布。

这个例子告诉我们，尽管这个过程存在稳态分布，但如果这个过程没有从这个分布开始，则永远也不会到达这个分布。“这个过程从一个分布开始”的想法可能有点令人困惑：因为任何一个过程的运行都是从一个特定状态开始的。然而，我们可能不知道是从哪一个状态开始的。比如，我们只知道在 0 时刻有 10% 的概率将会在 0 状态，90% 的概率在 1 状态。在 1 时刻，概率就会反过来，即 90% 的概率在 0 状态，10% 的概率在 1 状态。这个过程将不会收敛到一个平衡状态。

另一种思路是假设我们有大量的 Markov 过程副本在运行。具体来说，就是假设每一个独立的过程描述了一个人的状态，就像保单持有人的例子中服从 NCDMarkov 链的情形。我们可以用人数来构造初始分布。比如，上面提到的 10%/90% 的分割相当于 10% 的人从 0 状态开始，90% 的人从状态 1 开始。由于转移概率的存在，每个人都将会改变状态。这将持续在每一个时间步骤，所以这个过程永远不会收敛到一个平衡状态。

下面我们考虑一个具有非周期性的 Markov 链。

【例 3-11】 考虑一个时间齐性的 Markov 链，状态空间为 $S=\{0,1\}$，无论你在哪一个状态，你转移到另一个状态的概率和留在这个状态的概率都是 0.5，即 $p_{00}=p_{01}=p_{10}=p_{11}=\frac{1}{2}$。

这个过程是有限状态且不可约的，所以存在唯一的稳态分布。此外，稳态分布就是$\left(\frac{1}{2},\frac{1}{2}\right)$。然而，在这个例子中初始状态为0，也就是说，可以经过任意步数返回状态0，因此这个状态是非周期的。说明状态1也同样是非周期的。此外，$p_{00}^{(2)}=\frac{1}{4}+\frac{1}{4}=\frac{1}{2}$，因为走两步从0状态返回0状态既可以一直呆在0状态，也可以从0到1，1到0。

实际上，由于$P^2=P$，我们通过归纳可以得到$P^n=P$。因此$p_{00}^{(n)}=\frac{1}{2}$，对于所有$n=1,2,3,\cdots$，均满足$\lim\limits_{n\to\infty}p_{ij}^{(n)}=\frac{1}{2}$。和例3-10进行对比，这个过程将会收敛到一个平衡状态。实际上这就发生在一步之后。但是，总的来说，达到平衡状态的时间将会更长。

我们现在将会给出一个关于收敛到稳态概率分布的结论。

【结论3-5】 设$p_{ij}^{(n)}$为有限状态空间上一个非周期不可约Markov链的n步转移概率。对于每一个i和j：

$$\lim_{n\to\infty}p_{ij}^{(n)}=\pi_j$$

其中，π为稳态概率分布。

注意上面的极限是如何独立于初始状态i的。这个结果表明，无论你处于哪种状态i，经过很长一段时间进入状态j的概率，都等于处于状态j下给定的稳态π。这也就是说，经过很长一段时间后，分布是恒定的，等于稳态π。

现将主要结论总结如下：

具有有限状态空间的Markov链具有至少一个稳态。

具有有限状态空间的不可约Markov链具有唯一的稳态。

具有有限状态空间的不可约非周期Markov链从长期来看具有唯一的稳态。

第五节　Markov链的应用

一、估计转移概率

建立Markov链模型首先要修正的是状态空间。如例3-4所示，首先出现的状态空间可能不是最合适的，在拟合 Markov 链模型之前需要进行一些修正。例如例 3－4 根据上一期的折扣级别，需要将 2 状态划分为两个状态。

确定了状态空间之后，还要利用观测值估计转移概率 p_{ij}。由 $x_1, x_2, \cdots, x_N$ 表示可用的观测值并定义 n_i 是 t 时刻的次数（$1 \leqslant t \leqslant N-1$），使得 $x_t = i$；n_{ij}是 t 时刻的次数（$1 \leqslant t \leqslant N-1$），使得 $x_t = i$ 并且 $x_{t+1} = j$。因此，n_{ij}是从状态 i 转移到状态 j 的观测值数量，n_i 是从状态 i 转移的观测值数量。n_i 的定义里，只允许 t 的上限到达 $N-1$ 而不是 N 的原因是，n_i 等于的是脱离状态 i 的概率次数，而不仅仅是处于状态 i 的次数。

p_{ij}最好的估计是 $\hat{p}_{ij} = \dfrac{n_{ij}}{n_i}$。如果一个转移概率需要一个置信区间，那么 N_{ij}在给定 N_i 下的条件分布是二项分布（N_i, p_{ij}）。这一事实意味着，可以通过标准技术方法获得一个置信区间。

二、评估适用性

估计转移概率的下一步是确保模型与数据是匹配的，换句话说就是检查 Markov 链模型的属性是否合适。对于一般的 Markov 链模型，对 Markov 性的完整验证将涉及大量工作和大量数据。简化后通常认为查看连续观测的三元组就足够了。

用 n_{ijk}表示次数 $t(1 \leqslant t \leqslant N-2)$，使得 $x_t = i$，$x_{t+1} = j$，$x_{t+2} = k$。如果 Markov 属性成立，我们期望 n_{ijk}是来自参数为 n_{ij}和 p_{jk}的二项式分布的观测值。因此，一个简单但有效的检验是基于检验统计量的卡方拟合优度检验：

$$\chi^2 = \sum_i \sum_j \sum_k \frac{(n_{ijk} - n_{ij}\hat{p}_{jk})^2}{n_{ij}\hat{p}_{jk}}$$

在这种情况下使用的自由度为 $r - 2q + s$，其中 s 表示状态空间中状态 i 的数量，其中 $n_i > 0$，q 表示满足 $n_{ij} > 0$ 的数对（i, j）的数量，r 表示满足 $n_{ij}n_{ijk} > 0$ 的三元组（i, j, k）的数量。

【例 3－12】 根据一串三状态过程的数据：

1，3，2，2，1，3，3，2，3，1，2，3，2，1，1，2，2，1，3，3

回答下列问题：

1. 计算 n_i，n_{ij}，n_{ijk}的值。
2. 估计一步转移概率。
3. 进行卡方检验，并说明在这种情况下你可能会有什么顾虑。

【答案】

1. 根据观测值可得：

$$(n_{1jk})=\begin{pmatrix}0&1&0\\0&1&1\\0&1&2\end{pmatrix}\quad (n_{2jk})=\begin{pmatrix}1&0&2\\2&0&0\\1&1&0\end{pmatrix}\quad (n_{3jk})=\begin{pmatrix}0&1&0\\1&1&1\\0&1&0\end{pmatrix}$$

$$(n_{ij})=\begin{pmatrix}1&2&3\\3&2&2\\1&3&2\end{pmatrix}\quad (n_i)=\begin{pmatrix}6\\7\\6\end{pmatrix}$$

2. 一步转移的概率

$$(p_{ij})=\left(\frac{n_{ij}}{n_i}\right)=\begin{pmatrix}1/6&2/6&3/6\\3/7&2/7&2/7\\1/6&3/6&2/6\end{pmatrix}=\begin{pmatrix}1/6&1/3&1/2\\3/7&2/7&2/7\\1/6&1/2&1/3\end{pmatrix}$$

3. 卡方检验

测试数据为：$\chi^2=\sum_i\sum_j\sum_k\frac{(n_{ijk}-n_{ij}\hat{p}_{jk})^2}{n_{ij}\hat{p}_{jk}}=14.611$

其中，$n_{ij}=\sum_k n_{ijk}$。请注意 $n_{33}=1$，这是因为表格中最后一个（3，3）无法产生形式为（3、3、k）的观察值。

经统计，共有 27 个非零 $n_{ij}\times n_{jk}$ 值，9 个非零 n_{ij} 值和 3 个非零 n_i 值。因此，自由度为 $r-2q+s=27-2\times9+3=12$。由于 χ^2_{12} 的 5% 临界值为 21.03，因此没有证据表明该模型不合理。但是，由于样本量较小，我们应该保持警惕。实际上，如果某些预期频数较小，例如小于 5，则测试的有效性值得怀疑。表 3－1 是所有的预期频数。

表 3－1　　三元组的观测结果与卡方统计量

ijk	n_j	n_{ij}	n_{jk}	$\hat{p}_{jk}$	$n_{ij}\hat{p}_{jk}$	n_{ijk}	$\frac{(n_{ijk}-n_{ij}\hat{p}_{jk})^2}{n_{ij}\hat{p}_{jk}}$
111	6	1	1	0.167	0.167	0	0.167
112	6	1	2	0.333	0.333	1	1.333
113	6	1	3	0.500	0.500	0	0.500
121	7	2	3	0.429	0.857	0	0.857
122	7	2	2	0.286	0.571	1	0.321
123	7	2	2	0.286	0.571	1	0.321
131	6	3	1	0.167	0.500	0	0.500

续表

ijk	n_j	n_{ij}	n_{jk}	$\hat{p}_{jk}$	$n_{ij}\hat{p}_{jk}$	n_{ijk}	$\frac{(n_{ijk}-n_{ij}\hat{p}_{jk})^2}{n_{ij}\hat{p}_{jk}}$
132	6	3	3	0.500	1.500	1	0.167
133	6	3	2	0.333	1.000	2	1.000
211	6	3	1	0.167	0.500	1	0.500
212	6	3	2	0.333	1.000	0	1.000
213	6	3	3	0.500	1.500	2	0.167
221	7	2	3	0.429	0.857	2	1.524
222	7	2	2	0.286	0.571	0	0.571
223	7	2	2	0.286	0.571	0	0.571
231	6	2	1	0.167	0.333	1	1.333
232	6	2	3	0.500	1.000	1	0.000
233	6	2	2	0.333	0.667	0	0.667
311	6	1	1	0.167	0.167	0	0.167
312	6	1	2	0.333	0.333	1	1.333
313	6	1	3	0.500	0.500	0	0.500
321	7	3	3	0.429	1.286	1	0.063
322	7	3	2	0.286	0.857	1	0.024
323	7	3	2	0.286	0.857	1	0.024
331	6	1	1	0.167	0.167	0	0.167
332	6	1	3	0.500	0.500	1	0.500
333	6	1	2	0.333	0.333	0	0.333
							14.611

另一种经常使用的评估拟合优度的方法是对拟合链进行一些模拟，并将结果轨迹图与实际观察到的过程图进行比较。这种方法通常会突出卡方检验的不足。

例如，给定一个汇率的序列 $y_1,y_2,\cdots,y_N$，可用如下模型对其进行建模：取一个适当大小的比例常数 K，使 X_t 是 $K\ln y_t$ 的最接近的整数，并将 $x_1,x_2,\cdots,x_N$ 建模为一个随机游动，具有转移概率：

$$p_{i,j+1}=\theta,\ p_{i,j-1}=\phi,\ p_{i,j}=1-\theta-\phi$$

通过估计 θ、ϕ，我们可以完成建模，但是将模拟的随机游走与观测到的 x 序列进行直观比较，往往会发现真实汇率在长期中保持相对稳定、偶尔会出现波动性增加，而 Markov 链模型无法模拟这种行为。

三、模拟仿真

模拟时间齐次的 Markov 链非常简单，因为 Markov 性意味着给定 X 的直到时间 t 的条件分布，X_{t+1} 仅取决于 X_t。如果 X 的状态空间是有限的，那么只有有限数量的分布是全离散的，程序需要能够从中进行采样。这些可以单独列出，并说明程序每个步骤使用哪种分布。

【例 3 – 13】 一个两状态的 Markov 链具有转移矩阵：

$$\begin{pmatrix} 0.6 & 0.4 \\ 0.3 & 0.7 \end{pmatrix}$$

如果初始处于状态 0，请说明如何模拟此过程的一系列观察结果。

【答案】 给定 $X_0=0$，则转移矩阵的第 1 行是 X_1 的条件分布，我们使用 Monte Carlo 模拟来生成 X_1 的模拟值。如果模拟值为 0，则重复蒙特卡洛模拟以获得 X_2 的模拟值。如果模拟值为 1，则我们使用转移矩阵的第 2 行，这是给定 $X_1=1$ 时 X_2 的条件分布，并模拟 X_2 的值。重复此过程以模拟 Markov 链的其他值。

假定无限状态空间的模型通常具有简单的转移结构，通常基于增量的分布。例 3 – 2 中具有独立增量的随机游走就是这样一个例子。另一种过程是只能以概率 θ_x 或 $1-\theta_x$ 进行 $x \mapsto x+1$ 或者 $x \mapsto x-1$ 的转移。请注意，这不是随机游动，因为增量（1 或 –1）分布不相同。相关的概率取决于当前状态。

除了商业模拟程序包能够轻松模拟 Markov 链之外，标准的电子表格软件也可以轻松应对估计转移概率和执行模拟的实际情况。

四、传染病感染过程

参照 Basnarkov（2020）建立基于 COVID – 19 疫情传播的 SEAIR 传染病模型，其中 S、E、A、I、R 表示个体的身体状态，分别为易感者（Susceptible）、暴露者（Exposed）、无症状者（Asymptomatic）、感染者（Infectious）和康复者（Recovered）。这里暴露状态是指处于感染病原体但并不能感染他人的潜伏期。

以 m 度量社交距离，假设在单位时间内每个个体与 m 个人交往，此时无症状者 A 感染易感者 S 的概率为 π_{AE}，感染者 I 感染易感者 S 的概率为 π_{IE}，暴露者 E 转变为无症状者 A 的概率为 π_{EA}，无症状者 A 转为感染者 I 的概率为 π_{AI}，而无论是无症状者 A 还是感染者 I 治愈的概率皆为 π_R。在离散时间框架下，假设个体在 n 时刻身体健康状况的概率分布为

$P(n)=[p_S(n),p_E(n),p_A(n),p_I(n),p_R(n)]$，那么易感者在 $n+1$ 时刻没有受到病毒感染的概率为 $\eta(n)=[1-\pi_{AE}p_A(n)-\pi_{IE}p_I(n)]^m$。基于上述设定，SEAIR 状态之间的转移如图 3－12 所示。

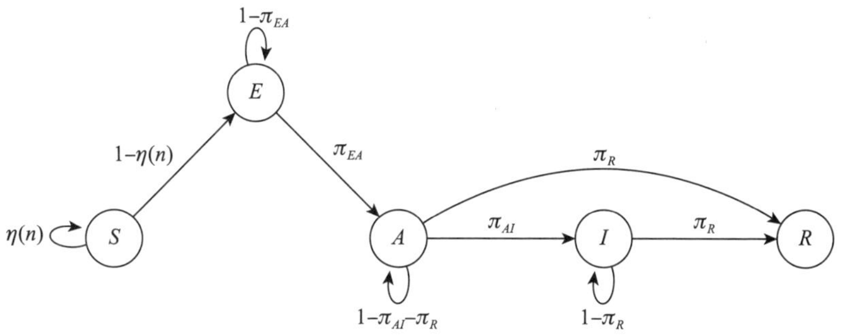

图 3－12 状态转移图

那么，传染过程表示为

$$p_S(n+1)=p_S(n)[1-\pi_{AE}p_A(n)-\pi_{IE}p_I(n)]^m$$

$$p_E(n+1)=p_S(n)[1-(1-\pi_{AE}p_A(n)-\pi_{IE}p_I(n))^m]+(1-\pi_{EA})p_E(n)$$

$$p_A(n+1)=\pi_{EA}p_E(n)+(1-\pi_{AI}-\pi_R)p_A(n)$$

$$p_I(n+1)=\pi_{AI}p_A(n)+(1-\pi_R)p_I(n)$$

$$p_R(n+1)=p_R(n)+\pi_R[p_A(n)+p_I(n)]$$

其中，$p_S(n+1)=p_S(n)[1-\pi_{AE}p_A(n)-\pi_{IE}p_I(n)]^m$ 的含义是若 n 时刻的易感者在 $n+1$ 时刻没有受到病毒感染则成为 $n+1$ 时刻的易感者；类似地，$p_E(n+1)=p_S(n)[1-(1-\pi_{AE}p_A(n)-\pi_{IE}p_I(n))^m]+(1-\pi_{EA})p_E(n)$ 表示 $n+1$ 时刻的暴露者来自两个群体，可能是受到感染的 n 时刻的易感者，即 $p_S(n)[1-(1-\pi_{AE}p_A(n)-\pi_{IE}p_I(n))^m]$，也可能是未成为无症状者的 n 时刻的暴露者，即 $(1-\pi_{EA})p_E(n)$。

基于该 SEAIR 传染病模型，我们考虑稳态概率分布 $p=(p_S^*,0,0,0,1-p_S^*)$，其中 $0\leq p_S^*<1$ 表示最终传染病结束时个体是易感者（未曾患病）的概率，那么，个体曾被感染过的概率为 $p=1-p_S^*$。

习 题

1.

（1）阐述 Markov 链的定义。

（2）举例区分时齐与非时齐的 Markov 链。

2. 一个 Markov 链的状态空间 $S=\{1,2,3,4\}$，转移概率矩阵：

$$P=\begin{pmatrix}1 & 0 & 0 & 0\\ 0.5 & 0 & 0.5 & 0\\ 0 & 0.5 & 0 & 0.5\\ 0 & 0 & 0 & 1\end{pmatrix}$$

（1）这个 Markov 链是否不可约。

（2）求解 Markov 的所有平稳概率分布 π，如果存在这样的概率分布。

定义 h_{ij}为初始状态为 i，处于状态 j 的概率。

（3）求解 S 中的所有状态 i 分别作为初始状态时，到达状态 4 的概率 h_{i4}。

3. 销售团队的经理会记录甲、乙、丙三个销售人员每人每周的销售额，并选择三人中销售额最高的成为最佳员工。数据表明，每周的最佳员工可以使用 Markov 链建模，转换矩阵如下：

$$\begin{matrix}甲\\乙\\丙\end{matrix}\begin{pmatrix}0.4 & 0.3 & 0.3\\ 0.3 & 0.5 & 0.2\\ 0.2 & 0.3 & 0.5\end{pmatrix}$$

已知乙在 4 月的第一周的销售额最高。

（1）计算每位销售人员在 4 月的第三周成为最佳员工的概率。

新上任的经理热衷于鼓励团队竞争，所以他将授予“每周最佳员工”奖励给最佳员工。如果本周的最佳员工也在上周被评为最佳员工，经理将等可能选择其他两名员工中的某一位成为本周的最佳员工。

（2）证明为什么被授予“每周最佳员工”的人不能建模为带有状态空间｛甲，乙，丙｝的 Markov 链。

（3）确定一个状态空间，该空间具有建模所需的最少状态数作为 Markov 链的“每周员工”序列。

4. 一家公司多年来提供有四个等级的汽车保险无索赔折扣政策（NCD）：0%、15%、30%和 50%。无索赔的投保人在一年内会上升一个折扣水平，或保持在最高水平。在一年内索赔一次的投保人将保持在原来水平。在一年内索赔一次以上的投保人将降低折扣水平或者保持在最低水平。公司最多支付一张保单三次索赔。据调查，索赔的次数遵从泊松过程，$\lambda=0.35$。求 Markov 链的稳态。

5. 周一时，亚历克斯会随机选择沙拉、披萨或寿司中的一种食物作为午餐，三种食物被选择的概率相同。但在接下来的几天里，他的选择可以使用 Markov 链建模，转移矩阵如下：

$$P = \begin{pmatrix} 0.3 & 0.2 & 0.5 \\ 0.1 & 0.3 & 0.6 \\ 0.3 & 0.2 & 0.5 \end{pmatrix}$$

其中第一、第二、第三行和列分别对应沙拉、披萨和寿司。

（1）计算他周一午餐吃披萨且周三午餐吃沙拉的概率。

（2）计算他周三、周五午餐都吃寿司的概率。

6. 在足球比赛中，若球员出现犯规行为，裁判员将对其进行警告，并出示黄牌。若该球员再次犯规，裁判员将出示红牌，将其罚下场，禁止其继续参与该场比赛。在特殊情况下，若裁判员认为某犯规行为极其严重，即便犯规球员此前未受到黄牌警告，也将直接被罚红牌并下场。

球队教练也可以在任何时候用一名球员替换一名场上的球员，被换下的球员不能再上场比赛。

由于球员有被罚下的风险，主教练更有可能替补已被黄牌警告的球员。经验表明，被罚黄牌的球员会更加小心地避免第二次犯规。

平均来看，每小时中，未被出示黄牌的球员被罚黄牌的概率是 1/8，已被黄牌警告的球员被罚红牌的概率是 1/12，未受警告的球员直接被罚红牌的概率是 1/20。未被罚牌的球员被换下场的概率是 1/10，已被黄牌警告的球员被换下场的概率为 1/5。

一名精算师决定使用 Markov 跳跃过程对球员的状态建模，状态空间包含四种状态：

U：未被罚牌

Y：已被罚黄牌

R：已被罚红牌

S：被替换下场

一场足球比赛共有 1.5 个小时。

（1）写出该 Markov 跳跃过程的转移力矩阵。

（2）利用 Kolmogorov 向前微分方程解出首发球员完成整场比赛且整个过程中不被替换，未被罚任何牌的概率。

（3）计算首发球员未被罚黄牌而直接被罚下场的概率。

7. 一位作家即将开始写一本包含 20 章的书。作者计划每周写一个新的章节。然而，当他在每周末回顾自己的作品时，有 0.25 的可能性（这与本书的现状无关），他会对自己写的其中一章感到不满意。在这种情况下，他将在接下来的一周里重写这一特定章节，而不是开始新的章节。他可能会决定重写任何一章，包括他刚刚完成的新章节或之前重写的章节。

X_t 表示作者在第 t 周结束时满意的章节数，并定义 $X_0 = 0$。

（1）请解释为什么 X_t 可以被建模为一个 Markov 链。

（2）计算作者在 25 周内完成这本书的概率。

（3）计算作者完成这本书所需的预期周数。

8. 信用评级机构在每年年底对公司发行的债务的信用状况进行评估。评级为 A（最有信用）、B 和 D（债务违约）。历史证据支持这样一种观点，即债务的信用评级可以建模为具有一年过渡矩阵的 Markov 链：

$$p = \begin{pmatrix} 0.92 & 0.05 & 0.03 \\ 0.05 & 0.85 & 0.1 \\ 0 & 0 & 1 \end{pmatrix}$$

（1）确定当前评级为 A 的公司将来永远不会被评为 B 的概率。

（2）

（a）计算 Markov 链的二阶转移概率。

（b）进一步，计算 100 家公司在未来两年内的预期违约数量，这些公司最初都被评为 A。

投资于公司债务的投资组合经理遵循"降级触发"策略。根据这一策略，年底评级降至 B 的公司的任何债务都会被出售，并由 A 级公司的债务取代。

（3）考虑到投资组合最初由 100 只 A 级债券组成，计算该投资经理未来两年的预期违约次数。

（4）评价"对降级触发策略将提高投资组合回报率"这一建议。

9. 一个简单的非传染性疾病系统有四个级别的折扣——0%、20%、40% 和 60%。新投保人开始享受 0% 的折扣。在每个保单年度结束时，投保人将根据以下规则更改级别：

- 在无索赔年度结束时投保人将上升一个级别，或保持最高折扣。
- 在一年的年底，投保人只提出了一次索赔，则下降一个级别，或保持在 0%。
- 在一年结束时，如果提出了一项以上的索赔，回落到零折扣。

对于任何年份的特定投保人，无索赔年份的概率为$\frac{7}{10}$，恰好有一项权利要求的概率为$\frac{1}{5}$，多于一项权利要求的概率为$\frac{1}{10}$。

（1）写出这个时间齐次 Markov 链的转移矩阵。

（2）计算状态 i 到状态 j 的两步转移概率，$p_{ij}^{(2)}$。

（3）如果保单持有人开始时没有折扣，计算该保单持有人在 5 年后达到最大折扣水平的概率。

（4）如果有许多具有相同赔付概率的人同时投保，计算你期望在长期内每个折扣类别中所占的比例。

10. 考虑以下两个 Markov 链：

链 1 定义在状态空间{1,2,3,4}上，其转移矩阵为：

$$\begin{array}{c} \begin{matrix} 1 & 2 & 3 & 4 \end{matrix} \\ \begin{pmatrix} 0 & \frac{1}{2} & 0 & \frac{1}{2} \\ \frac{1}{2} & 0 & \frac{1}{2} & 0 \\ 0 & \frac{1}{2} & 0 & \frac{1}{2} \\ \frac{1}{2} & 0 & \frac{1}{2} & 0 \end{pmatrix} \end{array}$$

链 2 定义在状态空间{1,2,3,4,5}上，其转移矩阵为：

$$\begin{array}{c} \begin{matrix} 1 & 2 & 3 & 4 & 5 \end{matrix} \\ \begin{pmatrix} 0 & \frac{1}{2} & 0 & 0 & \frac{1}{2} \\ \frac{1}{2} & 0 & \frac{1}{2} & 0 & 0 \\ 0 & \frac{1}{2} & 0 & \frac{1}{2} & 0 \\ 0 & 0 & \frac{1}{2} & 0 & \frac{1}{2} \\ \frac{1}{2} & 0 & 0 & \frac{1}{2} & 0 \end{pmatrix} \end{array}$$

设 X 表示时刻 t 的状态。对于每条链：

（1）绘制一个转移图，在你的图上包括每种可能转移的概率。

（2）计算：

（a）$P(X_2=1\mid X_0=1)$

（b）$P(X_4=1\mid X_0=1)$

（3）解释该链是否不可约和/或非周期。

（4）解释如果在时刻 0 处于状态 1，该过程是否会收敛到平稳分布。如果它确实收敛，确定平稳分布。

11. 一个针对汽车保险的简单无索赔折扣系统有四个折扣级别——0%、20%、40% 和 60%。新的投保人从 0% 折扣开始。在每个保单年度结束时，投保人将根据以下规则更改折扣级别：

- 在没有索赔的年度结束时，投保人上升一个级别，或保持在最大折扣上。
- 在发生正好一个索赔的年度结束时，投保人下降一个级别，或保持在0%。
- 在发生超过一个索赔的年度结束时，投保人回到零折扣。

对于任何一年的特定驾驶员，无索赔年的概率是0.9，正好一次索赔的概率是0.075，超过一次索赔的概率是0.025。

小明于2015年1月1日首次购买了保单，到2018年1月1日为止，他只在2017年5月3日提出了一次索赔。计算他在2020年获得20%折扣的概率。

12. 一个Markov链由如下转移矩阵确定：

$$P=\begin{pmatrix}0 & 1 & 0 & 0\\ 0 & 0 & 1 & 0\\ 0 & 0 & 0 & 1\\ 0.5 & 0 & 0.5 & 0\end{pmatrix}$$

确定其中每个状态的周期。

参考答案

1.

（1）Markov链是一个具有离散时间状态的满足Markov性的随机过程。Markov性是指从一个状态移动到另一个状态的概率仅依赖于过程的当前状态，与过去状态无关。

（2）在时间齐次Markov链中，转移概率与时间无关，仅取决于时差。例如假设无索赔折扣系统中每年索赔的概率是恒定的。

在时间非齐次Markov链中，转移概率取决于时间的绝对值，而不仅仅是时差。例如无索赔折扣系统中的事故概率应该反映交通状况的变化。

2.

（1）这个Markov链不是不可约的。Markov链不可约的定义是对任意的状态 $i,j\in S$ 来说都存在正数 n 使得 $p_{ij}^{(n)}>0$，但在这个Markov链中状态1不能到达其他三个状态，因此不是不可约的。

（2）根据 $\pi P=\pi$ 联立方程组：

$$\begin{cases}\pi_1 + 0.5\pi_2 = \pi_1\\ 0.5\pi_3 = \pi_2\\ 0.5\pi_2 = \pi_3\\ 0.5\pi_3 + \pi_4 = \pi_4\end{cases}$$

简化得$\begin{cases}\pi_2=\pi_3=0\\ \pi_1+\pi_4=1\end{cases}$

解得稳态分布 $\pi=\{a,0,0,1-a\}, 0\leqslant a\leqslant 1$

（3）联立方程组：

$$\begin{cases}h_{14}=0\\ h_{44}=1\\ h_{24}=0.5h_{34}+0.5h_{14}\\ h_{34}=0.5h_{24}+0.5h_{44}\end{cases}$$

解得 $h_{i4}=\{0,1/3,2/3,1\}$

3.

（1）已知初始状态为乙状态，计算转移概率矩阵的平方，所得矩阵的第二行即第三周的概率分布。

$$\begin{pmatrix}0.4 & 0.3 & 0.3\\ 0.3 & 0.5 & 0.2\\ 0.2 & 0.3 & 0.5\end{pmatrix}\begin{pmatrix}0.4 & 0.3 & 0.3\\ 0.3 & 0.5 & 0.2\\ 0.2 & 0.3 & 0.5\end{pmatrix}=\begin{pmatrix}0.31 & 0.36 & 0.33\\ 0.31 & 0.4 & 0.29\\ 0.27 & 0.36 & 0.37\end{pmatrix}$$

因此甲、乙、丙三人在 4 月的第三周成为最佳员工的概率依次为 0.31、0.4 和 0.29。

（2）据题意，要知道谁将成为“本周最佳员工”，我们需要知道谁是上周的“本周最佳员工”以及谁在这周的销售额最高。假设本周甲的销售额最高，如果上周他是“本周最佳员工”，那么这周他成为“本周最佳员工”的可能性是 0，但如果乙是上周的“本周最佳员工”，那么甲将会是本周的“本周最佳员工”。因此，要构建 Markov 链需要修改状态空间。

（3）要构建 Markov 链需要九个状态：甲 - 甲，甲 - 乙，甲 - 丙；乙 - 甲，乙 - 乙，乙 - 丙；丙 - 甲，丙 - 乙，丙 - 丙。前者表示上周的“本周最佳员工”获得者，后者表示本周销售额最高的员工。

4. 一年内有 n 次索赔的概率为 $P(N=n)=\dfrac{\lambda^n\exp(-\lambda)}{n!}$

算得 $P(N=0)=0.7047$，$P(N=1)=0.2466$，得到转移矩阵：

$$\begin{pmatrix}0.2953 & 0.7047 & 0 & 0\\ 0.0487 & 0.2466 & 0.7047 & 0\\ 0 & 0.0487 & 0.2466 & 0.7047\\ 0 & 0 & 0.0487 & 0.9513\end{pmatrix}$$

根据 $\pi P=\pi$ 联立方程组：

$$\begin{cases} 0.2953\pi_1 + 0.0487\pi_2 = \pi_1 \\ 0.7047\pi_1 + 0.2466\pi_2 + 0.0487\pi_3 = \pi_2 \\ 0.7047\pi_2 + 0.2466\pi_3 + 0.0487\pi_4 = \pi_3 \\ 0.7047\pi_3 + 0.9513\pi_4 = \pi_4 \end{cases}$$

将 π_4 作为工具变量，简化得：

$$\begin{cases} \pi_1 = 0.000329\pi_4 \\ \pi_2 = 0.00477\pi_4 \\ \pi_3 = 0.069068\pi_4 \\ \pi_1+\pi_2+\pi_3+\pi_4 = 1 \end{cases}$$

解得稳态分布 $\pi=\{0.000307, 0.004441, 0.064299, 0.930954\}$。

5.

（1）令 X_1 = 周一午餐，……，X_7 = 周日午餐，

$$P^2=\begin{pmatrix} 0.26 & 0.22 & 0.52 \\ 0.24 & 0.23 & 0.53 \\ 0.26 & 0.22 & 0.52 \end{pmatrix}$$

故所求概率：

$P(X_1=\text{披萨}, X_3=\text{沙拉})$

$=P(X_1=\text{披萨})\times P(X_3=\text{沙拉}|X_1=\text{披萨})$

$=P(X_1=\text{披萨})\times (P^2)_{2,1}$

$=\dfrac{1}{3}\times 0.24$

$=0.08$

（2）

$P(X_1=\text{沙拉}, X_3=\text{寿司}, X_5=\text{寿司})$

$=P(X_1=\text{沙拉})\times P(X_3=\text{寿司}, X_5=\text{寿司}|X_1=\text{沙拉})$

$=P(X_1=\text{沙拉})\times P(X_3=\text{寿司}|X_1=\text{沙拉})\times P(X_5=\text{寿司}|X_3=\text{寿司})$

$=\dfrac{1}{3}\times (P^2)_{1,3}\times (P^2)_{3,3}$

$=\dfrac{1}{3}\times 0.52\times 0.52$

$=0.09013$

$P(X_1=\text{披萨},X_3=\text{寿司},X_5=\text{寿司})$

$=\frac{1}{3}\times(P^2)_{2,3}\times(P^2)_{3,3}$

$=\frac{1}{3}\times 0.53\times 0.52$

$=0.09187$

$P(X_1=\text{寿司},X_3=\text{寿司},X_5=\text{寿司})$

$=\frac{1}{3}\times(P^2)_{3,3}\times(P^2)_{3,3}$

$=\frac{1}{3}\times 0.52\times 0.52$

$=0.09013$

故所求概率：

$P(X_3=\text{寿司},X_5=\text{寿司})$

$=P(X_1=\text{沙拉},X_3=\text{寿司},X_5=\text{寿司})$

$+P(X_1=\text{披萨},X_3=\text{寿司},X_5=\text{寿司})$

$+P(X_1=\text{寿司},X_3=\text{寿司},X_5=\text{寿司})$

$=0.09187+0.09013+0.09013$

$=0.272$

6.

(1)

$$A=\begin{matrix} U \\ Y \\ R \\ S \end{matrix}\begin{pmatrix} -\frac{11}{40} & \frac{1}{8} & \frac{1}{20} & \frac{1}{10} \\ 0 & -\frac{17}{60} & \frac{1}{12} & \frac{1}{5} \\ 0 & 0 & 0 & 0 \\ 0 & 0 & 0 & 0 \end{pmatrix}$$

(2)

$$\frac{dP_{uu}(t)}{dt}=P_{uu}(t)\times\mu_{uu}=-\frac{11}{40}P_{uu}(t)$$

$$P_{uu}(t)=\exp\left(-\frac{11}{40}t\right)\times c$$

$$P_{uu}(0)=c=1$$

$$P_{uu}(t)=\exp\left(-\frac{11}{40}t\right)$$

比赛结束时，$t=\frac{3}{2}$，$P_{uu}\left(\frac{3}{2}\right)=\exp\left(-\frac{33}{80}\right)=66.20\%$

(3)

$$P(\text{未经黄牌警告,直接被罚红牌下场})=\int_0^{\frac{3}{2}}P_{UU}(S)\times\mu_{UR}ds$$
$$=\int_0^{\frac{3}{2}}\exp\left(-\frac{11}{40}s\right)\times\frac{1}{20}ds$$
$$=\frac{2}{11}\times\left[1-\exp\left(-\frac{33}{80}\right)\right]$$
$$=6.15\%$$

7.

(1) 该过程具有 Markov 性，因为进入下一章的概率不取决于当前编写的章节数量。

当 $X_{k-1}\neq 20$，$X_k=\begin{cases}X_{k-1}+1, & p=0.75\\ X_{k-1}, & p=0.25\end{cases}$；

同时，$P(X_k=20\mid X_{k-1}=20)=1$

X_t 有的状态空间是离散的，即$\{0,1,2,3,\cdots,20\}$；并且，由于过程的值是在每周末记录的，所以其时间集也是离散的。因此该过程是一个 Markov 链。

(2) 为了计算这本书在 25 周内完成的概率，我们需要计算最后一章在第 25 周完成的概率。同时，我们可以得知在前 24 周，有 5 章被重写。所以最后一章在第 25 周完成的概率是：

$$\binom{24}{5}\times 0.25^5\times 0.75^{19}\times 0.75=0.13163$$

(3) 假设目前已经完成了 k 章，定义 m_k 是本书完成之前的预期时间。那么，对于 $k=0,1,\cdots,19$：

$$m_k=1+0.75\times m_{k-1}+0.25\times m_k$$

即，在一周的时间内，有 75% 的概率完成了第 $k+1$ 章，25% 的概率在修改以前完成的章节。

进一步整理上式：$0.75m_k=1+0.75m_{k-1}$

由于 $m_{20}=0$，因此可以得到：

$$m_{19}=\frac{1}{0.75}$$

$$m_{18}=\frac{1}{0.75}+\frac{1}{0.75}=\frac{2}{0.75},$$

$$m_{17}=\frac{1}{0.75}+\frac{2}{0.75}=\frac{3}{0.75},$$

以此类推，可以推出：

$$m_k=\frac{20-k}{0.75}$$

所以，作者完成这本书所需要的预期周数为：

$$m_k=\frac{20}{0.75}=26.67(\text{周})$$

其他解法：

定义 N 表示完成这本书所需的周数，N 的可能取值为 20,21,22,…

$$P(N=20)=0.75^{20}$$

$$P(N=21)=\binom{20}{1}\times 0.75^{20}\times 0.25=\binom{20}{19}\times 0.75^{20}\times 0.25$$

$$P(N=22)=\binom{20}{2}\times 0.75^{20}\times 0.25^2=\binom{20}{18}\times 0.75^{20}\times 0.25^2$$

所以 N 服从 1 型负二项分布，参数 k 为 20，p 为 0.75。因此，

$$E(N)=\frac{k}{p}=\frac{20}{0.75}=26.67(\text{周})$$

8.

（1）该 Markov 链的状态转移图如图 3－13 所示。

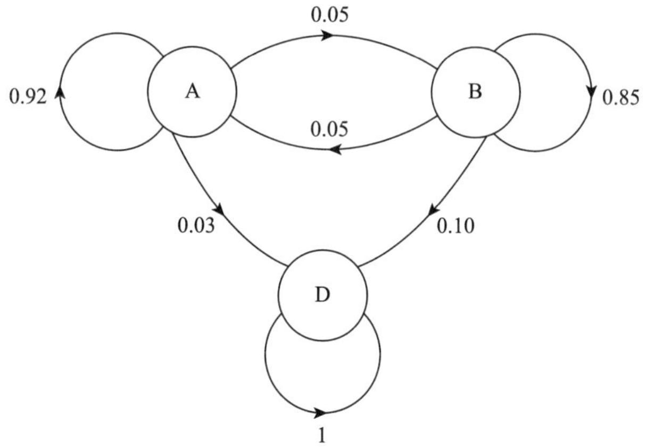

图 3－13

如果一家当前评级为 A 的公司将来永远不会被评为 B，则他将在 A 状态停留一段时间后转移到状态 D，并永远停留在 D。

因此，我们考虑未来从 A 国到 D 国的单一过渡可能发生的所有时间。可以得到下式：

$$0.03+0.92\times 0.03+0.92^2\times 0.03+0.92^3\times 0.03+\cdots=\frac{0.03}{1-0.92}=0.375$$

因此，一家公司未来永远不会被评为 B 级的概率为 0.375。

（2）

（a）二阶转移概率矩阵为：

$$P^2=\begin{pmatrix}0.92 & 0.05 & 0.03\\0.05 & 0.85 & 0.1\\0 & 0 & 1\end{pmatrix}\begin{pmatrix}0.92 & 0.05 & 0.03\\0.05 & 0.85 & 0.1\\0 & 0 & 1\end{pmatrix}=\begin{pmatrix}0.8489 & 0.0885 & 0.0626\\0.0885 & 0.7250 & 0.1865\\0 & 0 & 1\end{pmatrix}$$

（b）在 0 时刻评级为 A 的公司在 2 时刻处于状态 D 的概率为 0.0626，因此，100 家公司在未来两年内的预期违约数量为 6.26。

（3）一年后，预计处于各评级的公司数量将为：

$$(100\quad 0\quad 0)\begin{pmatrix}0.92 & 0.05 & 0.03\\0.05 & 0.85 & 0.1\\0 & 0 & 1\end{pmatrix}=(92\quad 5\quad 3)$$

将五个状态的 B 移动到状态 A 并重复该过程，则有：

$$(97\quad 0\quad 3)\begin{pmatrix}0.92 & 0.05 & 0.03\\0.05 & 0.85 & 0.1\\0 & 0 & 1\end{pmatrix}=(89.24\quad 4.85\quad 5.91)$$

因此，通过这一调整，到第二年年底，预计违约数量为 5.91。

（4）评价：

正如我们所看到的，降级触发策略将减少违约的预期数量。

然而，投资组合的回报率也将是债务收益率的函数。评级为 B 的公司可能拥有收益率更高的债券（因为风险更高），因此排除这些债券实际上可能会降低投资组合的收益率。

此外，实际数量可能与预期数量并不一致。回报取决于投资组合的实际进展，而不是预期结果。

买卖债券也会产生成本。

9.

（1）转移矩阵

一步转移矩阵为：

$$P=\frac{1}{10}\begin{pmatrix}3 & 7 & 0 & 0\\3 & 0 & 7 & 0\\1 & 2 & 0 & 7\\1 & 0 & 2 & 7\end{pmatrix}=\begin{pmatrix}0.3 & 0.7 & 0 & 0\\0.3 & 0 & 0.7 & 0\\0.1 & 0.2 & 0 & 0.7\\0.1 & 0 & 0.2 & 0.7\end{pmatrix}$$

（2）两步转移概率

使用 $p_{ij}^{(2)}=(P^2)_{ij}$。

$$P^2=\frac{1}{100}\begin{pmatrix}3&7&0&0\\3&0&7&0\\1&2&0&7\\1&0&2&7\end{pmatrix}\begin{pmatrix}3&7&0&0\\3&0&7&0\\1&2&0&7\\1&0&2&7\end{pmatrix}=\frac{1}{100}\begin{pmatrix}30&21&49&0\\16&35&0&49\\16&7&28&49\\12&11&14&63\end{pmatrix}$$

（3）五年内达到最大折扣的概率

我们将分别用 0、1、2 和 3 表示 0%、20%、40% 和 60% 的状态。

为了计算 $P_{0,3}^{(5)}$，我们可以用 $(P^5)_{0,3}=\sum_{k=0}^{3}(P^2)_{0,k}(P^3)_{k,3}$。所以我们可以先计算 P^3 的第四列：

$$P^3=\frac{1}{1000}\begin{pmatrix}30&21&49&0\\16&35&0&49\\16&7&28&49\\12&11&14&63\end{pmatrix}\begin{pmatrix}3&7&0&0\\3&0&7&0\\1&2&0&7\\1&0&2&7\end{pmatrix}=\frac{1}{1000}\begin{pmatrix}*&*&*&343\\*&*&*&343\\*&*&*&539\\*&*&*&539\end{pmatrix}$$

得到：

$$(P^5)_{0,3}=\sum_{k=0}^{3}(P^2)_{0,k}(P^3)_{k,3}=\frac{1}{100000}(30\times343+21\times343+49\times539)$$

$$=\frac{43904}{100000}=0.43904$$

（4）每个折扣水平的长期比例

这相当于求平稳分布，即求解矩阵方程：

$$(\pi_0\pi_1\pi_2\pi_3)\begin{pmatrix}3&7&0&0\\3&0&7&0\\1&2&0&7\\1&0&2&7\end{pmatrix}=10(\pi_0\pi_1\pi_2\pi_3)$$

这个矩阵方程等价于联立方程：

$$3\pi_0+3\pi_1+\pi_2+\pi_3=10\pi_0$$

$$7\pi_0+2\pi_2=10\pi_1$$

$$7\pi_1+2\pi_3=10\pi_2$$

$$7\pi_2+7\pi_3=10\pi_3$$

我们可以忽略其中一个方程，比如第一个。重新排列我们得到：

$$7\pi_0-10\pi_1+2\pi_2=0$$

$$7\pi_1 - 10\pi_2 + 2\pi_3 = 0$$

$$7\pi_2 - 3\pi_3 = 0$$

使用 π_3 作为工作变量。由第三个方程，我们得到 $\pi_2 = \frac{3}{7}\pi_3$。代入第二个：

$\pi_1 = \left(\frac{10}{7} \times \frac{3}{7} - \frac{2}{7}\right)\pi_3 = \frac{16}{49}\pi_3$

最后由第一个方程得到 $\pi_0 = \left(\frac{10}{7} \times \frac{16}{49} - \frac{2}{7} \times \frac{3}{7}\right)\pi_3 = \frac{118}{343}\pi_3$

所以我们有平稳分布 $(118, 112, 147, 343)\frac{\pi_3}{343}$，因为概率之和必须为 1，平稳分布为：

$\frac{1}{720}(118, 112, 147, 343) = (0.1639, 0.1556, 0.2042, 0.4764)$

10.

（1）链 1：

转移图如图 3－14 所示。

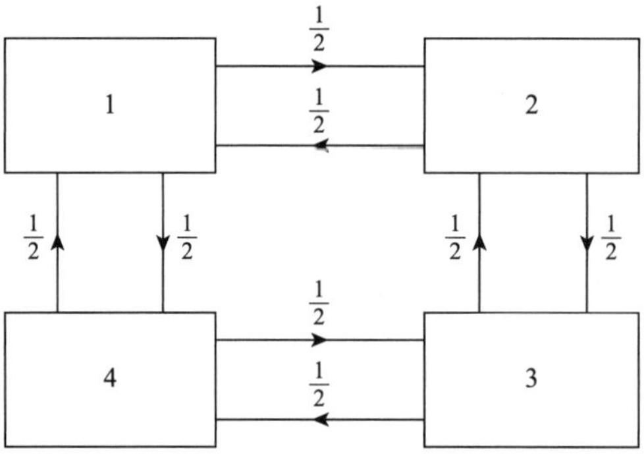

图 3－14

链 2：

转移图如图 3－15 所示。

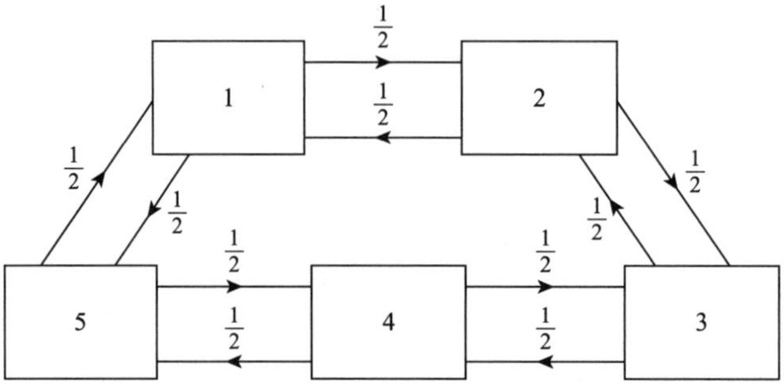

图 3－15

（2）链 1：

初始分布为（1,0,0,0）。这个向量与链 1 的过渡矩阵的重复右乘得到：

$$(1,0,0,0)\to\left(0,\frac{1}{2},0,\frac{1}{2}\right)\to\left(\frac{1}{2},0,\frac{1}{2},0\right)\to\left(0,\frac{1}{2},0,\frac{1}{2}\right)\to\left(\frac{1}{2},0,\frac{1}{2},0\right)\to\cdots$$

所以

(a) $P(X_2=1\mid X_0=1)=\frac{1}{2}$

(b) $P(X_4=1\mid X_0=1)=\frac{1}{2}$

或者，因为我们只被问到特定的概率，我们可以计算每个事件所有对应的可能路径，并加上它们的概率。

$P(X_2=1\mid X_0=1)$

时间	0	1	2	概率
路径	1	2	1	$\frac{1}{2}\times\frac{1}{2}=\frac{1}{4}$
路径	1	4	1	$\frac{1}{2}\times\frac{1}{2}=\frac{1}{4}$

$P(X_4=1\mid X_0=1)$

时间	0	1	2	3	4	概率
路径	1	2	1	2	1	$\frac{1}{2}\times\frac{1}{2}\times\frac{1}{2}\times\frac{1}{2}=\frac{1}{16}$
路径	1	4	1	2	1	$\frac{1}{2}\times\frac{1}{2}\times\frac{1}{2}\times\frac{1}{2}=\frac{1}{16}$
路径	1	4	1	4	1	$\frac{1}{2}\times\frac{1}{2}\times\frac{1}{2}\times\frac{1}{2}=\frac{1}{16}$
路径	1	4	3	4	1	$\frac{1}{2}\times\frac{1}{2}\times\frac{1}{2}\times\frac{1}{2}=\frac{1}{16}$
路径	1	2	1	4	1	$\frac{1}{2}\times\frac{1}{2}\times\frac{1}{2}\times\frac{1}{2}=\frac{1}{16}$
路径	1	4	1	2	1	$\frac{1}{2}\times\frac{1}{2}\times\frac{1}{2}\times\frac{1}{2}=\frac{1}{16}$
路径	1	2	3	4	1	$\frac{1}{2}\times\frac{1}{2}\times\frac{1}{2}\times\frac{1}{2}=\frac{1}{16}$
路径	1	4	3	2	1	$\frac{1}{2}\times\frac{1}{2}\times\frac{1}{2}\times\frac{1}{2}=\frac{1}{16}$

链 2：

初始分布为（1,0,0,0,0）。这个向量与链 1 的过渡矩阵的重复右乘得到：

$$(1,0,0,0,0)\rightarrow\left(0,\frac{1}{2},0,0,\frac{1}{2}\right)\rightarrow\left(\frac{1}{2},0,\frac{1}{4},\frac{1}{4},0\right)\rightarrow\left(0,\frac{3}{8},\frac{1}{8},\frac{1}{8},\frac{3}{8}\right)\rightarrow\left(\frac{3}{8},\cdots,\cdots,\cdots,\cdots\right)$$

所以，

（a）$P(X_2=1\mid X_0=1)=\frac{1}{2}$

（b）$P(X_4=1\mid X_0=1)=\frac{3}{8}$

或者，因为我们只被问到特定的概率，我们可以计算每个事件所有对应的可能路径，并加上它们的概率。

$P(X_2=1\mid X_0=1)$

时间	0	1	2	概率
路径	1	2	1	$\frac{1}{2}\times\frac{1}{2}=\frac{1}{4}$
路径	1	5	1	$\frac{1}{2}\times\frac{1}{2}=\frac{1}{4}$

$P(X_4=1\mid X_0=1)$

时间	0	1	2	3	4	概率
路径	1	2	1	2	1	$\frac{1}{2}\times\frac{1}{2}\times\frac{1}{2}\times\frac{1}{2}=\frac{1}{16}$
路径	1	2	3	2	1	$\frac{1}{2}\times\frac{1}{2}\times\frac{1}{2}\times\frac{1}{2}=\frac{1}{16}$
路径	1	5	1	5	1	$\frac{1}{2}\times\frac{1}{2}\times\frac{1}{2}\times\frac{1}{2}=\frac{1}{16}$
路径	1	2	1	5	1	$\frac{1}{2}\times\frac{1}{2}\times\frac{1}{2}\times\frac{1}{2}=\frac{1}{16}$
路径	1	5	1	2	1	$\frac{1}{2}\times\frac{1}{2}\times\frac{1}{2}\times\frac{1}{2}=\frac{1}{16}$
路径	1	5	4	5	1	$\frac{1}{2}\times\frac{1}{2}\times\frac{1}{2}\times\frac{1}{2}=\frac{1}{16}$

（3）链 1：

不可约，因为每个状态都可以从其他状态到达。

因为链是不可约的，每个状态都有相同的周期。在 2、4、6、8、…中可以返回状态 1。状态 1 的周期是 2，所以每个状态的周期都是 2。这条链不是周期性的。

链 2：

不可约，因为每个状态都可以从其他状态到达。

因为链是不可约的，每个状态都有相同的周期，所以有可能在 2，4，5，6，7，8 中返回状态 1。状态 1 的周期为 1（它是非周期的），所以每个状态都是非周期的。链是非周期的。

（4）链 1：

该过程的状态数有限且不可约，因此具有唯一的平稳分布，但该过程不会收敛于其平稳分布。

在第（3）题中，我们看到分布将在$\left(\frac{1}{2},0,\frac{1}{2},0\right)$和$\left(0,\frac{1}{2},0,\frac{1}{2}\right)$之间交替进行。

链 2：

该链具有有限个数的状态，不可约且是非周期的。所以这个过程会有一个唯一的平稳分布，这个分布会长期保持不变。

根据对称性，这个平稳分布是$\left(\frac{1}{5},\frac{1}{5},\frac{1}{5},\frac{1}{5},\frac{1}{5}\right)$。

11. 小明在 2015 年从 0% 的折扣开始。他在 2015 年和 2016 年都没有提出索赔，因此在 2017 年他享有 40% 的折扣。然而，在 2017 年他提出了一次索赔，所以他的折扣降到了 20%，并在 2018 年保持这个折扣。因此，我们要寻找在 2020 年处于 20% 折扣水平的概率，条件是 2018 年的折扣也是 20%。

转移矩阵是：$P=\begin{pmatrix} 0.1 & 0.9 & 0 & 0 \\ 0.1 & 0 & 0.9 & 0 \\ 0.025 & 0.075 & 0 & 0.9 \\ 0.025 & 0 & 0.075 & 0.9 \end{pmatrix}$

我们想要找到 P^2 中的（20%，20%）项（即第 2 行第 2 列的元素）。

将 P 的第 2 行与第 2 列相乘得到：

$$0.1\times0.9+0\times0.075+0.9\times0+0\times0.9=0.1575$$

12. 这个 Markov 链的转移图如下所示：

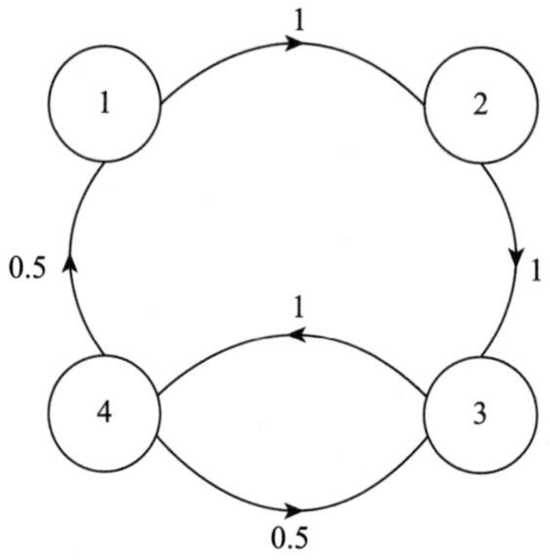

从图中我们可以看到，这个链是不可约的，因此所有状态都有相同的周期。

我们只需要找到一个状态的周期即可。这个链从状态 1 开始，经过 4、6、8、10、…步后，可以返回到状态 1。这些数的最大公约数是 2。因此，这个链中所有状态的周期都是 2。

第四章 Markov 过程

学习要点

本章主要对 Markov 过程进行介绍。首先介绍 Markov 过程的基础理论知识，其次介绍 Markov 过程的三个典型例子，包括生死两状态模型、泊松过程和健康—疾病—死亡模型，最后介绍如何对 Markov 过程中的参数进行估计。因此本章主要包括五部分内容：

- Markov 过程概述；
- Kolmogonov 微分方程：从转移概率到转移力；
- Markov 过程的性质；
- Markov 过程的应用；
- Markov 过程的参数估计。

第一节 Markov 过程概述

一、Markov 过程的定义

【定义 4－1】 Markov 过程是一类随机过程，若随机过程 $\{X(t), t \in T\}$ 满足 Markov 性，即如果对任意取定的参数 $t_1 < t_2 < \cdots < t_n$，有：

$$P\{X_{t_n} \leqslant x_n \mid X_{t_1} = x_1, X_{t_2} = x_2, \cdots, X_{t_{n-1}} = x_{n-1}\} = P\{X_{t_n} \leqslant x_n \mid X_{t_{n-1}} = x_{n-1}\}$$

则该随机过程称为 Markov 过程。

二、Markov 过程的分类

根据时间域和状态域的不同，Markov 过程可以分为离散时间离散状态、离散时间连续状态、连续时间离散状态和连续时间连续状态的 Markov 过程。其中，离散时间离散状态的 Markov 过程即为第三章内容的 Markov 链，连续时间离散状态的 Markov 过程称为 Markov 序列，连续时间离散空间（有限或者可数）的 Markov 过程称为 Markov 跳跃过程。在生存模型领域中涉及的 Markov 过程多为 Markov 跳跃过程，因此本章内容主要针对 Markov 跳跃过程进行介绍。

根据 Markov 过程的转移概率 $P(X_t=j|X_s=i)$ 的不同性质，Markov 过程可以分为时间齐性 Markov 过程和非时间齐性 Markov 过程两类。时间齐性 Markov 过程的转移概率只与时间间隔 $t-s$ 有关，而非时间齐性 Markov 过程的转移概率不仅与时间间隔 $t-s$ 有关，还取决于它开始和结束的时间点 s 和 t。

三、Markov 过程的实例

1. 离散时间离散状态 Markov 过程

一般随机游走。对于一系列独立同分布的随机变量 $Y_1,\cdots,Y_j,\cdots$，定义 $X_n=\sum_{j=1}^{n}Y_j$，初始条件 $X_0=0$，$\{X_n\}$ 被称为一般随机游走。一般随机游走具有独立增量性，属于离散时间离散状态 Markov 过程。

考察一个赌徒，在每局中赢 1 元的概率为 p，输 1 元的概率为 $1-p$，如果我们假设他在破产时或者在财富达到 N 元时离开，那么赌徒的财富是一个 Markov 链，亦即离散时间离散状态 Markov 过程。

2. 离散时间连续状态 Markov 过程

白噪声过程。独立同分布的随机变量序列，被称为白噪声过程。白噪声过程具有平稳性和 Markov 性。

3. 连续时间离散状态 Markov 过程

泊松过程。泊松过程是一种计数过程，该过程对在时间 0 到时间 t 发生的事件进行计数，例如车祸次数、索赔次数等。$\{N_t\}$是一个泊松过程，如果（1）$N_0=0$，（2）$\{N_t\}$具有独立增量性，（3）N_t-N_s服从参数为$\lambda(t-s)$的泊松分布。泊松过程是一个独立增量过程，所有独立增量过程都是 Markov 过程。

HSD 模型。人寿保险公司会根据保单持有人的身体状况｛健康、疾病、死亡｝确定是否赔付。如果用一个随机过程来描述保单持有人的身体状况过程，其状态域$S=\{H,S,D\}$，因为身体状况随时可能发生变化，其时间域$J=[0,\infty)$。

4. 连续时间连续状态 Markov 过程

维纳过程。维纳过程是一个重要的独立增量过程，也称作布朗运动过程。数学中，维纳过程是一种连续时间随机过程，得名于诺伯特·维纳。由于与物理学中的布朗运动有密切关系，也常被称为“布朗运动过程”或简称为布朗运动。金融数学领域中，维纳过程可以用于描述期权定价模型如布莱克—斯科尔斯模型。

第二节 Kolmogonov 微分方程：从转移概率到转移力

一、时间齐性 Markov 跳跃过程

1. C－K 方程

本小节我们将会考虑时间齐性 Markov 跳跃过程，即 Markov 跳跃过程的转移概率$p_{ij}(t-s)=P(X_t=j|X_s=i)$仅取决于时间间隔$t-s$。于是，其满足的 C－K 方程为：

$$p_{ij}(t+s)=\sum_{k\in S}p_{ik}(s)p_{kj}(t),\forall s,t>0 \tag{4-1}$$

式（4－1）的推导与离散时间情况下的推导相同（见第三章）。

2. 转移矩阵

由转移概率$p_{ij}(t)$组成的矩阵被称为转移矩阵，记为$P(t)$，于是式（4－1）可以写成：

$$P(t+s)=P(s)P(t), \forall s,t>0$$

如果我们知道转移矩阵 $P(t)$ 和初始概率分布 $q_i=P(X_0=i)$，我们就可以根据 Markov 性推出涉及 X_t 过程的一般概率。例如，当 $0<t_1<t_2<\cdots<t_n$：

$$P[X_0=i,X_{t_1}=j_1,X_{t_2}=j_2,\cdots,X_{t_n}=j_n]$$
$$=q_i p_{ij_1}(t_1)p_{j_1j_2}(t_2-t_1)\cdots p_{j_{n-1}j_n}(t_n-t_{n-1})$$

将所有的状态 i 相加可以得到：

$$P[X_{t_1}=j_1,X_{t_2}=j_2,\cdots,X_{t_n}=j_n]$$
$$=\sum_{i\in S} q_i p_{ij_1}(t_1)p_{j_1j_2}(t_2-t_1)\cdots p_{j_{n-1}j_n}(t_n-t_{n-1})$$

3. 转移力

对于 Markov 链，我们已经有了一步转移概率的基本概念。这是因为 Markov 链是在离散时间下发生的。与初始分布 $P(X_0=i)=q_i$ 一起，这些转移概率完全决定了 Markov 链的分布。然而，当我们处理 Markov 跳跃过程时，我们可以考虑任意小时间内的转换，这样一个单元时间步数就不再具有相同的基本重要性。

对于连续时间，我们首先考虑在很短的时间间隔 h 内的转移概率，将该转移概率除以 h 以表示单位时间内的转移概率，再将单位时间内的转移概率对于 h 趋近于 0 取极限，即为转移力（也称转移率、转移强度）。

转移力在连续时间情况下是 Markov 模型的基本概念，类似于离散情况下的一步转移概率。与概率不同的是，转移力可以取大于 1 的值（与每年的回收率、发生频率的情况一样）。例如，如果你在转移前平均停留在一个特定的状态半小时，那么转移力将是 2/小时。

为了区分转移概率和转移力，避免数学上的技术问题，我们将做以下假设：我们假设函数 $p_{ij}(t)$ 是连续可微的。这是一个很严苛的假设。事实上，Markov 跳跃过程的全部理论中，我们允许转换概率不满足这一假设，这样的过程就称为不规则过程。我们只关注满足这一假设的 Markov 过程。

需要注意的是：

$$p_{ij}(0)=\delta_{ij}=\begin{cases}0 & \text{如果 } i\neq j\\ 1 & \text{如果 } i=j\end{cases} \tag{4-2}$$

可微的假设意味着以下等式存在：

$$\mu_{ij}=\frac{d}{dt}p_{ij}(t)\big|_{t=0}=\lim_{h\to 0}\frac{p_{ij}(h)-\delta_{ij}}{h}$$

其中，μ_{ij}表示从状态 i 到状态 j 的转移力，在时间齐性过程中，转移力不随时间变化而变化。上式中的 δ_{ij}被称为 Kronecker delta。

【例 4－1】 解释式（4－2）。

【答案】 式（4－2）的含义即以下的关系式在 $h\to 0(h>0)$ 时成立：

$$p_{ij}(h)=\begin{cases} h\mu_{ij}+o(h) & \text{如果 } i\neq j \\ 1+h\mu_{ij}+o(h) & \text{如果 } i=j \end{cases} \tag{4-3}$$

式（4－3）中第一行的解释很简单，在任何较短的时间间隔 $[s,s+h]$ 内从状态 i 转移到状态 j 的概率与 h 成正比，因此，将 μ_{ij}命名为转移力或者转移强度。

所以式（4－3）的第一行表示如果 i 和 j 是不同的状态，那么在较短的时间间隔 h 内从状态 i 到状态 j 的概率是：（$h\times$从状态 i 到状态 j 的转移力）$+o(h)$，我们可以假设在较短时间 h 内转移超过一次的概率是 h 的高阶无穷小量 $o(h)$。

最后注意式（4－3）中对于 $i\neq j$ 有 $\mu_{ij}\geqslant 0$，但 $\mu_{ii}\leqslant 0$。事实上对于等式 $\sum_{j\in S}p_{ij}(t)=1$ 两边关于 t 求导，当 $t=0$ 时有 $\mu_{ii}=-\sum_{j\neq i}\mu_{ij}$。

同时，你也可以这样得出结论：

$$\mu_{ii}=\lim_{h\to 0}\frac{p_{ii}(h)-1}{h}=\lim_{h\to 0}\frac{1-\sum_{j\neq i}p_{ij}(h)-1}{h}=-\sum_{j\neq i}\lim_{h\to 0}\frac{p_{ij}(h)}{h}=-\sum_{j\neq i}\mu_{ij}$$

【定义 4－2】 Markov 跳跃过程的生成矩阵 A 就是由转移力构成的矩阵。

换句话说，矩阵 A 的第 i 行第 j 列的元素为 μ_{ij}，因此矩阵 A 的行数和为 0。

等式 $\mu_{ii}=-\sum_{j\neq i}\mu_{ij}$ 也通常被用与 μ_{ii}的定义。转移力 μ_{ii}被定义为从状态 i 转移出去的所有转移力之和的负数。

【例 4－2】 对于一个两状态 Markov 跳跃过程，图 4－1 给出了对应的转移力。

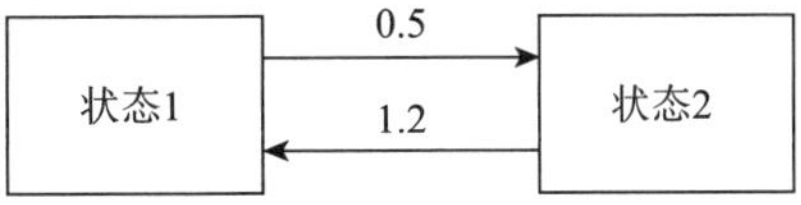

图 4－1

写出这个过程的生成矩阵。

【答案】 采用以状态 1、状态 2 的顺序，生成矩阵为：$\begin{pmatrix} -0.5 & 0.5 \\ 1.2 & -1.2 \end{pmatrix}$。

4. Kolmogonov 向前微分方程

对于 Markov 跳跃过程，转移力是最重要的概念，因为它完全体现了 Markov 跳跃过程分布的特征。为了体现出这点，我们重写其满足的 C－K 方程，将式（4－1）中的 t 换为 h，s 换为 t 有：

$$p_{ij}(t+h) = \sum_{k\in S} p_{ik}(t)p_{kj}(h) = p_{ij}(t) + h\sum_{k\in S} p_{ik}(t)\mu_{kj} + o(h)$$

其中，第二个等式是从以下关系推出的：

$$p_{kj}(h) = \begin{cases} h\mu_{kj} + o(h) & \text{如果 } k \neq j \\ 1 + h\mu_{kj} + o(h) & \text{如果 } k = j \end{cases}$$

因此，可以推出以下微分方程：

$$\frac{d}{dt}p_{ij}(t) = \sum_{k\in S} p_{ik}(t)\mu_{kj}, \forall i,j \qquad (4-4)$$

这就是著名的 Kolmogorov 向前微分方程。Kolmogorov 向前微分方程（时间齐性情况）也可以表述为矩阵形式：

$$\frac{d}{dt}P(t) = P(t)A$$

其中，矩阵 A 是 μ_{ij}组成的矩阵，即 Markov 跳跃过程的生成矩阵。基于这个方程，对于一个给定的简单的 Markov 跳跃过程，我们可以写出特定的方程并且求解。

【例 4－3】 一个两状态 Markov 跳跃过程：记为状态 0 和状态 1。已知 $\mu_{01} = 0.01$ 和 $\mu_{10} = 0.10$。写出转移概率 $p_{01}(t)$ 的向前微分方程，并且解出 $p_{01}(t)$ 的值。

【答案】 这个过程的转移图如图 4－2 所示。

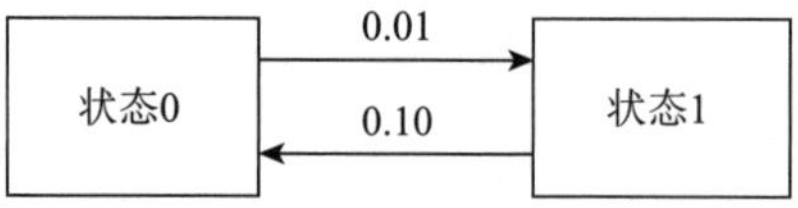

图 4－2　转移图

因为 μ_{11}是从状态 1 转移出去的转移力之和的相反数，我们可以写出转移概率 $p_{01}(t)$ 的向前微分方程：

$$\begin{aligned}\frac{d}{dt}p_{01}(t) &= p_{00}(t)\mu_{01} + p_{01}(t)\mu_{11} \\ &= 0.01p_{00}(t) - 0.10p_{01}(t)\end{aligned}$$

因为只有两个状态，我们可以得到：

$$p_{00}(t) = 1 - p_{01}(t)$$

所以微分方程可以写为：

$$\frac{d}{dt}p_{01}(t)=0.01(1-p_{01}(t))-0.10p_{01}(t)=0.01-0.11p_{01}(t)$$

即：

$$\frac{d}{dt}p_{01}(t)+0.11p_{01}(t)=0.01$$

这个方程可以通过积分因子法来解。整个方程中的积分因子是 $e^{0.11}$。上面式子两边同时乘以 $e^{0.11}$，可以得到：

$$e^{0.11t}\frac{d}{dt}p_{01}(t)+0.11e^{0.11}p_{01}(t)=0.01e^{0.11t}$$

两边同时对 t 求积分，可以得到：

$$\begin{aligned}e^{0.11t}p_{01}(t) &= \int 0.01e^{0.11}dt\\ &= \frac{1}{1.1}e^{0.11t}+C\end{aligned}$$

其中，C 是一个积分常数。我们可以用初始值 $p_{01}(0)=0$ 计算常数 C 的值，如下

$$0=\frac{1}{1.1}+C$$

所以 $C=-\frac{1}{1.1}$，因此，

$$e^{0.11t}p_{01}(t)=\frac{1}{1.1}(e^{0.11t}-1)$$

两边除以 $e^{0.11}$得到：

$$p_{01}(t)=\frac{1}{1.1}(1-e^{-0.11t})$$

如果状态空间 S 是有限的，则式（4－4）对于每个固定的 i 给出一个有限的线性微分方程组［事实上，i 仅通过初始条件式（4－2）参与其中］，对于给定的转移率 μ_{ij}，方程（4－4）与方程（4－2）联立可以得到唯一解。因此，Markov 模型通常是通过指定它们的转移率 μ_{ij}来表示。

5. Kolmogorov 向后微分方程

在式（4－1）中用 h 表示 s，然后继续之前的过程，我们可以得到一系列不同的方程。Kolmogorov 向后微分方程（时间齐性情况）的表述形式为：

$$\frac{d}{dt}p_{ij}(t)=\sum_{k\in S}\mu_{ik}p_{kj}(t),\forall i,j \text{ 或者}$$

$$\frac{d}{dt}P(t)=AP(t)$$

推导过程可以自行尝试。

二、非时间齐性 Markov 跳跃过程

1. C－K 方程

本小节我们将会考虑非时间齐性 Markov 跳跃过程，即 Markov 跳跃过程的转移概率 $p_{ij}(s,t)=P(X_t=j|X_s=i)$ 不仅取决于时间间隔 $t-s$，还取决于它开始和结束的时间点 s 和 t。于是，其满足的 C－K 方程为：

$$p_{ij}(s,t)=\sum_{k\in S}p_{ik}(s,u)p_{kj}(u,t),\forall u,s<u<t$$

等价的矩阵形式为：

$$P(s,t)=P(s,u)P(u,t),\forall u,s<u<t$$

2. 转移力

与时齐的情况类似，我们有：

$$p_{ij}(s,s+h)=\begin{cases}h\mu_{ij}(s)+o(h) & \text{如果 } i\neq j\\ 1+h\mu_{ij}(s)+o(h) & \text{如果 } i=j\end{cases}$$

等价的有：

$$\mu_{ij}(s)=\frac{\partial}{\partial t}p_{ij}(s,t)|_{t=s}=\lim_{h\to 0}\frac{p_{ij}(s,s+h)-\delta_{ij}}{h}$$

上述式子与时齐的情况之间唯一的区别是，转移力 $\mu_{ij}(s)$ 随时间变化。

3. Kolmogorov 向前微分方程

同样地，我们重写其满足的 C－K 方程：

$$p_{ij}(s,t+h)=\sum_{k\in S}p_{ik}(s,t)p_{kj}(t,t+h)=p_{ij}(s,t)+h\sum_{k\in S}p_{ik}(s,t)\mu_{kj}(t)+o(h)$$

其中，第二个等式是从以下关系推出的：

$$p_{kj}(t,t+h)=\begin{cases}h\mu_{kj}(t)+o(h) & \text{如果 } k\neq j\\ 1+h\mu_{kj}(t)+o(h) & \text{如果 } k=j\end{cases}$$

因此，可以推出以下微分方程：

$$\frac{d}{dt}p_{ij}(s,t) = \sum_{k \in S} p_{ik}(s,t)\mu_{kj}(t), \forall i,j$$

Kolmogorov 向前微分方程（非时间齐性情况）也可以表述为矩阵形式：

$$\frac{d}{dt}P(s,t) = P(s,t)A(t)$$

其中，矩阵 $A(t)$ 是 $\mu_{ij}(t)$ 组成的矩阵，即 Markov 跳跃过程的生成矩阵。

4. Kolmogonov 向后微分方程

与时间齐性的情况一样，我们可以推导并写出非时间齐性情况下的 Kolmogorov 向后微分方程，其表述形式为：

$$\frac{\partial}{\partial s}p_{ij}(s,t) = -\sum_{k \in S}\mu_{ik}(s)p_{kj}(s,t), \forall i,j$$

或者

$$\frac{\partial}{\partial s}P(s,t) = -A(s)P(s,t)$$

这里有两点需要特别注意：

（1）我们现在是对 s 而不是 t 求微分。

（2）等式右边出现了一个负号。

【例 4-4】 推导非时间齐性 Kolmogorov 向后微分方程。

【答案】 我们从 C-K 方程出发：

$$p_{ij}(s-h,t) = \sum_{k \in S} p_{ik}(s-h,s)p_{kj}(s,t)$$

且对于极小的时间间隔 h 我们有：

$$p_{ik}(s-h,s) = \begin{cases} h\mu_{ik}(s-h) + o(h) & \text{如果 } i \neq k \\ 1 + h\mu_{ii}(s-h) + o(h) & \text{如果 } i = k \end{cases}$$

因此，

$$\begin{aligned} p_{ij}(s-h,t) &= \sum_{k \neq i} hu_{ik}(s-h,s)p_{kj}(s,t) + (1 + hu_{ii}(s-h,s))p_{ij}(s,t) + o(h) \\ &= p_{ij}(s,t) + \sum_{k \in S} hu_{ik}(s-h,s)p_{kj}(s,t) + o(h) \end{aligned}$$

整理可得：

$$\frac{p_{ij}(s,t) - p_{ij}(s-h,t)}{h} = -\sum_{k \in S} u_{ik}(s-h,s)p_{kj}(s,t) + \frac{o(h)}{h}$$

令 $h \to 0$ 即：

$$\frac{\partial}{\partial s}p_{ij}(s,t) = -\sum_{k \in S}\mu_{ik}(s)p_{kj}(s,t)$$

第三节 Markov 过程的性质

一、时间齐性 Markov 跳跃过程

1. 持续时间和占用率

对于时间齐次 Markov 跳跃过程，令 W_i 表示状态 i 下的持续时间（或等待时间），我们有：

$$W_i \sim exp(\lambda_i)$$

其中，λ_i 是状态 i 的总转移力，$\lambda_i = -u_{ii} = \sum_{j \neq i} u_{ij}$。

因此，在状态 i 下保持至少 t 时间的概率（即占用率）为：

$$P(W_i > t) = P_{\overline{ii}}(t) = e^{-\lambda_i t}$$

此处还需注意在状态 i 的期望保持时间为$\frac{1}{\lambda_i}$。例如，总转移力为 12/小时，则期望保持时间为 1/12 小时，即 5 分钟。

2. 从状态 *i* 到状态 *k* 的期望时间

令 m_i 表示从状态 i 到达状态 k 的期望时间。m_i 可以用递推公式计算：

$$m_i = \frac{1}{\lambda_i} + \sum_{j \neq i,k} \frac{u_{ij}}{\lambda_i} m_j$$

其中，第一项是状态 i 的期望保持时间，第二项中的$\frac{u_{ij}}{\lambda_i}$为离开状态 i 时进入状态 j 的概率，m_j 为从状态 j 到达状态 k 的期望时间。

【例 4－5】 考虑以下健康、生病、死亡模型以及额外的“绝症”状态。给定每年的转移力（见图 4－3）。

（1）计算状态 S 的期望保持时间。

（2）计算生病的人离开生病状态后到达死亡状态的概率。

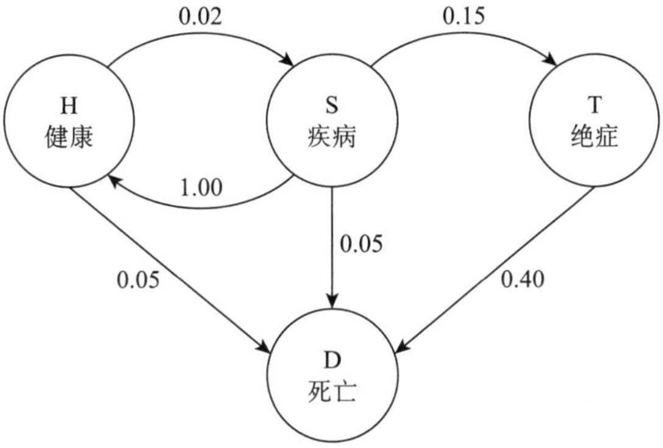

图 4－3

(3) 计算一个健康人的期望存活时间。

【答案】

(1) 状态 S 的期望保持时间

转移出 S 的总转移力为 1. 2，所以期望保持时间为 1/1. 2 =5/6 年。

(2) 生病的人离开生病状态死亡的概率

这是从 S 转移出的转移率的通往 D 的部分，即：

$$\frac{0.05}{1.2}=\frac{1}{24}$$

(3) 一个健康人的期望存活时间：

令 m_i 代表状态 i 人的期望寿命。因为 $\lambda_H=0.02+0.05=0.07$，

且 $m_D=0$，我们有：

$$m_H=\frac{1}{0.07}+\frac{0.02}{0.07}m_S+\frac{0.05}{0.07}m_D=\frac{100}{7}+\frac{2}{7}m_S$$

同样地，$\lambda_S=1.00+0.15+0.05=1.20$，我们有：

$$m_S=\frac{1}{1.20}+\frac{1.00}{1.20}m_H+\frac{0.15}{1.20}m_T$$

其中，

$$m_T=\frac{1}{0.40}=2.5$$

因此有：

$$m_S=\frac{1}{1.20}+\frac{1.00}{1.20}m_H+\frac{0.15}{1.20}\times 2.5=\frac{5}{6}m_H+\frac{110}{96}$$

代入得到：

$$m_H=\frac{100}{7}+\frac{2}{7}m_S=\frac{100}{7}+\frac{2}{7}\left(\frac{5}{6}m_H+\frac{110}{96}\right)$$

移项可以得到：

$$\left(1-\frac{5}{21}\right)m_H=\frac{100}{7}+\frac{2}{7}\times\frac{110}{96}=\frac{2455}{168}$$

即 $m_H=19.18$。

所以一个健康人的期望寿命为 19.18 年。

二、非时间齐性 Markov 跳跃过程

对于非时间齐次 Markov 跳跃过程，状态 i 的占用率为：

$$p_{\overline{ii}}(s,t)=\exp\left(-\int_0^{t-s}\lambda_i(s+u)du\right)=\exp\left(-\int_s^t\lambda_i(u)du\right)$$

所以在 s 时刻处于状态 i 的过程至少在 t 时刻之前保持状态 i 的概率是

$$\exp\left(-\int_0^{t-s}(s+u\text{ 时刻 } i \text{ 状态上所有向外转移的转移力值和})du\right)$$

$$=\exp\left(-\int_s^t(u\text{ 时刻 } i \text{ 状态上所有向外转移的转移力之和})du\right)$$

此时，若转移力是常数，即为时间齐性的情况，占用率即简化为：

$$p_{\overline{ii}}(s,t)=e^{-\lambda_i(t-s)}$$

第四节 Markov 过程的应用

一、生死两状态模型

两状态 Markov 模型如图 4－4 所示，该模型中存在生、死两个状态，且只有单向转移。

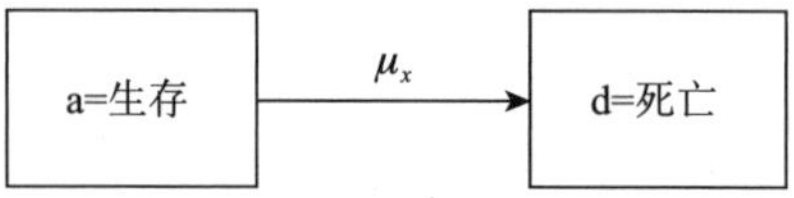

图 4－4 两状态 Markov 模型

现定义转移概率 ${}_tq_x$ 如下：

$${}_tq_x = P[\text{此人在 } x+t \text{ 岁死亡} \mid \text{在 } x \text{ 岁时生存}]$$

定义生存概率如下：

$${}_tp_x = P[\text{此人在 } x+t \text{ 岁生存} \mid \text{在 } x \text{ 岁时生存}]$$

任意给定年龄的个体在任意时段死亡的概率可以由与年龄相关的转移力 $\mu_{x+t}(t \geqslant 0)$ 所决定，如下：

$$\mu_{x+t} = \lim_{dt \to 0} \frac{{}_{dt}q_{x+t}}{dt}$$

1. 模型假设

在简单两状态模型下存在三个假设：

假设一：任意确定年龄的个体在任意未来时段被发现处在某个状态的概率只由其年龄与当下所处状态决定，也就是 Markov 性假设。

因此，过去的事件无法影响未来事件的发生。特别地，个体的既往历史，比如病史、职业等，被排除在模型之外。而如果我们能够知道这些因素，可以把每个因素的组合作为一个单独的模型，即分类解决问题，或者将这些因素考虑进模型中，即把这个问题看作一种回归。

假设二：对于较短的时段 d_t 有：

$${}_{dt}q_{x+t} = \mu_{x+t}dt + o(dt) \quad (t \geqslant 0)$$

换句话说，在很短的时间间隔 d_t 内死亡的概率等于转移力乘以时间间隔，加上一个高阶扰动项。这等价于假设 ${}_{dt}q_{x+t} \approx \mu_{x+t}dt$。

为了可比，我们将专注于 x 到 $x+1$ 的年龄段，并介绍较为深入的假设。

假设三：在 $0 \leqslant t < 1$ 时，μ_{x+t} 是一个常数 μ。

我们的研究将由个体每小段生命的观察组成，比如整数年龄对应年度。假设三通过假设每个整数年龄段内转移力为常数来简化模型。但这不意味着我们认为转移力伴随年龄整数的增长是阶梯式的，即使在模型的假设下出现了这样的结果。

2. 转移概率

由于我们已经用转移力确定了模型，我们需要考虑如何计算转移概率。

对于在给定 $x+t$ 年龄状态条件下的生存概率 ${}_{t+d}p_x$，我们分别考虑从 x 到 $x+t$ 和从 $x+t$ 到 $x+t+dt$ 的生存概率。基于假设一中的 Markov 性假设，$x+t$ 岁后的生死概率不受之前概率影响：

$$
\begin{aligned}
{}_{t+dt}p_x &= {}_tp_x \cdot P[x+t+dt\text{ 生存}|x+t\text{ 生存}] + {}_tq_x \cdot P[x+t+dt\text{ 生存}|x+t\text{ 死亡}] \\
&= ({}_tp_x \cdot {}_{dt}p_{x+t}) + ({}_tq_x \cdot 0) \\
&= {}_tp_x \cdot (1-\mu_{x+t}dt + o(dt))
\end{aligned}
$$

其中，最后一个等式由假设二可得。因此我们有：

$$
\begin{aligned}
\frac{\partial}{\partial t}{}_tp_x &= \lim_{dt\to 0+}\frac{{}_{t+dt}p_x - {}_tp_x}{dt} \\
&= -{}_tp_x\,\mu_{x+t} + \lim_{dt\to 0+}\frac{o(dt)}{dt} \\
&= -{}_tp_x\,\mu_{x+t}
\end{aligned}
$$

上述结论其实就是该 Markov 过程的向前微分方程，求解可得转移概率：

$$
{}_tp_x = \exp\left(-\int_0^t \mu_{x+s}ds\right)
$$

二、泊松过程

泊松过程是 Markov 跳跃过程的最简单例子。

1. 定义

标准时间齐次泊松过程是连续时间的计数过程 $\{N_t, t\geqslant 0\}$，其中 N_t 记录从 0 到 t 的时间间隔内某类事件的发生次数。事件是单独发生的，且可能随时发生。

一般来讲，参数为 λ 的泊松过程被定义为一个连续的时间过程，从 0 开始，具有平稳的独立增量，并且对于一个时间段 t，这些增量遵循参数为 λt 的泊松分布。下面我们将给出泊松过程的另一种定义方式，并证明它们是等价的：

【定义 4-3】 一个连续的时间计数过程，对于足够小的 h，在时间 t 到 $t+h$ 的短时间间隔内发生特定事件的概率近似等于 λh，其中参数 λ 称为泊松过程的强度，则该过程为一个泊松过程。

泊松过程常被用来模拟不可预测事件的发生，如车祸受伤人数或到达办公室人数。如果要进行计算，则需对上述定义进行更精确的描述：

形式上，计数过程 $\{N_t, t\geqslant 0\}$ 以及事件流 $\{F_t, t\geqslant 0\}$，是一个泊松过程，如果该过程满足：

$$
\begin{aligned}
&P[N_{t+h}-N_t=1|F_t]=\lambda h+o(h) \\
&P[N_{t+h}-N_t=0|F_t]=1-\lambda h+o(h) \qquad (4-5) \\
&P[N_{t+h}-N_t\neq 0,1|F_t]=o(h)
\end{aligned}
$$

其中，$o(h)$ 为 h 的高阶无穷小量。

从定义上可以看出，泊松过程的增量 $N_{t+h}-N_t$ 与过程的过去无关，并且具有不依赖于 t 的分布。因此，泊松过程是一个具有平稳、独立增量的过程，并且满足 Markov 性质。显然，该定义与具有独立平稳泊松分布增量的泊松过程定义相一致，这是我们要证明的一个性质。

还需注意到的是，若 N_t 是一个参数为 λt 的泊松过程随机变量，一般来说，$N_{t+s}-N_s$ 也是一个参数为 λt 的泊松过程随机变量，它与时间 s 之前发生的任何事情无关。

下面是两种定义的等价性证明：

定义 $p_j(t)=P(N_t=j)$ 为时间 t 内发生 j 次事件的概率。如果我们能证明对于满足式（4－5）的计数过程，对于任意 $j\geqslant 0$，有：

$$p_j(t)=\frac{e^{-\lambda t}(\lambda t)^j}{j!} \tag{4-6}$$

则结论得证。我们将通过式（4－5）建立 $p_j(t)$ 满足的微分方程和边界条件，然后检查式（4－6）是否满足他们来完成证明。

对于任意 $j>0$ 以及足够小的正数 h：

$$\begin{aligned}p_j(t+h)&=P(N_{t+h}=j)\\&=P(N_t=j,N_{t+h}=N_t)+P(N_t=j-1,N_{t+h}=N_t+1)+o(h)\\&=p_j(t)(1-\lambda h)+p_{j-1}(t)\lambda h+o(h)\end{aligned}$$

方程移项，并令 $h\to 0$，对于 $j>0$ 我们得到：

$$\frac{dp_j(t)}{dt}=-\lambda p_j(t)+\lambda p_{j-1}(t) \tag{4-7}$$

初始条件：$p_j(0)=0$。

同样地，在 $j=0$ 时：

$$\frac{dp_0(t)}{dt}=-\lambda p_0(t) \tag{4-8}$$

此时 $p_0(0)=1$。现在可以直接验证解式（4－6）是否满足微分方程（4－7）和微分方程（4－8）以及其初始条件，读者可自行尝试验证。

鉴于 N 的增量是平稳的，并且与过去无关，这个结果可以推广为 $N_{t+s}-N_s$ 是一个均值为 λt 的泊松随机变量，并且与时间 s 之前发生的任何事情无关。

我们还可以将泊松过程表述为一个 Markov 跳跃过程。考虑状态空间为 $S=\{0,1,2,\cdots\}$ 的 Markov 跳跃过程，他的转移率为：

$$\mu_{ij}=\begin{cases}-\lambda & ,\text{ if } j=i\\ \lambda & ,\text{ if } j=i+1\\ 0 & ,\ otherwise\end{cases}$$

可用图 4 - 5 表示：

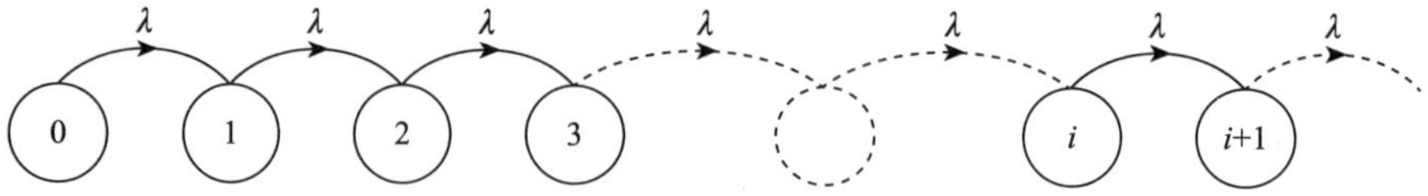

图 4 - 5

其生成矩阵 A 为：

$$A=\begin{pmatrix} -\lambda & \lambda & & & 0 \\ & -\lambda & \lambda & & \\ & & -\lambda & \lambda & \\ & & & \ddots & \\ 0 & & & & \ddots \end{pmatrix}$$

因此，其向前微分方程为：

$$\begin{cases} \dfrac{dp_{i0}(t)}{dt}=-\lambda p_{i0}(t) \\ \dfrac{dp_{ij}(t)}{dt}=-\lambda p_{ij}(t)+\lambda p_{i,j-1}(t) \end{cases}$$

与上述证明中的计算结果相同。

其向后微分方程为：

$$\frac{dp_{ij}(t)}{dt}=-\lambda p_{ij}(t)+\lambda p_{i+1,j}(t)$$

2. 泊松过程的可加性

【例 4 - 6】 若向 A 和 B 两家保险公司提出索赔，每个索赔的金额都是独立的，并且分别服从参数为 λ_A（每日索赔）和 λ_B 的泊松过程。证明索赔的总数 $(A+B)_t$ 服从参数为 $\lambda_A+\lambda_B$ 的泊松过程。

我们将验证泊松过程的三个定义性质，即过程从 0 开始，具有平稳的独立增量，并且对于一个时间段 t，这些增量遵循参数为 λt 的泊松分布。

由于两个进程都是从 0 开始的，所以它们的总和也是从 0 开始。结果表明，总和的增量是独立且平稳的，且服从参数为 $(\lambda_A+\lambda_B)t$ 的泊松分布。

由于过程彼此独立，因此它们的增量彼此独立。这些增量分别为服从参数为 $\lambda_A(t-s)$ 和 $\lambda_B(t-s)$ 的泊松随机变量。因此，它们的和是参数为 $(\lambda_A+\lambda_B)(t-s)$ 的泊松分布。因此，它也是平稳和独立的，所以索赔总数服从参数为 $\lambda_A+\lambda_B$ 的泊松过程。

从例 4－6 可以看出，如果我们考虑两个参数为 λ 和 μ 的独立泊松过程，那么过程的和就是参数为 $\lambda+\mu$ 的泊松过程，这是符合直觉的。例如，假设两种不同类型的保险索赔遵循泊松过程，一种是每天 5 次，另一种是每天 6 次，我们可以预期，这两个保险索赔次数的和也遵循泊松过程，强度为每天 11 次，只要这两个泊松过程是独立的。

3. 泊松过程的可分解性

在考虑细化或采样问题时，了解泊松过程的直观行为也很有用。以保险索赔为例，令其服从参数为 10 的泊松过程，如果每 10 件索赔中就有一件属于某一类型，例如为索赔额超过 10000 元的索赔，那么这类索赔额超过 10000 元的索赔就服从参数为 1 的泊松过程。同时我们需假设这类索赔是在所有索赔内随机发生的，即索赔额超过了 10000 元的索赔发生概率为 0.1，与其他任何事情无关。通过上述过程，我们已经“分解”了泊松过程。

4. 事件时间间隔

由于泊松过程 N_t 是以 1 为间隔单增的，因此，其样本路径仅由跳跃发生的时间点来表示。用 $T_0, T_1, T_2, \cdots$ 表示事件间隔时间（或保持时间）的一系列随机变量，则泊松过程的样本路径如图 4－6 所示。

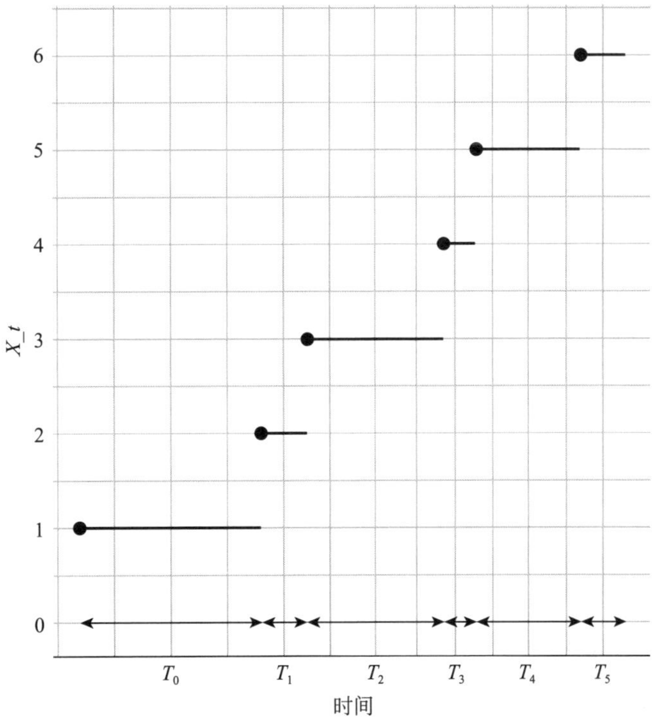

图 4－6　泊松过程的样本路径

注意，我们（按照惯例）选择 X_t 的样本路径是右连续的，因此 $X_{T_0}=1, X_{T_0+T_1}=2, \cdots$。

因此，我们有 $N_t=0$，对于 $t\in[0,T_0)$；$N_t=1$，对于 $t\in[T_0,T_0+T_1)$；$N_t=2$，对于 $t\in[T_0+T_1,T_0+T_1+T_2)\cdots$。

因为我们选择的样本路径是右连续的，所以 N_t 在形式为［a,b）的区间上是常数；若我们选择样本路径是左连续，则 N_t 在形式（a,b］的间隔上是常数的。

此处还有一重要结论，即 $T_0,T_1,T_2,\cdots$是一个独立的指数分布随机变量序列，每个的参数都为 λ，证明过程如下：

首先，$P(T_0>t)$ 是时间 0 和时间 t 之间事件不发生的概率，因此我们有 $p_0(t)=P(N_t=0)=e^{-\lambda t}$，于是 T_0 的分布函数是：

$$F(t)=P(T_0\leqslant t)=1-e^{-\lambda t}, t>0$$

这意味着 T_0 服从指数分布。

现在考虑给定 T_0 后 T_1 的条件分布：

$$\begin{aligned}
P[T_1>t\mid T_0=s]&=P[N_{t+s}=1\mid T_0=s]\\
&=P[N_{t+s}-N_s=0\mid T_0=s]\\
&=P[N_{t+s}-N_s=0]\\
&=p_0(t)\\
&=e^{-\lambda t}
\end{aligned}$$

其中，第三个等式体现增量 $N_{t+s}-N_s$ 的独立性，与时间 s 之前都无关。

上述计算同时证明了两个结果：T_0 与 T_1 独立，且具有相同指数分布。同理可以将结论拓展至 $T_2,T_3,\cdots$。

总之，所有的事件间隔时间都是独立的，并且服从参数为 λ 的指数分布。在前一小节的内容中已经提到，其实对于所有时间齐次 Markov 跳跃过程，任何给定状态下的保持时间都是指数分布的。

保持时间的指数分布给出了泊松过程的第三种定义，我们在下面总结这些定义。

泊松过程定义综述：

令$\{N_t\}_{t\geqslant 0}$是一个从 0 开始的递增的计数过程（且是右连续的）。设 $\lambda>0$，如果以下三个等价条件中的任何一个成立，那么$\{N_t\}_{t\geqslant 0}$是泊松过程：

（1）$\{N_t\}_{t\geqslant 0}$具有平稳的、独立的增量，且对于任意 t，N_t 服从参数为 λt 的泊松分布。

（2）$\{N_t\}_{t\geqslant 0}$是一个 Markov 跳跃过程，在很短一段时间 h 内具有独立的增量和转移概率：

$$P[N_{t+h}-N_t=1\mid F_t]=\lambda h+o(h)$$

$$P[N_{t+h}-N_t=0\mid F_t]=1-\lambda h+o(h)$$

$$P[N_{t+h}-N_t\neq 0,1\mid F_t]=o(h)$$

（3）$\{N_t\}_{t\geq 0}$的停留时间 $T_0,T_1,\cdots$是独立的指数随机变量参数 λ，且 $N_{T_0+T_1+\cdots T_{n-1}}=n$。

还有第四个定义，如下所示，是对（2）的重述，使用了一般 Markov 跳跃过程的术语：

（4）$\{N_t\}_{t\geq 0}$是一个 Markov 跳跃过程，具有独立的增量和转移率，由以下公式给出：

$$\mu_{ij}=\begin{cases}-\lambda & ,\text{ if } j=i\\ \lambda & ,\text{ if } j\neq i\\ 0 & ,\ otherwise\end{cases}$$

三、健康—疾病—死亡（HSD）模型

此处对时间齐性情况下的 HSD 模型进行介绍，非时间齐性情况下的模型与其类似，只是其中的转移力不再为常数。考虑以下的 HSD 模型，其中，转移力 σ，ρ，μ，v 都不变，如图 4 –7 所示。

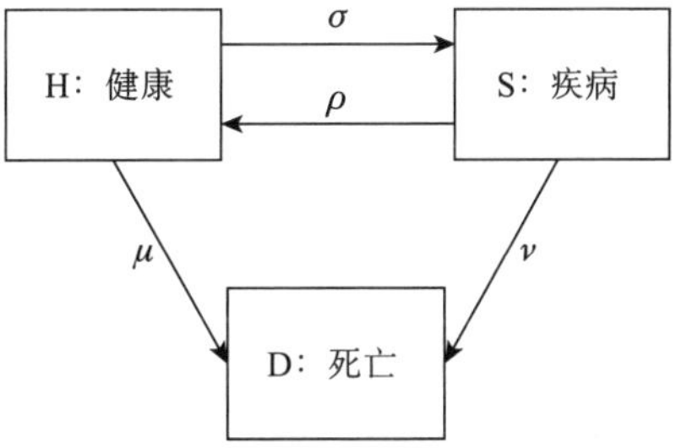

图 4 –7　HSD 模型

在此情形中，在单向转移到死亡状态之前，生命可能处于健康状态或疾病状态。换句话说，一个生命可能不经过疾病状态，直接从健康状态过渡到死亡状态。

【例 4 –7】 写出上述 HSD 模型的生成矩阵。

【答案】 HSD 模型的生成矩阵为：

$$A=\begin{pmatrix}-\sigma-\mu & \sigma & \mu\\ \rho & -\rho-v & v\\ 0 & 0 & 0\end{pmatrix}$$

这里状态的顺序为 H，S，D。此处需注意，行和为 0，一个常见的错误是认为从死亡到死亡的转移力是 1，事实上从死亡到死亡的转移概率是 1，但是转移力是转移概率的导

数，对常数 1 求导得到 0。

另一种考虑这个矩阵最后一行的方法如下：不能从死亡状态过渡到健康状态，所以从死亡状态过渡到健康状态的转移力是 0。同样，从死亡状态到疾病状态的转移力为 0。生成矩阵的每一行的和必须为 0，因此 DD 转移力也必须为 0。

基于上述内容，我们很容易可以套用公式计算出 HSD 模型的向前微分方程，例如：

$$\frac{d}{dt}p_{HH}(t) = p_{HH}(t)\mu_{HH} + p_{HS}(t)\mu_{SH} + p_{HD}(t)\mu_{DH}$$

$$= -p_{HH}(t)(\sigma + \mu) + p_{HS}(t)\rho$$

事实上，我们可以不通过套用公式，更快地写出 HSD 模型的任何向前微分方程。当套用 H 到 H 的向前微分方程时，我们包含了每一种可能路径的项，但如果你看着转移图，问自己“我怎么才能从 H 到 H?”，答案是你只能通过在“中间”的 H 点或 S 点才能到 H。因此，要包含的两种路径是 $H \to H \to H$ 或 $H \to S \to H$。

所以，我们可以将等式右边考虑为：在时间间隔 t 内从 H 到 H 的概率 $p_{HH}(t)$ 乘以在 t 时刻保持在 H 状态的转移力 $-(\sigma + \mu)$，加上在时间段 t 内从 H 到 S 的概率 $p_{HS}(t)$ 乘以在 t 时刻从 S 到 H 状态的转移力 ρ。

向后微分方程也与之类似，我们可以套用公式得到：

$$\frac{d}{dt}p_{HH}(t) = \mu_{HH}p_{HH}(t) + \mu_{HS}p_{SH}(t) + \mu_{HD}p_{DH}(t)$$

$$= -(\sigma + \mu)p_{HH}(t) + \sigma p_{SH}(t)$$

同样地，我们也可以这样对等式右边进行直观考虑：在开始时保持在 H 状态的转移力 $-(\sigma + \mu)$ 乘以之后在时间间隔 t 内从 H 到 H 的概率 $p_{HH}(t)$，加上开始时从状态 H 到 S 状态的转移力 σ 乘以之后在时间段 t 内从 S 到 H 的概率 $p_{SH}(t)$。

第五节　Markov 过程的参数估计

Markov 过程的参数估计的方法可以通过生死两状态模型为例进行说明。

一、定义观测值

假设我们在有限时段内观测 N 个年龄处于 x 到 $x+1$ 的个体。我们可以假设这些个体由于某种随机的因素可能被观察到，也可能没有被观察到（也就是不依赖于任何相关的参数）。但是这里我们假设这些数据是用来作回顾性分析的，所以可以认为 N 是非随机的量，我们不需要假设我们同时开始观察 N 个个体，也不需要假设我们观察每个个体对应年龄的完整年，但我们需要假设所有 N 个个体在统计上都是独立同分布的。

在现实中没有完全一致的两个个体，在这里我们用“一致”表示个体的生死服从相同的随机模型。所以所有个体都拥有相同数值的死亡率，但他们不一定都在同一个时刻死亡。下面我们对观测值做出一些定义。

对于 $i=1,\cdots,N$ 我们定义：$x+a_i$ 表示第 i 个个体被观测的开始时间，$x+b_i$ 表示如果第 i 个个体能够活到该年龄的观测的结束时间，因此 $x+b_i$ 可能是 $x+1$，也可能是第 i 个个体观测的结束时间，以其中二者较小的为准。

为了简便，我们考虑第一类删除数据，即对所有个体的观测停止在一个固定的时间点。这意味着从 $x+a_i$ 开始的观测周期开始时，b_i 的数值就已经被确定，所以 b_i 是一个确定的数值，而不是随机变量。例如，如果我们计划从某个体第 52.5 岁到 52.75 岁开展观测，那么 $b_i=0.75$，但当然不是所有的个体都将活到预计观测周期的结束时点。因此，为了完善我们的模型，我们还需要另一个随机变量来测度某个个体在 52.75 岁，也就是观测周期结束时点处于生存还是死亡状态。

定义随机变量 D_i 如下：

$$D_i=\begin{cases}1, & \text{若第 } i \text{ 个个体已死亡}\\0, & \text{若第 } i \text{ 个个体未死亡}\end{cases}$$

D_i 是示性函数的一个例子，它能够表示死亡事件是否发生。在上述定义中，我们讨论了第 i 个个体在观测周期内是否死亡。

定义随机变量 T_i 为：T_i 是对于第 i 个个体结束观测的年龄。需要注意 D_i 和 T_i 并不是独立的，因为 $D_i=0\Leftrightarrow T_i=b_i$，即如果没有观测到死亡，那么该个体一定活到了 $x+b_i$ 岁；$D_i=1\Leftrightarrow a_i<T_i<b_i$，即观测到的死亡一定发生在 $x+a_i$ 和 $x+b_i$ 之间。

使用观测时间来处理模型通常会非常有效，所以我们定义：$V_i=T_i-a_i$。V_i 被叫作等待时间。它有一个确定的分布，并在 b_i-a_i 点存在概率质量函数。

【例 4-8】 对生命 i 的观察从 82 岁零 3 个月的确切年龄开始，观察将持续到他 83 岁的生日，如果他 83 岁生日之前就死亡，那么停止观察。

请计算下列值或取值的范围：

（1）a_i

（2）b_i

（3）V_i

【答案】

（1）$a_i=0.25$

（2）$b_i=1$

（3）V_i 的取值范围为 0 到 0.75，它是一个概率质量为 0.75 的混合分布。

二、联合密度分布

组合（D_i,V_i）包括了一个统计量，这意味着我们观察的结果是从（D_i,V_i）的分布中得到的样本（d_i,v_i）。设（D_i,V_i）的联合密度函数为 $f_i(d_i,v_i)$，在 $D_i=0$ 和 $D_i=1$ 两种情形下，联合分布函数可以很容易得出：

如果 $D_i=0$，那么意味着没有观测到死亡，被观察者存活了从 $x+a_i$ 到 $x+b_i$，总计时长 b_i-a_i 的时间；

如果 $D_i=1$，那么意味着被观察者在到达死亡年龄 $x+a_i+v_i$ 前，存活了从 $x+a_i$ 到 $x+a_i+v_i$ 总计 v_i 的时间（$0<v_i<b_i-a_i$）。

因此，$f_i(d_i,v_i)$ 的分布是概率（对应于 $d_i=0$）和概率密度（对应于 $d_i=1$）的组合，分布表达式如下所示：

$$f_i(d_i,v_i)=\begin{cases}{}_{b_i-a_i}p_{x+a_i},d_i=0\\ {}_{v_i}p_{x+a_i}\cdot\mu_{x+a_i+v_i},d_i=1\end{cases}$$

$$=\begin{cases}\exp\left(-\int_0^{b_i-a_i}\mu_{x+a_i+t}dt\right),d_i=0\\ \exp\left(-\int_0^{v_i}\mu_{x+a_i+t}dt\right)\mu_{x+a_i+v_i},d_i=1\end{cases}$$

$$=\exp\left(-\int_0^{v_i}\mu_{x+a_i+t}dt\right)\mu_{x+a_i+v_i}^{d_i}$$

现在我们假设 μ_{x+t} 在 $0\leqslant t<1$ 的区间内值固定不变，为 μ。那么 $f_i(d_i,v_i)$ 可以简化为如下形式：

$$f_i(d_i,v_i)=e^{-\mu v_i}\mu^{d_i}$$

假设所有人的寿命为独立的统计量，我们可以得到联合概率密度函数：

所有组合（D_i,V_i）的联合密度函数，相互独立，与下式成正比：

$$\prod_{i=1}^{N}e^{-\mu v_i}\mu^{d_i}=e^{-\mu(v_1+\cdots+v_N)}\mu^{d_1+\cdots+d_N}$$

$$=e^{-\mu v}\mu^{d}\left(v=\sum_{i=1}^{N}v_i,d=\sum_{i=1}^{N}d_i\right)$$

从另一方面来看，定义死亡总数为随机变量 D，总共等待时间为随机变量 V。所有组合（D_i,V_i）的联合密度函数可以简化为 D，V 表示的形式。

对于已知的转移力，我们可以计算死亡和等待时间任意组合的可能性。但是，实际上转移强度的值是未知的，根据观察到的数据，我们可以用统计推断来计算最合理的转移强度值，比如 μ 的最大似然估计，在下一部分中会有详细解释。

三、最大似然估计

我们首先考虑最大似然函数。因概率函数可以表示为：

$$L(\mu;d,v)=e^{-\mu v}\mu^{d}$$

可以得到 μ 的极大似然估计：

$$\hat{\mu}=d/v$$

【例 4-9】 证明 $\hat{\mu}=d/v$。

【答案】

由于 $L(\mu;d,v)=e^{-\mu v}\mu^{d}$，令 $\frac{\partial \log L}{\partial \mu}=-v+\frac{d}{\mu}=0$ 得到：$\hat{\mu}=d/v$。且同时 $\frac{\partial^2 \log L}{\partial \mu^2}=-\frac{d}{\mu^2}<0$，因此似然函数在 $\hat{\mu}=d/v$ 取极大值。

这一结果是直观的，风险率的最大似然估计是观察到的死亡人数除以生命暴露在危险中的总时间。

生命暴露在危险中的总时间的度量是这门课程的基础技巧之一。它可以对风险进行准确的评估，无论是保单持有人死亡的可能性还是汽车保险政策下索赔的可能性。

估计值 $\hat{\mu}$ 是样本值 d 和 v 的函数，本身可以视为从相应估计量的分布中得出的样本值：$\tilde{\mu}=D/V$。我们用大写字母表示随机变量，用小写字母表示样本值。因此，估计值 $\tilde{\mu}$ 是一个随机变量，最大似然估计值 $\hat{\mu}$ 是随机变量的观测值。在应用中，例如在将经验与标准表进行比较时，最重要的是能够估计 $\tilde{\mu}$ 的值。至少，我们需要估计 $E[\tilde{\mu}]$ 和 $\mathrm{var}[\tilde{\mu}]$。

为了得到估计值 $\tilde{\mu}$ 的特点，我们需要用到关于随机变量 D 和 V 的两个结果。

$$E[D_i-\mu V_i]=0$$

$$\mathrm{var}[D_i-\mu V_i]=E[D_i]$$

注意到第一个式子可以简写为 $E[D_i]=\mu E[V_i]$。

【例 4-10】 证明 $E[D_i-\mu V_i]=0$。

【答案】

首先，由于我们假设 μ 固定不变，

$$E[D_i] = 1 \times \int_0^{b_i - a_i} {}_t p_{x+a_i} \mu_{x+a_i+t} dt$$
$$= \int_0^{b_i - a_i} e^{-\mu t} \mu dt$$

另外，

$$E[V_i] = P[\text{在 } t \text{ 死亡}] \times t + (b_i - a_i) P[\text{存活}]$$
$$= \int_0^{b_i - a_i} t e^{-\mu t} \mu dt + (b_i - a_i) e^{-\mu(b_i - a_i)}$$

在$\{a_i\}$和$\{b_i\}$为已知固定不变常数时，对所有可能事件的组合（D_i, V_i）的概率函数进行积分可以得到：

$$\int_0^{b_i - a_i} e^{-\mu v_i} \mu dv_i + e^{-\mu(b_i - a_i)} = 1$$

对μ微分可得：

$$\int_0^{b_i - a_i} e^{-\mu v_i} dv_i - \mu \int_0^{b_i - a_i} v_i e^{-\mu v_i} dv_i - (b_i - a_i) e^{-\mu(b_i - a_i)} = 0$$

等式两边同时乘μ：

$$\int_0^{b_i - a_i} e^{-\mu v_i} \mu dv_i - \mu \left\{ \int_0^{b_i - a_i} v_i e^{-\mu v_i} \mu dv_i - (b_i - a_i) e^{-\mu(b_i - a_i)} \right\} = 0$$

即：

$$E[D_i - \mu V_i] = 0$$

得证结论。事实上，对上式再对μ微分即可得结论 $\text{var}[D_i - \mu V_i] = E[D_i]$。

四、$\tilde{\mu}$的分布

为了找到$\tilde{\mu}$的渐近分布，先考虑：

$$\frac{1}{N}(D - \mu V) = \frac{1}{N} \sum_{i=1}^{N} (D_i - \mu V_i)$$

且 $E[D_i - \mu V_i] = 0$，$\text{var}[D_i - \mu V_i] = E[D_i]$，则根据中心极限定理可得：

$$\frac{1}{N}(D - \mu V) \sim N(0, E[D]/N^2)$$

由于$\tilde{\mu} = D/V$，所以：

$$\tilde{\mu} - \mu = D/V - \mu$$
$$= (D - \mu V)/V$$
$$= \frac{N}{V}\left(\frac{D - \mu V}{N}\right)$$

因此：

$$E(\tilde{\mu}-\mu)=\frac{1}{E(V_i)}E\left(\frac{D-\mu V}{N}\right)=0$$

$$\begin{aligned}\operatorname{var}(\tilde{\mu}-\mu)&=\operatorname{var}\left[\left(\frac{D-\mu V}{N}\right)\times\frac{1}{E(V_i)}\right]\\&=\frac{E[D]}{N^2[E(V_i)]^2}\\&=\frac{E[D]}{[E(V_1+\cdots+V_N)]^2}\\&=\frac{E[D]}{[E(V)]^2}\end{aligned}$$

所以有：

$$\tilde{\mu}-\mu\ \dot{\sim}\ N(0,E(D)/[E(V)]^2)$$

由于 $E[D-\mu V]=0$，即 $E[D]=\mu E[V]\Leftrightarrow\mu=E[D]/E[V]$，所以又有：

$$\tilde{\mu}\ \dot{\sim}\ N(\mu,\mu/E[V])$$

五、进一步分析

在估计过一年的分段恒定强度之后，如果需要的话，我们可以用来进一步估计函数作为年龄的平滑函数的 μ_x（这个平滑的过程叫作修匀）。为了进行平滑，我们通常假设 $\hat{\mu}$ 估算了 $\mu_{x+\frac{1}{2}}$。通过 μ_x 我们可以通过以下公式计算出任意生存概率：

$${}_tP_x=\exp\left(-\int_0^t\mu_{x+s}ds\right)$$

另外，在精算术语中，我们把观察得到 x 岁时的等待时间记为 v，也称为风险暴露中心，记为 E_x^c。

六、扩展

我们上述的结果其实是如下一般结果的一个特例：

时间齐次 Markov 跳跃过程的转移力的最大似然估计为：

$$\hat{\mu}_{ij}=\frac{n_{ij}}{t_i}$$

其中，n_{ij}是在观察期内从状态 i 转移到状态 j 的样本个数，t_i 是状态 i 的总保持时间。

习 题

1. 一个 Markov 跳跃过程的生成矩阵如下：

$$\begin{matrix} A \\ B \\ C \end{matrix}\begin{pmatrix} -0.3 & 0.2 & 0.1 \\ 0.1 & -0.5 & 0.4 \\ 0.3 & 0.1 & -0.4 \end{pmatrix}$$

（1）画图描述这个转移过程。

（2）若这个过程在零时刻处于状态 A，写出 Kolmogorov 向后方程 $\frac{d}{dt}P_{AA}(t)$，$\frac{d}{dt}P_{AB}(t)$ 和 $\frac{d}{dt}P_{AC}(t)$。

（3）计算该过程在 $t=0$ 到 $t=2$ 期间一直处于 A 状态的概率。

（4）计算该过程在第三次跳跃时进入状态 C 的概率。

2. 对于一个健康—疾病—死亡模型，令 ${}_tp_x^{ij}$ 表示一个在 x 岁时处于状态 i 的人在 $x+t$ 岁时转移到状态 j 的概率，令 μ_{x+t}^{ij} 表示在 $x+t$ 岁时从状态 i 到状态 j 的转移力。

（1）推导下式：

$$\frac{d}{dt}{}_tp_x^{13} = {}_tp_x^{11}\mu_{x+t}^{13} + {}_tp_x^{12}\mu_{x+t}^{23}$$

（2）医生们一直在调查蹒跚病的发病率，这种病使人衰弱，可持续多年，它也有可能导致病人死亡。医生已经证实，得了蹒跚病的病人康复后，会产生对蹒跚病的免疫力。请画图描述这个转移过程。

（3）在调查过程中，医生们采集了样本人群的数据，数据包括每个人接受调查的总时间长度和每个人被观察到患有蹒跚症的时间长度。医生还记录了每个人感染蹒跚、康复和死亡的情况，并标明死亡原因是否与蹒跚有关。请用收集到的数据写出转移强度的似然函数的表达式，并定义使用的所有术语。

（4）推导蹒跚病死亡率的最大似然估计量。

3. 一位托儿所工作人员会观察孩子们在任意时刻表现得是良好还是淘气。她的观察表明，自孩子从早上到达托儿所开始，他们在两种状态之间转移的概率随着时间 t 的变化而变化。将良好状态记为 G，将淘气状态记为 N，这位工作人员估计转移力分别为：

从 G 到 N：$0.2+0.04t$

从 N 到 G：$0.4-0.04t$

其中，t 以小时为单位，且 $0 \leqslant t \leqslant 8$。每个小孩早上 9 点到达托儿所时，初始状态为

“良好”。

（1）计算孩子一直保持在状态 G 直到时间 t 的概率。

（2）计算出一个最小时间点，在这个时间点之前孩子至少有 50% 的概率转移到状态 N。

（3）令 $P_G(t)$ 表示孩子在时间 t 处于状态 G 的概率。请推导出微分方程，该方程应包含 $P_G(t)$ 且可用于计算当孩子于下午 5 点离开托儿所时处于状态 G 的概率。

4. 在一个电脑游戏中，玩家一开始有三条命，在游戏中导致玩家失去一条生命的事件在极小的时间间隔 dt 内发生的概率为 $\mu dt+o(dt)$。但是，玩家也可以在游戏内获得额外的生命，在极小的时间间隔 dt 内获得额外生命的概率为 $\lambda dt+o(dt)$。当玩家的生命耗尽时游戏结束。

（1）写出该过程中描述玩家可能持有的生命数的状态域。

（2）画图描述该转移过程，标注上对应的转移力。

（3）写出该过程的生成矩阵。

（4）写出该过程的转移矩阵。

（5）写出一局游戏在玩家没有获得任何额外生命的情况下结束的概率。

5. 某一座城市的公共汽车线路每 15 分钟发出一辆公共汽车，假设公共汽车到达一个特定的公共汽车站的时间遵循泊松过程。小明在中午 12 点到达车站，发现车站没有车，他打算乘坐接下来第一班车。

（1）计算接下来的第一班车在当天下午 1 点前不会到达的概率。

（2）如果第一班车在下午 1∶10 到达，但车上已经满客，小明无法搭乘。解释小明等待第二班车的期望等待时间。

（3）计算至少两班车在 1∶10 到 1∶20 之间到达该车站的概率。

6. 被保险人前往理赔部门申请理赔，从状态 A 开始。一共有以下几个状态：

状态 A：等待管理员记录信息并分类

状态 L：需要损失估算人员进行调查

状态 I：需要更多的被保险人信息

状态 S：无须更多信息，理赔开始结算

状态 C：理赔结算完成

等待管理员的平均时长为 2 天。等待结束后，有 1/10 的索赔需要损失估算人员进行调查，有 1/2 的索赔需要更多的被保险人信息。调查平均需要 10 天，在此之后有 30% 的索赔需要更多的被保险人信息，70% 的索赔可开始结算理赔，收集信息平均需要 5 天，理赔结算平均需要 2 天完成。

使用状态为 A、L、I、S、C 的时齐 Markov 过程来模拟索赔的进展。

（1）计算模型的转移力矩阵。

（2）计算需要更多被保险人信息的理赔的比例。

（3）推导在 t 时刻尚未完成记录信息并分类的概率的向前微分方程，并求解该方程得到这一概率的表达式。

7. 对于一个有 n 个状态的时齐 Markov 跳跃过程，对时间 t 有概率转移矩阵 $P(t)$，若要存在稳态分布 $\underline{\pi}=(\pi_1,\cdots,\pi_n)$，需要满足以下条件：

① $\underline{\pi}P(t)=\underline{\pi}$

② $0<\pi_i<1$ for each $i=1,2,\cdots,n$

③ $\sum_{i=1}^{n}\pi_i=1$

某公司的薪水分为两个不同的水平 1 和水平 2，一个员工在晋升到水平 2 或离开公司之前，在职级 1 上平均花费 2 年，水平 2 的职员在离职前平均花费 5 年。没有降级，晋升可以随时发生，死亡率忽略不计。

员工从水平 1 离开时，转移到水平 2 的概率为 50%。

（1）解释条件①为什么等价于条件 $\underline{\pi}A=\underline{0}$，其中 A 是转移力矩阵，$\underline{0}$ 是元素均为 0 的 n 维向量。

（2）如何将其建模为 Markov 跳跃过程，并说明用到的假设。

（3）计算模型的转移力矩阵。

（4）公司目前拥有 1000 名员工，处于水平 1 和水平 2 的比例分别为 60% 和 40%。假设没有新人加入公司，用向前微分方程确定这些员工在 5 年后的分布情况。

8. 一个疾病—死亡模型有三种状态：

1 = 健康

2 = 生病

3 = 死亡

让 ${}_tp_x^{ij}$ 代表生命在 x 岁处于状态 i 而在年龄 $x+t$ 时处于状态 j 的概率，让 μ_{x+t}^{ij} 代表在年龄 $x+t$ 的时候从状态 i 转移到状态 j 的转移力。

（1）绘制并标记一张图表，显示三种状态以及它们之间的转移强度。

（2）从第一原则出发，表明在这个疾病—死亡模型中：

$$\frac{\partial}{\partial t}{}_tp_x^{12}={}_tp_x^{11}\mu_{x+t}^{12}-{}_tp_x^{12}\mu_{x+t}^{21}-{}_tp_x^{12}\mu_{x+t}^{23}$$

9. 用一个 Markov 跳跃过程模拟疾病和死亡，包含有四种状态，命名为 H、S_1、S_2、D，分别代表健康、疾病、严重疾病、死亡，已知严重疾病的人无法恢复，死亡力为

1.03(1.01)^t，其中 t 是以年为单位的年龄。

计算一个 50 岁的重病患者在一年内的死亡概率。

10. 下面的转移力矩阵定义了一个三状态的时齐 Markov 跳跃过程：

$$A=\begin{pmatrix}-3 & 2 & 1\\ 0 & -2 & 2\\ 0 & 0 & 0\end{pmatrix}$$

在 0 时刻的分布为$\left(\frac{1}{3},\ \frac{1}{3},\ \frac{1}{3}\right)$，计算在 1 时刻时的分布。

参考答案

1.

(1) 如图 4-8 所示：

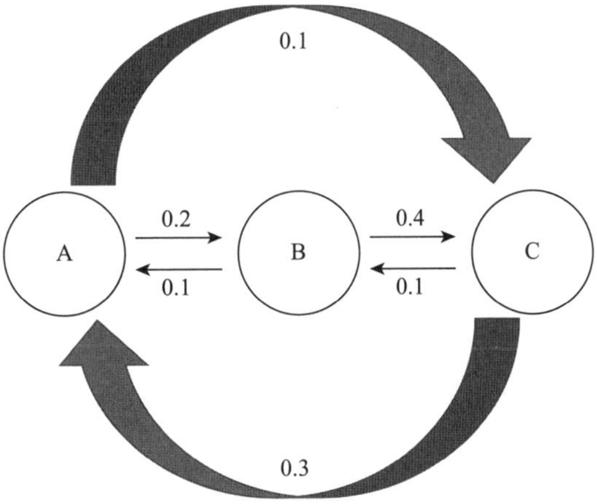

图 4-8

(2) $\frac{d}{dt}P_{AA}(t) = -0.3P_{AA}(t) + 0.1P_{AB}(t) + 0.3P_{AC}(t)$

$$\frac{d}{dt}P_{AB}(t) = 0.2P_{AA}(t) - 0.5P_{AB}(t) + 0.1P_{AC}(t)$$

$$\frac{d}{dt}P_{AC}(t) = 0.1P_{AA}(t) + 0.4P_{AB}(t) - 0.5P_{AC}(t)$$

(3) 对于一直处于 A 状态的情形，微分方程简化为：

$$\frac{d}{dt}P_{\overline{AA}}(t) = -0.3P_{\overline{AA}}(t)$$

解之得：$P_{\overline{AA}}(t) = \exp(-0.3t)$

因此对于 $t=2$ 有 $P_{\overline{AA}}(2) = \exp(-0.6) = 0.5488$。

（4）可能发生的符合题设的转移路径分别为：$ABAC$、$ACAC$ 和 $ACBC$。

每次跳跃发生的概率由转移力的比值给出，因此概率分别为：

$$ABAC = \frac{0.2}{0.2+0.1}\cdot\frac{0.1}{0.4+0.1}\cdot\frac{0.1}{0.2+0.1} = \frac{2}{45}$$

$$ACAC = \frac{0.1}{0.2+0.1}\cdot\frac{0.3}{0.3+0.1}\cdot\frac{0.1}{0.2+0.1} = \frac{1}{12}$$

$$ACBC = \frac{0.1}{0.2+0.1}\cdot\frac{0.1}{0.3+0.1}\cdot\frac{0.4}{0.4+0.1} = \frac{1}{15}$$

因此所求概率为上述概率之和：$\frac{1}{15}+\frac{1}{12}+\frac{2}{45}=\frac{7}{36}=0.194$。

2.

（1）从C－K方程我们得到 ${}_{dt+t}p_x^{13} = {}_tp_x^{11}\,{}_{dt}p_{x+t}^{13} + {}_tp_x^{12}\,{}_{dt}p_{x+t}^{23} + {}_tp_x^{13}\,{}_{dt}p_{x+t}^{33}$，其中 ${}_{dt}p_{x+t}^{33}=1$，且对于极小的时间间隔 dt，我们有 ${}_{dt}p_{x+t}^{ij} = \mu_{x+t}^{ij}dt + o(dt)$，因此：

$${}_{dt+t}p_x^{13} = {}_tp_x^{11}\,\mu_{x+t}^{13}dt + {}_tp_x^{12}\,\mu_{x+t}^{23}dt + {}_tp_x^{13} + o(dt)$$

$$\Rightarrow {}_{dt+t}p_x^{13} - {}_tp_x^{13} = {}_tp_x^{11}\,\mu_{x+t}^{13}dt + {}_tp_x^{12}\,\mu_{x+t}^{23}dt + o(dt)$$

$$\Rightarrow \frac{d}{dt}{}_tp_x^{13} = \lim_{dt\to 0}\frac{{}_{dt+t}p_x^{13} - {}_tp_x^{13}}{dt} = {}_tp_x^{11}\,\mu_{x+t}^{13} + {}_tp_x^{12}\,\mu_{x+t}^{23}$$

（2）如下图所示：

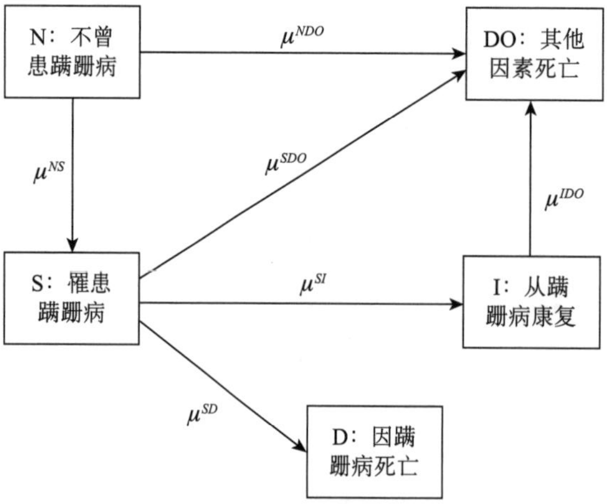

（3）对似然函数有：

$$L \propto \exp\{(-\mu^{NS}-\mu^{NDO})v^N\}\exp\{(-\mu^{SD}-\mu^{SI}-\mu^{SDO})v^S\}\exp\{(-\mu^{IDO})v^I\}$$

$$(\mu^{NS})^{d^{NS}}(\mu^{NDO})^{d^{NDO}}(\mu^{SD})^{d^{SD}}(\mu^{SDO})^{d^{SDO}}(\mu^{SI})^{d^{SI}}(\mu^{IDO})^{d^{IDO}}$$

其中，v^i 为在状态 i 的等待时间，d^{ij} 为从状态 i 到状态 j 的转移数，μ^{ij} 为从状态 i 到状态 j 的转移力。

（4）对似然函数取对数，得：

$\ln L=(-\mu^{SD})v^S+d^{SD}\ln(\mu^{SD})+c$，其中 c 为与 μ^{SD} 无关的项。

上式对 $\ln L=(-\mu^{SD})v^S+d^{SD}\ln(\mu^{SD})+c$ 求导得：

$\frac{d}{d\mu^{SD}}\ln L=-v^S+\frac{d^{SD}}{\mu^{SD}}$，令其等于 0 即得到 μ^{SD} 的最大似然估计：

$$\hat{\mu}^{SD}=\frac{d^{SD}}{v^S}$$

由于二阶导 $\frac{d^2}{(d\mu^{SD})^2}\ln L=-\frac{d^{SD}}{(\mu^{SD})^2}<0$，可以确定 $\hat{\mu}^{SD}$ 为一个最大值。

3.

（1）我们要求的概率为 $P_{\overline{GG}}(t)$，即孩子从 0 时刻到 t 时刻一直保持在状态 G 的概率。该概率满足的微分方程为：

$$\frac{d}{dt}P_{\overline{GG}}(t)=(-0.2-0.04t)P_{\overline{GG}}(t)$$

$$\Leftrightarrow\frac{1}{P_{\overline{GG}}(t)}\frac{d}{dt}P_{\overline{GG}}(t)=(-0.2-0.04t)$$

$$\Leftrightarrow\frac{d}{dt}\ln P_{\overline{GG}}(t)=(-0.2-0.04t)$$

对上式两边积分得：

$$\left|\ln P_{\overline{GG}}(s)\right|_{s=0}^{s=t}=\left|-0.2s-0.0s^2\right|_{s=0}^{s=t}$$

且有：

$$P_{\overline{GG}}(0)=1$$

解得：

$$P_{\overline{GG}}(t)=\exp(-0.2t-0.02t^2)$$

（2）该时间点应满足条件 $P_{\overline{GG}}(t)=0.5$，即有：

$$0.5=\exp(-0.2t-0.02t^2)$$

$$\Leftrightarrow 0.02t^2+0.2t-0.69315=0$$

解上述方程得：

$$t=2.724 \text{ 或 } t=-12.724$$

所求时间点应满足初始条件 $0\leqslant t\leqslant 8$，因此取 $t=2.724$。

（3）$\frac{d}{dt}P_G(t)=(-0.2-0.04t)P_G(t)+(0.4-0.04t)P_N(t)$，其中 $P_N(t)=1-P_G(t)$，

因此有：

$$\frac{d}{dt}P_G(t)=(-0.2-0.04t)P_G(t)+(0.4-0.04t)(1-P_G(t))$$

$$\Rightarrow\frac{d}{dt}P_G(t)=0.4-0.04t-0.60P_G(t)$$

4.

（1）$\{0,1,2,3,4,\cdots\}$

（2）如下图所示：

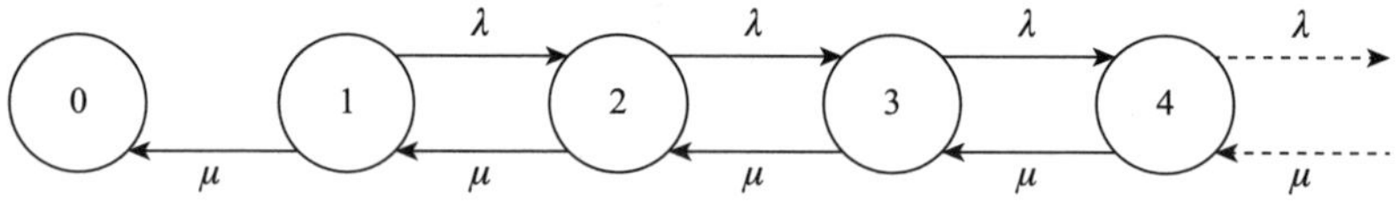

（3）生成矩阵：

$$\begin{array}{c} 0\\1\\2\\3\\4\\\cdots \end{array}\begin{pmatrix} 0 & 0 & 0 & 0 & 0 & \cdot\\ \mu & -(\mu+\lambda) & \lambda & 0 & 0 & \\ 0 & \mu & -(\mu+\lambda) & \lambda & 0 & \\ 0 & 0 & \mu & -(\mu+\lambda) & \lambda & \\ 0 & 0 & 0 & \mu & -(\mu+\lambda) & \\ \cdots & & & & & \cdot \end{pmatrix}$$

（4）转移矩阵：

$$\begin{array}{c} 0\\1\\2\\3\\4\\\cdots \end{array}\begin{pmatrix} 1 & 0 & 0 & 0 & 0 & etc.\\ \mu/(\mu+\lambda) & 0 & \lambda/(\mu+\lambda) & 0 & 0 & \\ 0 & \mu/(\mu+\lambda) & 0 & \lambda/(\mu+\lambda) & 0 & \\ 0 & 0 & \mu/(\mu+\lambda) & 0 & \lambda/(\mu+\lambda) & \\ 0 & 0 & 0 & \mu/(\mu+\lambda) & 0 & \\ \cdots & & & & & \cdot \end{pmatrix}$$

（5）由转移矩阵容易看出所求概率为 $(\mu/(\mu+\lambda))^3$。

5.

（1）由于持续时间服从参数为 1/15 的指数分布，接下来 60 分钟内没有车到达的概率为：$P(T>60)=1-P(T\leqslant 60)=e^{-60/15}$。

（2）由泊松分布的独立增量性可知，期望等待时间为 15 分钟。

（3）在 1：10 到 1：20 之间没有车到达的概率为：

$P(N(10)=0)=e^{-10/15}=0.5134$。

在 1：10 到 1：20 之间有一辆车到达的概率为：

$P(N(10)=1)=e^{-10/15}(10/15)=0.3423$。

因此，在 1：10 到 1：20 之间至少有两辆车到达的概率为：

$P(N(10)\geqslant 2)=1-0.5134-0.3423=0.1443$。

6.

(1)

首先画出简易状态转移图，如下图所示。

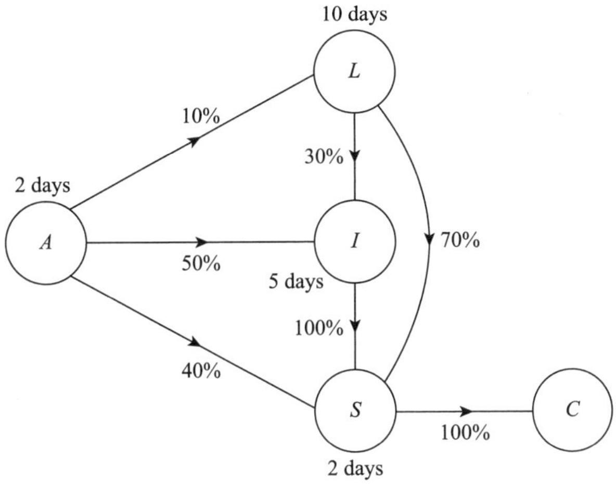

转移出状态的力等于期望等待时间的倒数，根据转移出去时分配到各状态的百分比，可以得到转移力矩阵。

$$
\begin{array}{c} \begin{matrix} \quad A \quad & \quad L \quad & \quad I \quad & \quad S \quad & \quad C \quad \end{matrix} \\ \begin{pmatrix} -0.5 & 0.5\times 0.1 & 0.5\times 0.5 & 0.5\times 0.4 & 0 \\ 0 & -0.1 & 0.1\times 0.3 & 0.1\times 0.7 & 0 \\ 0 & 0 & -0.2 & 0.2\times 1 & 0 \\ 0 & 0 & 0 & -0.5 & 0.5\times 1 \\ 0 & 0 & 0 & 0 & 0 \end{pmatrix} \end{array}
$$

$$
=\begin{pmatrix} -0.5 & 0.05 & 0.25 & 0.2 & 0 \\ 0 & -0.1 & 0.03 & 0.07 & 0 \\ 0 & 0 & -0.2 & 0.2 & 0 \\ 0 & 0 & 0 & -0.5 & 0.5 \\ 0 & 0 & 0 & 0 & 0 \end{pmatrix}
$$

(2)

从起点 A 开始经过状态 I 的路径有：

①$A \to L \to I \to S \to C$；②$A \to I \to S \to C$

比例即为这两个路径的概率和，$p = 0.1 \times 0.3 \times 1 \times 1 + 0.5 \times 1 \times 1 = 0.53$。

也可以通过转移概率矩阵计算稳态分布，结果也是0.53。

(3)

首先写出CK方程：

$$P_{AA}(t+h) = P_{AA}(t) P_{AA}(h)$$

通过概率和为1，原式可改写为：

$$P_{AA}(t+h) = P_{AA}(t)(1 - P_{AL}(h) - P_{AI}(h) - P_{AS}(h))$$

$$\frac{P_{AA}(t+h) - P_{AA}(t)}{h} = -P_{AA}(t)(P_{AL}(h) + P_{AI}(h) + P_{AS}(h))$$

令$h \to 0$，即可得到向前微分方程：

$$P'_{AA}(t) = -P_{AA}(t)(\mu_{AL} + \mu_{AI} + \mu_{AS})$$

从第一问中代入转移力的值，得：

$$P'_{AA}(t) = -0.5 P_{AA}(t)$$

解微分方程：

$$\frac{dP_{AA}(t)}{dt} = -0.5 P_{AA}(t)$$

$$\frac{d\ln P_{AA}(t)}{dt} = -0.5$$

$$\ln P_{AA}(t) = -0.5t + c$$

$$P_{AA}(t) = e^{-0.5t+c}$$

代入$P_{AA}(0) = 1$得到$c = 0$，即可得到概率表达式：

$$P_{AA}(t) = e^{-0.5t}$$

7.

(1) 对条件①公式，两边在$t = 0$处对t微分即可得到$\underline{\pi} A = \underline{0}$

(2) 这是一个三状态Markov跳跃过程，三个状态分别为：水平1、水平2、离职，跳跃到任何状态的概率只取决于当前状态，假设两状态之间的转移力不随时间变化（时齐性）。

(3) 首先画出简易状态转移图，如下图所示。

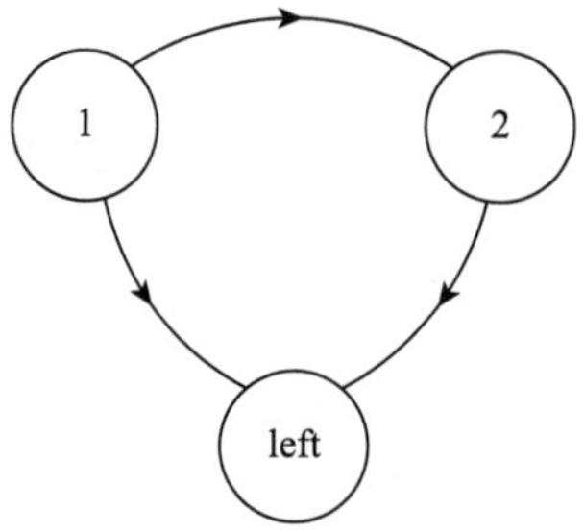

转移出状态的力等于期望等待时间的倒数，根据转移出去时分配到各状态的百分比，可以得到转移力矩阵。

$$\lambda_1 = 1/2 \quad \lambda_2 = 1/5$$

$$\mu_{12} = 1/2 \times 50\% \quad \mu_{1l} = 1/2 \times 50\%$$

$$\begin{array}{ccc} level\ 1 & level\ 2 & left \end{array}$$

$$\begin{pmatrix} -0.50 & 0.25 & 0.25 \\ 0 & -0.20 & 0.20 \\ 0 & 0 & 0 \end{pmatrix}$$

（4）在 5 年后处于各状态的人数分别为：

水平 1：$N_1 = 600 \times P_{11}(5)$

水平 2：$N_2 = 400 \times P_{22}(5) + 600 \times P_{12}(5)$

离职：$N_l = 1000 - N_1 - N_2$

$P_{11}(5)$、$P_{22}(5)$等于对应的停留概率，可以计算得到：

$$P_{11}(5) = P_{\overline{11}}(5) = e^{-0.5t}$$

$$P_{22}(5) = P_{\overline{22}}(5) = e^{-0.2t}$$

对于 $P_{12}(t)$，写出它的向前微分方程：

$$P'_{12}(t) = P_{11}(t)\mu_{12} + P_{12}(t)\mu_{22}$$

代入数据：

$$P'_{12}(t) = 0.25e^{-0.5t} - 0.2P_{12}(t)$$

$P_{12}(0) = 0$，解微分方程得：

$$P_{12}(t) = \frac{5}{6}(e^{-0.2t} - e^{-0.5t})$$

可算出：

$$N_1 = 600 \times P_{11}(5) = 49$$

$$N_2 = 400 \times P_{22}(5) + 600 \times P_{12}(5) = 290$$

$$N_l = 1000 - N_1 - N_2 = 661$$

8.

（1）

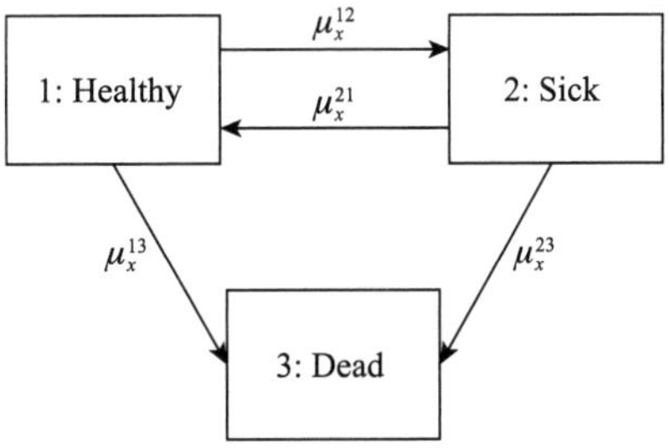

(2)

考虑从年龄 x 到年龄 $x+t+h$ 的间隔，其中 h 是少量。通过 Markov 性，我们有：

$$_{t+h}p_x^{12} = {}_tp_x^{11}\,{}_hp_{x+t}^{12} + {}_tp_x^{12}\,{}_hp_{x+t}^{22}$$

然而，使用关于转移率的假设，我们可以写：

$$_hp_{x+t}^{12} = h\mu_{x+t}^{12} + o(h)$$

并且：

$$_hp_{x+t}^{22} = 1 - {}_hp_{x+t}^{21} - {}_hp_{x+t}^{23} = 1 - h\mu_{x+t}^{21} - h\mu_{x+t}^{23} + o(h)$$

所以：

$$_{t+h}p_x^{12} = {}_tp_x^{11}h\mu_{x+t}^{12} + {}_tp_x^{12}(1 - h\mu_{x+t}^{21} - h\mu_{x+t}^{23}) + o(h)$$

我们可以重新排列这个方程，以获得：

$$\frac{_{t+h}p_x^{12} - {}_tp_x^{12}}{h} = {}_tp_x^{11}\mu_{x+t}^{12} - {}_tp_x^{12}(\mu_{x+t}^{21} + \mu_{x+t}^{23}) + \frac{o(h)}{h}$$

最后，让 $h \to 0$ 获得：

$$\frac{\partial}{\partial t}{}_tp_x^{12} = {}_tp_x^{11}\mu_{x+t}^{12} - {}_tp_x^{12}(\mu_{x+t}^{21} + \mu_{x+t}^{23})$$

因为$\frac{o(h)}{h} \to 0$ 当 $h \to 0$

9. 一年内的生存概率是

$$P_{\overline{s_2 s_2}}(50,51) = e^{-\int_{50}^{51} 1.03(1.01)^t dt}$$

其中

$$\int_{50}^{51} 1.03(1.01)^t dt = 1.70242$$

所以一年内的死亡概率为

$$1 - e^{-1.70242} = 0.818$$

10. 下面的转移力矩阵定义了一个三状态的时齐 Markov 跳跃过程：

$$A = \begin{pmatrix} -3 & 2 & 1 \\ 0 & -2 & 2 \\ 0 & 0 & 0 \end{pmatrix}$$

在 0 时刻的分布为$\left(\frac{1}{3},\frac{1}{3},\frac{1}{3}\right)$，计算在 1 时刻时的分布。

答案：

我们需要计算出转移概率矩阵，$P(t)$，然后计算：

$$\left(\frac{1}{3},\frac{1}{3},\frac{1}{3}\right)P(1)$$

状态三看起来似乎是死亡状态，因为一旦进入该状态就无法离开。

所以

$$P_{31}(t)=P_{32}(t)=0 \text{ and } P_{33}(t)=1$$

还有 $P_{21}(t)=0$

所以从状态 2 到状态 2 的唯一路径就是一直待在状态 2，

$$P_{22}(t)=P_{\overline{22}}(t)=e^{-2t}, \text{and } P_{23}(t)=1-e^{-2t}$$

同理

$$P_{11}(t)=P_{\overline{11}}(t)=e^{-3t}$$

我们使用 Markov 向后方程的积分形式来计算状态 1 到状态 2 的转移概率（这比使用微分形式要快捷得多）

$$P_{12}(t) = \int_0^t P_{\overline{12}}(w)\mu_{12}P_{22}(t-w)\,dw = \int_0^t e^{-3w}\times 2\times e^{-2(t-w)}\,dw = 2e^{-2t}(1-e^{-t})$$

所以

$$P_{13}(t)=1-e^{-3t}-2e^{-2t}(1-e^{-t})$$

最终

$$\left(\frac{1}{3},\frac{1}{3},\frac{1}{3}\right)P(1)=\left(\frac{1}{3},\frac{1}{3},\frac{1}{3}\right)\begin{pmatrix} e^{-3} & (2e^{-2}-2e^{-3}) & 1+e^{-3t}-2e^{-2} \\ 0 & e^{-2} & 1-e^{-2}\vdots \\ 0 & 0 & 1 \end{pmatrix}$$

所以时刻 1 的分布为（0. 0166,0. 1021,0. 8813）

第五章　生存函数

学习要点

在本章中，我们将对一个刻画生存时间的基本模型做出介绍。在这个模型中，我们把个体的生存时间看作一个连续型随机变量。从这个简单的起点出发，我们会得到一些有用的结果，这些结果也是与人类死亡率相关的精算工作的基础。

在这里我们将主要研究在人类死亡背景下的生存时间模型。但除此之外，这一理论也同样适用于其他问题，如：

(1) 分析存活个体持有保单的时间长短。在这里，“死亡”被“退保”替代；

(2) 分析存活个体保持健康的时间长短。在这里，“死亡”被“疾病”替代。

- 了解常用生命表函数的概率意义、函数表达式以及相互关系
- 了解寿险生命表的特点与构造原理，并掌握分数年龄生命表函数的计算方法
- 了解几种基本的参数生存模型

第一节　生存模型简介

一、对未来寿命的刻画

一个简单的用来刻画生存的数学模型的出发点是观察一个人的未来寿命（在精算工作

中称为“寿命”），且其事先未知。同时，我们观察的寿命范围是从 0 到超过 100 年。因此，一个自然的假设认为一个生命体的寿命是一个随机变量。

在此，我们假设一个新生儿的寿命是一个随机变量，记作 T，并在区间 $[0,\omega]$ 上连续分布，其中 $0<\omega<\infty$。其中最大年龄 ω 称为极限年龄。

在实际工作中，ω 的取值在 100 至 120 之间。简便起见，模型排除了在 ω 岁之后仍然存活的可能性。

【定义 5－1】 $F(t)=P[T\leqslant t]$ 是 T 的分布函数，$S(t)=P[T>t]=1-F(t)$ 是 T 的生存函数。$S(t)$ 是 T 的生存函数，是因为它代表一个新生儿能活到 t 岁的概率。

但是在保险中，通常我们不会讨论新生儿，因此需要扩展这个概念来讨论更年长的个体。

我们通常需要讨论大于 0 的年龄。为满足这个需求，我们定义 T_x 为年龄 x 岁的生存者的未来寿命，其中 $0\leqslant x\leqslant\omega$。注意 $T_0=T$。

【定义 5－2】 $F_x(t)=P[T_x\leqslant t]$ $(0\leqslant x\leqslant\omega)$ 是 T_x 的分布函数。

$S_x(t)=P[T_x>t]=1-F_x(t)$ $(0\leqslant x\leqslant\omega)$ 是 T_x 的生存函数。

例如，一个 40 岁的人在他/她的 100 岁生日前死亡的概率可由 $F_{40(60)}$ 给出。

为与 T 保持一致，随机变量 $T_x(0\leqslant x\leqslant\omega)$ 的分布函数满足以下关系：

$$\begin{aligned}F_x(t)&=P[T_x\leqslant t]\\&=P[T\leqslant x+t\mid T>x]\\&=\frac{F(x+t)-F(x)}{S(x)}\end{aligned}\tag{5-1}$$

这个表达式来自条件概率的定义：

$$P(A\mid B)=\frac{P(A\cap B)}{P(B)}\tag{5-2}$$

因此有：

$$P[T\leqslant x+t\mid T>x]=\frac{P(x<T\leqslant x+t)}{P(T>x)}=\frac{F(x+t)-F(x)}{S(x)}\tag{5-3}$$

二、死亡和生存概率

在这一部分中我们介绍精算师常用的死亡和生存概率的符号。

【定义 5－3】

$$_tq_x=F_x(t)$$

$$_tp_x=1-{}_tq_x=S_x(t)\tag{5-4}$$

因此，$_{60}q_{40}$表示一个 40 岁的人在他/她 100 岁之前死亡的概率，$_5p_{37}$表示一个 37 岁的人在 5 年后仍然生存的概率。

【例 5-1】${}_5p_{34}$ 和 ${}_7p_{33}$ 二者谁更大？

【答案】

从 33 岁活到 40 岁的概率一定比从 34 岁活到 39 岁的概率小，因为第一个生存期包含了第二个生存期，还额外包括了 33—34 岁和 39—40 岁死亡的风险。

在许多精算工作中，以一年为时间单位是很方便的。当 $t=1$ 时，我们从这些概率中忽略"t"，即我们定义：

$$q_x = {}_1q_x \text{ 和 } p_x = {}_1p_x$$

q_x 和 ${}_tq_x$ 称为（单期）死亡率。

同时，从 $S_x(t)$ 的定义中可得出一个重要关系：

$$S_x(t) = P[T_x > t] = P[T > x+t \mid T > x] = \frac{P[T > x+t]}{P[T > x]} = \frac{S(x+t)}{S(x)} \qquad (5-5)$$

上式也可以用精算符号表示为：

$${}_tp_x = \frac{{}_{x+t}p_0}{{}_xp_0} \qquad (5-6)$$

因此，对于任何年龄 x，以及 $s>0$，$t>0$，有：

$${}_{s+t}p_x = \frac{{}_{x+s+t}p_0}{{}_xp_0} = \frac{{}_{x+s}p_0}{{}_xp_0} \times \frac{{}_{x+s+t}p_0}{{}_{x+s}p_0} = {}_sp_x \times {}_tp_{x+s} \qquad (5-7)$$

同样地，

$${}_{s+t}p_x = {}_tp_x \times {}_sp_{x+t} \qquad (5-8)$$

换言之，x 岁后再存活（$s+t$）年的概率可以通过以下内容相乘得到：

（1）先存活 s 年的概率

（2）再存活 t 年的概率

或者：

（1）先存活 t 年的概率

（2）再存活 s 年的概率

用图 5-1 可表示如下：

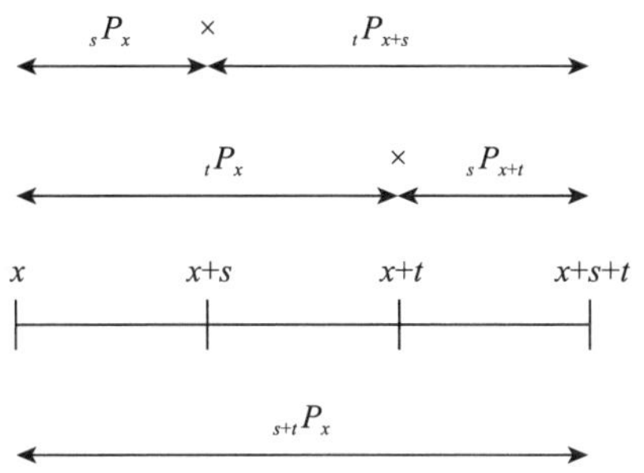

图 5－1　x 岁后再存活（s＋t）年的概率

我们认为这两个时期的先后顺序是不相关的。

三、死亡力

在生存模型中，起核心作用的一个量是死亡力（在统计学中称之为危险率）。

【定义 5－4】 我们用 μ_x 来表示 x 岁的死亡力（$0\leqslant x\leqslant\omega$），其定义为：

$$\mu_x=\lim_{h\to 0^+}\frac{1}{h}\times P[T\leqslant x+h\mid T>x] \tag{5－9}$$

我们总是假设该极限存在。

μ_x 是 x 岁时死亡的瞬时度量，它也是离散量 q_x 的连续等价量。

从上面的定义可以看出，$P[T\leqslant x+h\mid T>x]$ 即为 $F_x(h)={}_hq_x$。

对于很小的 h，我们有下式：

$$_hq_x\approx h\cdot\mu_x \tag{5－10}$$

换言之，在 x 岁后的短时间 h 内的死亡率与 h 大致成比例，其比例常数是 μ_x。

对死亡力的直观理解是根据一个非常大的群体所得出的预期死亡人数。在很短的时间 h 里，由 n 个年龄为 x 的个体组成的群体的预期死亡人数是 $n\times\mu_x\times h$。

例如，我们可以通过一个非常大的群体来估计 μ_{50} 的值，这些人的年龄都是 50 岁，并统计在接下来一个小时里的死亡人数。接着我们可以计算出死亡人数的比例，并将其乘以 24×365 来表示年死亡率。这个数字将会给出 μ_{50} 的近似值（且非常接近）。

【例 5－2】 请给出 4 个理由，说明为什么用这种计算方法不能得出 μ_{50} 的精确值。

【答案】

它不够精确的原因如下：

（1）我们观察到的实际死亡人数与预期死亡人数不同。

（2）人们总是以“完整的一个单位”死亡的来计算人数，由于这种离散型，会出现舍入误差。

（3）忽略了闰年。假设一年有365.25天会得到一个更加精确的答案。

（4）我们使用了1小时的时间间隔。死亡力是一个瞬时的度量，所以我们要取到1小时，1分钟，1秒钟……直到极限。

除了这些理论上的原因，还有一些实践上的问题。例如，全英国每天只有2000个新生儿，如果我们把问题中的“恰好50岁”理解为第50个生日当天，我们的统计群体就会少于2000人（因为可能有人在50岁之前死亡）。由于这个人数相对较小，很有可能在接下来的一个小时中不会有人死亡。

实际上，我们可以用两种方式来定义死亡力：一种是从新生儿的角度思考（就像我们在第一节开始时所做的那样），另一种是以具体某个年龄的人为出发点来思考。

【定义5-5】 对于 $x \geq 0$ 和 $t > 0$，我们可以用两种方式来定义死亡力：

（1）$\mu_{x+t} = \lim_{h \to 0^+} \frac{1}{h} \times P[T \leq x+t+h \mid T > x+t]$

（2）$\mu_{x+t} = \lim_{h \to 0^+} \frac{1}{h} \times P[T_x \leq t+h \mid T_x > t]$

从定义中很容易看出二者是等价的。对于某个固定年龄 x，我们将常使用 μ_{x+t}，其中 $(0 \leq t \leq \omega - x)$。

在前文中，我们定义了 T_x 及其分布函数 $F_x(t)$，我们还想知道它的概率密度函数。T_x 的概率密度函数可用 $f_x(t)$ 表示，同时，根据概率论中概率密度函数与分布函数的关系，我们知道：

$$f_x(t) = \frac{d}{dt} F_x(t) \tag{5-11}$$

所以

$$\begin{aligned} f_x(t) &= \frac{d}{dt} P[T_x \leq t] \\ &= \lim_{h \to 0^+} \frac{1}{h} \times (P[T_x \leq t+h] - P[T_x \leq t]) \\ &= \lim_{h \to 0^+} \frac{P[T \leq x+t+h \mid T > x] - P[T \leq x+t \mid T > x]}{h} \\ &= \lim_{h \to 0^+} \frac{P[T \leq x+t+h] - P[T \leq x] - (P[T \leq x+t] - P[T \leq x])}{S(x) \times h} \\ &= \lim_{h \to 0^+} \frac{P[T \leq x+t+h] - P[T \leq x+t]}{S(x) \times h} \end{aligned} \tag{5-12}$$

现将等式两边上下同乘 $S(x+t)$，可得：

$$f_x(t)=\frac{S(x+t)}{S(x)}\times\lim_{h\to0^+}\frac{1}{h}\frac{P[T\leqslant x+t+h]-P[T\leqslant x+t]}{S(x+t)}$$

$$=S_x(t)\times\lim_{h\to0^+}\frac{1}{h}P[T\leqslant x+t+h\mid T>x+t]$$

$$=S_x(t)\times\mu_{x+t}\tag{5-13}$$

或者可用精算符号表示，对于一个在 0 到 ω 之间的固定年龄 x：

$$f_x(t)={}_tp_x\mu_{x+t}(0\leqslant t<\omega-x)\tag{5-14}$$

这是关于生存模型最重要的结果之一。由此，我们可以得到

$$tq_x=F_x(t)=\int_0^t f_x(s)ds=\int_0^t {}_sp_x\mu_{x+s}ds\tag{5-15}$$

这个公式很容易理解。对于 0 和 t 中的任意时间 s，被积函数：

(1) ${}_sp_x$ 为生存到 $x+s$ 岁的概率。

(2) $\mu_{x+s}ds$ 近似等于 ${}_{ds}q_{x+s}$，即在 $x+s$ 岁后死亡的概率。

由于死亡次数不可能超过一次，我们将所有这些互斥的概率简单相加（全概率公式），或者求有限区间上的积分。

但该结论通常不用于使用 ${}_tp_x$ 和 μ_x 计算 ${}_tq_x$，因为如果我们知道了 ${}_tp_x$，可以直接计算 ${}_tq_x$。然而该结论确实可以推导出关于 ${}_tp_x$ 和 μ_x 的重要关系。

由下面的等式我们可以解出关于 ${}_tp_x$ 的公式：

$$\frac{\partial}{\partial s}{}_sp_x=-\frac{\partial}{\partial s}{}_sp_x=-f_x(s)=-{}_sp_x\mu_{x+s}\tag{5-16}$$

为了解出该等式，我们注意到：

$$\frac{\partial}{\partial s}\log{}_sp_x=\frac{\frac{\partial}{\partial s}{}_sp_x}{{}_sp_x}\tag{5-17}$$

所以上述等式可以被重新写为：

$$\frac{\partial}{\partial s}\log{}_sp_x=-\mu_{x+s}\tag{5-18}$$

我们使用 s 而不是 t 作为变量，从而可以对该关系式在 0 到 t 之间进行积分，而不会造成误解。

因此，有：

$$\int_0^t\frac{\partial}{\partial s}\log{}_sp_xds=-\int_0^t\mu_{x+s}ds+c\tag{5-19}$$

其中，c 为常数。

事实上，这里并不需要包括积分产生的常数，因为我们已经给积分规定了上下限，因

此 c 等于 0。

对于上述等式，其左边为：

$$[\log_s p_x]_0^t = \log_t p_x \tag{5-20}$$

所以对两边取指数可得：

$$_tp_x = \exp\left\{-\int_0^t \mu_{x+s}ds + c\right\} \tag{5-21}$$

因为$_0p_x=1$，所以 $c=0$，最终得到：

$$_tp_x = \exp\left\{-\int_0^t \mu_{x+s}ds\right\} \tag{5-22}$$

综上所述，我们得到以下几个非常重要的结论。

积分表达式：

$$_tq_x = \int_0^t {_sp_x}\mu_{x+s}ds \tag{5-23}$$

$$_tp_x = \exp\left\{-\int_0^t \mu_{x+s}ds\right\} \tag{5-24}$$

四、生命表函数

生命表是一个显示在一组假设生命中每个年龄预期生存人数的表。如英国第 15 号生命表（见表中第 68 页和第 69 页），该表从 0 岁开始，初始有 100000 人。l_x 表示在 x 岁的预期死亡人数，d_x 表示 x 岁至 $x+1$ 岁间的预期死亡人数。有如下等式：

$$d_x = l_x - l_{x+1}$$

$$p_x = \frac{l_{x+1}}{l_x}$$

$$q_x = 1 - p_x = 1 - \frac{l_{x+1}}{l_x} = \frac{l_x - l_{x+1}}{l_x} = \frac{d_x}{l_x}$$

$$_tp_x = \frac{l_{x+t}}{l_x}$$

这些值仅适用于整数年龄。如果要在非整数年龄求值，我们必须对整数年龄间的死亡率如何变化做出一些假设。例如：

（1）死亡人数服从均匀分布。

（2）死亡力是一个常数。

（3）Balducci 假设成立：

$$_{1-t}q_{x+t} = (1-t)q_x \tag{5-25}$$

对于整数年龄 x 和 $0 \leqslant t \leqslant 1$ 成立。

【例 5－3】 以下是第 15 号英国生命表（男性）的摘录：

年龄 x（岁）	l_x
58	88792
59	87805

假设死亡人数在 58 岁至 59 岁间服从均匀分布，估计 $l_{58.25}$。

【答案】

$$88792 - 87805 = 987$$

这是在 58 岁至 59 岁间的预期死亡人数。假设它在整个年龄阶段都是均匀分布的，那么在 58 岁至 58. 25 岁间的预期死亡人数为：

$$\frac{987}{4} = 246.75$$

所以，58. 25 岁的预期存活人数是：

$$88792 - 246.75 = 88545.25$$

请注意，尽管四等份中的每部分对应的死亡人数相同，但在死亡均匀分布假设下，每部分起始的尚存人数会不断减少。因此，这一假设意味着死亡率会随着年龄（58,59）的增长而增加。

如果在 x 岁至 $x+1$ 岁之间的死亡人数服从均匀分布，那么：

$$_tq_x = tq_x \text{ 对于 } 0 \leqslant t \leqslant 1 \qquad (5-26)$$

【例 5－4】 请证明上述结论。

【答案】

假设在年龄 x 岁至 $x+1$ 岁之间死亡的人数均匀分布，（通过线性插值法）我们能得到：

$$l_{x+t} = (1-t)l_x + tl_{x+1}$$

对于 $0 \leqslant t \leqslant 1$，有：

$$_tq_x = 1 - \frac{(1-t)l_x + tl_{x+1}}{l_x} = \frac{tl_x - tl_{x+1}}{l_x} = t(1-p_x) = tq_x$$

五、初始和中心死亡率

q_x 被称为初始死亡率，因为它是指 x 岁（初始时间）存活的生命在 $x+1$ 岁前死亡的概率。经常使用的另一种表达（特别是在人口统计学中）是中心死亡率，记作 m_x。

【**定义 5-6**】中心死亡率 m_x 定义为：

$$m_x = \frac{q_x}{\int_0^t {}_tp_x dt} \quad (5-27)$$

m_x 是指在 x 岁至 $x+1$ 岁间的人在该期间死亡的概率。分母 $\int_0^t {}_tp_x dt$ 表示个体在 x 岁至 $x+1$ 岁间的期望总停留时间，分子是指个体在 x 岁至 $x+1$ 岁间的死亡概率。

m_x 还有另一种（可能更直观的）解释。我们将在本章后面看到 q_x 可用积分式 $q_x = \int_0^t {}_tp_x\mu_{x+t}dt$ 表示，这意味着我们可以将 m_x 的定义方程重写为：

$$m_x = \frac{\int_0^t {}_tp_x\mu_{x+t}dt}{\int_0^t {}_tp_x dt} \quad (5-28)$$

因此，我们可以将 m_x 看作是在接下来一年里的加权平均死亡力，其权重因子是生存概率。需要注意的是，m_x 是 x 岁至 $x+1$ 岁这一年间的死亡率的一种度量，而死亡力 μ_x 是 x 岁的瞬时死亡率的一种度量。

当给定各年龄组的存活人数，且目标是预测死亡人数时，m_x 是有用的；这也是人口预测的基本组成部分之一。事实上，人口预测中使用的年龄组通常会超过一年，因此 m_x 的定义必须进行适当的调整。

在本课程中，我们将考虑如何利用调查数据来估计特定人群的死亡率。从历史经验来看，精算师更倾向于使用数据来估计 m_x，而不是 μ_x 或 q_x。

m_x 是根据表格统计数字估计的，其计算公式为：

$$\frac{\text{死亡人数}}{\text{在风险中的暴露数}}$$

称为“发生暴露率”。这些统计数据已被用来估计死亡力，而不是 m_x，因为在这种情况下，它们有可靠的概率模型基础。但是，如果 μ_{x+t} 在年龄 x 岁至 $x+1$ 岁之间是一个常数 μ，那么：

$$m_x = \frac{q_x}{\int_0^t {}_tp_x dt} = \frac{\int_0^t {}_tp_x\mu dt}{\int_0^t {}_tp_x dt} = \mu \quad (5-29)$$

因此，它们之间是紧密相连的。

了解这三种死亡率测量方法间的关系是很重要的。

第二节　期望余命

一、完全余命与整数余命

首先，我们给出完全余命的定义。

【定义5-7】将 x 岁的人的期望余命，即人口学家所说的 x 岁的人的期望寿命，定义为 $E[T_x]$，用符号记为 $\mathring{e}_x$。

由定义可知：

$$\begin{aligned}\mathring{e}_x &= \int_0^{\omega-x} t \cdot {}_tp_x\mu_{x+t}dt \\ &= \int_0^{\omega-x} t\left(-\frac{\partial}{\partial t}{}_tp_x\right)dt \\ &= -\left[t\,{}_tp_x\right]_0^{\omega-x} + \int_0^{\omega-x} {}_tp_x dt \text{（分部积分法）} \\ &= \int_0^{\omega-x} {}_tp_x dt \qquad (5-30)\end{aligned}$$

其中，最后一个等号是由于方括号中的项在 $t=0$ 和 $t=\omega-x$ 时都为0。

之后，我们考虑整数余命。但为了对其进行定义，我们首先定义 K_x，用来表示 x 岁的人未来生存时间的取整。

【定义5-8】 x 岁的人的整数未来生存时间为：

$$K_x = [T_x]$$

其中，方括号表示整数部分，用文字表示，即 K_x 等于 T_x 向下取整。

因此，一个恰好 x 岁的人的整数余命是其 x 岁后生存的总年数。

显然，K_x 是一个离散型随机变量，取值为整数：

$$0,1,2,\cdots,[\omega-x]$$

则我们很容易得到 K_x 的概率分布：

$$\begin{aligned}P[K_x=k] &= P[k \leqslant T_x < k+1] \\ &= P[k < T_x \leqslant k+1] (*)\end{aligned}$$

$$= {}_kp_x \cdot q_{x+k} \tag{5-31}$$

我们使用符号$_{k|}q_x$来表示$P[K_x = k]$。这个符号读作“延迟 k 年的 q_x”，我们可以认为这表示将死亡事件的发生推迟到从现在开始 k 年后的那一年。

注意：在步骤（＊）处转换不等式需要一个关于 T_x 的假设。只需假设 $F_X(t)$ 在 t 点是连续的即可，我们在这里不再深入讨论这个问题。

【定义 5-9】我们现在定义整数余命，记为 e_x：

$$e_x = E[K_x]$$

则：

$$\begin{aligned} e_x &= \sum_{k=0}^{[\omega-x]} k \cdot {}_kp_x \cdot q_{x+k} \\ &= {}_1p_x \cdot q_{x+1} + {}_2p_x \cdot q_{x+2} + {}_2p_x \cdot q_{x+2} + {}_3p_x \cdot q_{x+3} + {}_3p_x \cdot q_{x+3} + {}_3p_x \cdot q_{x+3} + \cdots \\ &= \sum_{k=1}^{[\omega-x]} \sum_{j=k}^{[\omega-x]} {}_jp_x \cdot q_{x+j} (\text{按列求和}) \\ &= \sum_{k=1}^{[\omega-x]} {}_kp_x \end{aligned} \tag{5-32}$$

因为 $\sum_{j=k}^{[\omega-x]} {}_jp_x \cdot q_{x+j}$ 表示在 $x+k$ 岁后任意时点死亡的概率，所以可以更简单地写成$_kp_x$。

【例 5-5】用代数方法证明 $e_x = p_x(1 + e_{x+1})$。

【答案】

$$\begin{aligned} e_x &= \sum_{k=1}^{[\omega-x]} {}_kp_x = {}_1p_x + \sum_{k=2}^{[\omega-x]} {}_kp_x \\ &= {}_1p_x + \sum_{j=1}^{[\omega-x+1]} {}_1p_x \cdot {}_jp_{x+1} = {}_1p_x\left(1 + \sum_{j=1}^{[\omega-x+1]} {}_jp_{x+1}\right) = {}_1p_x(1 + e_{x+1}) \end{aligned}$$

直观地讲，现在年龄为 x 岁的人的预期寿命，比他们到达 $x+1$ 岁时的预期寿命久。

接下来，我们讨论 $\mathring{e}_x$ 与 e_x 之间的关系。我们有两个简单的公式：

$$\mathring{e}_x = \int_0^{\omega-x} {}_tp_x dt \tag{5-33}$$

$$e_x = \sum_{k=1}^{[\omega-x]} {}_kp_x \tag{5-34}$$

完全余命和整数余命可以由以下的近似等式联系起来：

$$\mathring{e}_x \cong e_x + \frac{1}{2} \tag{5-35}$$

为了验证这一点，我们定义 $J_x = T_x - K_x$ 为 x 岁的人存活到最大整数年龄之后的随机生存时间。近似地，我们有 $E[J_x] = \frac{1}{2}$，$E[T_x] = E[K_x] + E[J_x]$，所以得到上述 $\mathring{e}_x \cong e_x + \frac{1}{2}$。

在有了前面部分的定义后，我们也可以很容易地写出完全余命和整数余命的方差：

$$\mathrm{var}[T_x] = \int_0^{\omega-x} t^2\ {}_tp_x\mu_{x+t}dt - \mathring{e}_x^2 \tag{5-36}$$

$$\mathrm{var}[K_x] = \sum_{k=0}^{[\omega-x]} k^2{}_kp_xq_{x+k} - e_x^2 \tag{5-37}$$

但是这些并不像期望值那么简单。

知道余命的方差并不是十分有用，但它的作用体现在能够基于余命的方差找出财务函数的变化（如一份寿险保单的利润或提供养老金计划福利的成本）。这些信息将使我们能够量化利润等方面可能的变化。

二、余命的作用

余命通常被用作衡量一个国家的生活水平和医疗保健水平的标准。

表 5－1 是一些不同国家的人口出生时平均余命的例子（2018 年）。

表 5－1　一些国家人口出生时的平均余命　　单位：岁

国家	男性	女性	总体
澳大利亚	81.38	85.40	83.39
英国	79.27	82.95	81.13
美国	76.47	81.53	79.01
法国	79.56	85.49	82.60
芬兰	78.91	84.31	81.63
冰岛	81.09	84.25	82.65
日本	81.27	87.36	84.37

数据来自：https：//www.mortality.org/。

第三节　常见的参数死亡率模型

一、指数模型

有几种常用的，用少量参数表示未来寿命的随机变量分布的生存模型，其中，最简单的可能就是指数模型，它的转移力为常数：

$$\mu_x = \mu$$

在指数模型中，由式（5－24）可知：

$$ {}_tp_x = S_x(t) = \exp\left\{-\int_0^t \mu ds\right\} = \exp\{-[\mu s]_0^t\} = \exp(-\mu t) \tag{5-38}$$

因此：

$$ {}_tq_x = 1 - {}_tp_x = 1 - \exp(-\mu t) \tag{5-39}$$

【例 5－6】 如果 μ_x 在 25—35 岁之间取值为常数，计算一个现在为 25 岁的人能够活到 35 岁的概率。

【答案】

$$ {}_{10}p_{25} = \exp\left(-\int_0^{10} 0.001 dt\right) = e^{-0.01} = 0.99005$$

【例 5－7】 当 $0 \leqslant t \leqslant 1$ 时，$e_{50}=30$ 且 $\mu_{50+t}=0.005$，那么 e_{51} 的值为多少？

【答案】

根据公式

$$e_{50} = p_{50}(1+e_{51})$$

因为死亡力在 50—51 岁之间是恒定的：

$$p_{50} = e^{-0.005}$$

所以：

$$30 = e^{-0.005}(1+e_{51}) \Rightarrow e_{51} = 29.15$$

指数模型的一个简单扩展是 Weibull 模型，其中，生存函数 $S_x(t)$ 由下面的两参数的公式给出：

$$S_x(t) = \exp[-\alpha t^{\beta}] \tag{5-40}$$

$$S_x(t) = 1 - F_x(t) \tag{5-41}$$

其中，$F_x(t) = P(T_x \leqslant t)$。

又因为：

$$\mu_{x+t} = -\frac{\partial}{\partial t}\log[S_x(t)] \tag{5-42}$$

我们可以得到：

$$\mu_{x+t} = -\frac{\partial}{\partial t}[-\alpha t^{\beta}] = -[-\alpha\beta t^{\beta-1}] = \alpha\beta t^{\beta-1} \tag{5-43}$$

β 的不同取值可以导致当 t 增加时，风险单调递增或单调递减，在特殊的情况 $\beta=1$ 时，转移力是常数，因为当 $\beta=1$ 时：

$$\alpha\beta t^{\beta-1}=\alpha\cdot 1\cdot t^{0}=\alpha \qquad (5-44)$$

从式（5－40）也可以看出这一点，当 $\beta=1$ 时，Weibull 模型与指数模型相同。

二、Gompertz 和 Makeham 的死亡力定律

Gompertz 和 Makeham 定律是参数化生存模型的另外两个例子。它们可以表示如下：

【定义 5－10】 Gompertz 定律：

$$\mu_x=Bc^x \qquad (5-45)$$

Makeham 定律：

$$\mu_x=A+Bc^x \qquad (5-46)$$

Gompertz 定律是指数方程，通常适用于中年或老年的假设下；Makeham 定律包含了一个常数项，这个常数项有时被解释为对意外死亡的补偿，与年龄无关。

这些定律背后的基本原理是基于 Benjamin Gompertz 在 19 世纪早期的观察得出的。当 μ_x 与年龄成对数关系时，曲线在很大一部分年龄范围内似乎是一条直线。我们可以从图 5－2 中的 q_x 走势中看到这一点。

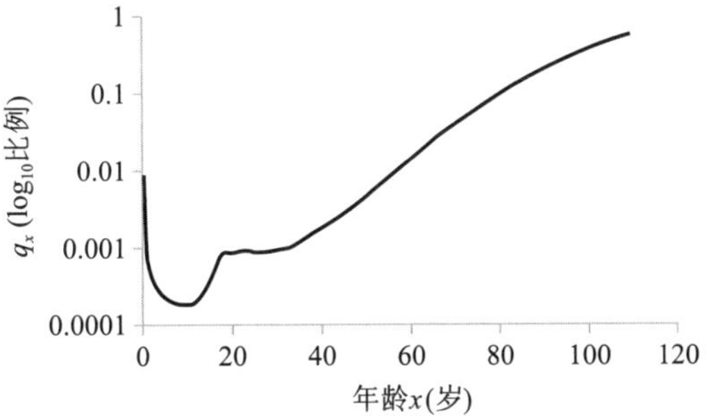

图 5－2　q_x 按照 $\log_{10}$ 的比例 ELT15（男性）死亡力表

如果已知生命表遵循 Gompertz 定律，则可以根据任意两个年龄间的 μ_x 值确定参数 B 和 c 的值。对于遵循 Makeham 定律的生命表，给定任意三个年龄的 μ_x 值，就可以确定参数 A、B 和 c 的值。

【例 5－8】 对于已知遵循 Gompertz 定律的死亡力 μ_x，当 $\mu_{50}=0.017609$，$\mu_{55}=0.028359$ 时，计算参数 B 和 c 的值。

【答案】

由 $\frac{\mu_{55}}{\mu_{50}}=\frac{Bc^{55}}{Bc^{50}}=c^5\Rightarrow c=\left(\frac{0.028359}{0.017609}\right)^{\frac{1}{5}}$，所以 $c=1.1$，也能很简单地计算出 $B=0.00015$。

根据式（5－24），生存概率 ${}_tp_x$ 可以通过下式得到：

$$ {}_tp_x = \exp\left(-\int_0^t \mu_{x+s}ds\right)$$

在 Gompertz 定律的情况下，有：

$$ {}_tp_x = g^{c^x(c^t-1)} \tag{5-47} $$

其中：

$$ g=\exp\left(\frac{-B}{\log c}\right) $$

这里 log 表示 $\log_e$。

【例 5－9】 请证明上述结论。

【答案】

我们知道 ${}_tp_x = \exp\left(-\int_0^t \mu_{x+s}ds\right) = \exp\left(-\int_0^t Bc^{x+s}ds\right)$。

将其中的 c^{x+s} 写成 $c^x e^{s\log c}$，所以积分就变成：

$$ \int_0^t Bc^x e^{s\log c}ds = \frac{Bc^x}{\ln c}[e^{s\log c}]_0^t = \frac{Bc^x}{\ln c}[c^s]_0^t = \frac{Bc^x}{\ln c}(c^t-1) $$

如果我们引入 $\ln g = \frac{-B}{\ln c}$ 定义的辅助参数 g，积分的值就是 $-\ln g\cdot c^x(c^t-1)$，我们得到：

$$ {}_tp_x = \exp[\ln g\cdot c^x(c^t-1)] = (e^{\log g})^{c^x(c^t-1)} = g^{c^x(c^t-1)} $$

而在 Makeham 定律的情况下：

$$ {}_tp_x = s^t g^{c^x(c^t-1)} $$

其中：

$$ g=\exp\left(\frac{-B}{\ln c}\right) $$

我们将在后面章节的“修匀方法”中使用这些定律。

【例 5－10】 在一张遵循 Gompertz 法则的老年死亡率表中有：

$$ \mu_{70}=0.025330,\ \mu_{90}=0.126255 $$

求 60 岁的人再活 20 年的概率。

【答案】

如果生命表遵循 Gompertz 定律，那么 $\mu_x = Bc^x$，所以：

$$ \frac{\mu_{90}}{\mu_{70}} = \frac{Bc^{90}}{Bc^{70}} = c^{20} = \frac{0.126255}{0.025330} $$

$$ c=\left(\frac{0.126255}{0.025330}\right)^{\frac{1}{20}} = 1.083629 $$

所以：

$$ B=0.126255\times(1.083629)^{-90}=9.16196\times10^{-5} $$

可以求出：

$$g=\exp\left\{-\frac{B}{\log_e c}\right\}=\exp\left\{-\frac{9.16196\times10^{-5}}{\log_e 1.083629}\right\}=0.998860$$

最终有：

$$_{20}p_{60}=g^{c^{60}(c^{20}-1)}=(0.998860)^{493.4052}=0.56959\approx0.57$$

一般来讲，我们可以使用 Gompertz－Makeham 曲线族中的一个来对死亡率进行建模。这个曲线族由以下方程组成：

$$GM(r,s)=\alpha_1+\alpha_2 t+\alpha_3 t^2+\cdots+\alpha_r t^{r-1}+\exp\{\alpha_{r+1}+\alpha_{r+2}t+\alpha_{r+3}t^2+\cdots+\alpha_{r+s}t^{s-1}\}$$

其中 $\alpha_1,\alpha_2,\alpha_3,\cdots,\alpha_{r+s}$是与 t 无关的常数。

Gompertz－Makeham 曲线族的这种形式是使用最广泛的一种。

第四节　生命表

一、生命表举例

下表是我们作为示范的生命表，它是中国人寿保险业经验生命表 CL（2010—2013 年）的 CL1 表（非养老金业务男表）。

表 5－2　　CL（2010—2013 年）的 CL1 表

年龄 x（岁）	死亡率 q_x	年龄 x（岁）	死亡率 q_x	年龄 x（岁）	死亡率 q_x
0	0.000867	8	0.000238	16	0.000427
1	0.000615	9	0.00025	17	0.000449
2	0.000445	10	0.000269	18	0.000469
3	0.000339	11	0.000293	19	0.000489
4	0.00028	12	0.000319	20	0.000508
5	0.000251	13	0.000347	21	0.000527
6	0.000237	14	0.000375	22	0.000547
7	0.000233	15	0.000402	23	0.000568

续表

年龄 x（岁）	死亡率 q_x	年龄 x（岁）	死亡率 q_x	年龄 x（岁）	死亡率 q_x
24	0.000591	52	0.005032	80	0.08222
25	0.000615	53	0.005445	81	0.0907
26	0.000644	54	0.005869	82	0.099868
27	0.000675	55	0.006302	83	0.109754
28	0.000711	56	0.006747	84	0.120388
29	0.000751	57	0.007227	85	0.131817
30	0.000797	58	0.00777	86	0.144105
31	0.000847	59	0.008403	87	0.157334
32	0.000903	60	0.009161	88	0.171609
33	0.000966	61	0.010065	89	0.187046
34	0.001035	62	0.011129	90	0.203765
35	0.001111	63	0.01236	91	0.221873
36	0.001196	64	0.013771	92	0.241451
37	0.00129	65	0.015379	93	0.262539
38	0.001395	66	0.017212	94	0.285129
39	0.001515	67	0.019304	95	0.30916
40	0.001651	68	0.021691	96	0.334529
41	0.001804	69	0.024411	97	0.361101
42	0.001978	70	0.027495	98	0.388727
43	0.002173	71	0.030965	99	0.417257
44	0.002393	72	0.034832	100	0.446544
45	0.002639	73	0.039105	101	0.476447
46	0.002913	74	0.043796	102	0.50683
47	0.003213	75	0.048921	103	0.537558
48	0.003538	76	0.054506	104	0.568497
49	0.003884	77	0.060586	105	1
50	0.004249	78	0.067202	—	—
51	0.004633	79	0.0744	—	—

在表 5－2 的基础上，我们假设生命表基数 $l_0=1000000$，并利用第一节，四中 q_x 与 p_x、$s_X(x)$ 以及 l_x、d_x 之间的关系，可以得到表 5－3。

表 5-3 示例经验生命表

年龄 x（岁）	生存数 l_x	死亡数 d_x	死亡率 $1000q_x$	生存概率 p_x
0	1000000	867	0.867	0.999133
1	999133	614.4668	0.615	0.999385
2	998518.5	444.3407	0.445	0.999555
3	998074.2	338.3472	0.339	0.999661
4	997735.8	279.366	0.28	0.99972
5	997456.5	250.3616	0.251	0.999749
6	997206.1	236.3378	0.237	0.999763
7	996969.8	232.294	0.233	0.999767
8	996737.5	237.2235	0.238	0.999762
9	996500.3	249.1251	0.25	0.99975
10	996251.1	267.9916	0.269	0.999731
11	995983.1	291.8231	0.293	0.999707
12	995691.3	317.6255	0.319	0.999681
13	995373.7	345.3947	0.347	0.999653
14	995028.3	373.1356	0.375	0.999625
15	994655.2	399.8514	0.402	0.999598
16	994255.3	424.547	0.427	0.999573
17	993830.8	446.23	0.449	0.999551
18	993384.5	465.8973	0.469	0.999531
19	992918.6	485.5372	0.489	0.999511
20	992433.1	504.156	0.508	0.999492
21	991928.9	522.7466	0.527	0.999473
22	991406.2	542.2992	0.547	0.999453
23	990863.9	562.8107	0.568	0.999432
24	990301.1	585.2679	0.591	0.999409
25	989715.8	608.6752	0.615	0.999385
26	989107.1	636.985	0.644	0.999356
27	988470.2	667.2174	0.675	0.999325
28	987802.9	702.3279	0.711	0.999289
29	987100.6	741.3126	0.751	0.999249
30	986359.3	786.1284	0.797	0.999203
31	985573.2	834.7805	0.847	0.999153
32	984738.4	889.2188	0.903	0.999097
33	983849.2	950.3983	0.966	0.999034
34	982898.8	1017.3	1.035	0.998965

续表

年龄 x（岁）	生存数 l_x	死亡数 d_x	死亡率 $1000q_x$	生存概率 p_x
35	981881.5	1090.87	1.111	0.998889
36	980790.6	1173.026	1.196	0.998804
37	979617.6	1263.707	1.29	0.99871
38	978353.9	1364.804	1.395	0.998605
39	976989.1	1480.138	1.515	0.998485
40	975508.9	1610.565	1.651	0.998349
41	973898.4	1756.913	1.804	0.998196
42	972141.5	1922.896	1.978	0.998022
43	970218.6	2108.285	2.173	0.997827
44	968110.3	2316.688	2.393	0.997607
45	965793.6	2548.729	2.639	0.997361
46	963244.9	2805.932	2.913	0.997087
47	960438.9	3085.89	3.213	0.996787
48	957353	3387.115	3.538	0.996462
49	953965.9	3705.204	3.884	0.996116
50	950260.7	4037.658	4.249	0.995751
51	946223.1	4383.851	4.633	0.995367
52	941839.2	4739.335	5.032	0.994968
53	937099.9	5102.509	5.445	0.994555
54	931997.4	5469.893	5.869	0.994131
55	926527.5	5838.976	6.302	0.993698
56	920688.5	6211.885	6.747	0.993253
57	914476.6	6608.922	7.227	0.992773
58	907867.7	7054.132	7.77	0.99223
59	900813.6	7569.536	8.403	0.991597
60	893244	8183.008	9.161	0.990839
61	885061	8908.139	10.065	0.989935
62	876152.9	9750.705	11.129	0.988871
63	866402.2	10708.73	12.36	0.98764
64	855693.4	11783.75	13.771	0.986229
65	843909.7	12978.49	15.379	0.984621
66	830931.2	14301.99	17.212	0.982788
67	816629.2	15764.21	19.304	0.980696
68	800865	17371.56	21.691	0.978309
69	783493.4	19125.86	24.411	0.975589

续表

年龄 x（岁）	生存数 l_x	死亡数 d_x	死亡率 $1000q_x$	生存概率 p_x
70	764367.6	21016.29	27.495	0.972505
71	743351.3	23017.87	30.965	0.969035
72	720333.4	25090.65	34.832	0.965168
73	695242.8	27187.47	39.105	0.960895
74	668055.3	29258.15	43.796	0.956204
75	638797.1	31250.6	48.921	0.951079
76	607546.6	33114.93	54.506	0.945494
77	574431.6	34802.51	60.586	0.939414
78	539629.1	36264.16	67.202	0.932798
79	503364.9	37450.35	74.4	0.9256
80	465914.6	38307.5	82.22	0.91778
81	427607.1	38783.96	90.7	0.9093
82	388823.1	38830.99	99.868	0.900132
83	349992.1	38413.04	109.754	0.890246
84	311579.1	37510.39	120.388	0.879612
85	274068.7	36126.92	131.817	0.868183
86	237941.8	34288.6	144.105	0.855895
87	203653.2	32041.57	157.334	0.842666
88	171611.6	29450.1	171.609	0.828391
89	142161.5	26590.75	187.046	0.812954
90	115570.8	23549.28	203.765	0.796235
91	92021.5	20417.09	221.873	0.778127
92	71604.42	17288.96	241.451	0.758549
93	54315.46	14259.93	262.539	0.737461
94	40055.53	11420.99	285.129	0.714871
95	28634.54	8852.654	309.16	0.69084
96	19781.88	6617.614	334.529	0.665471
97	13164.27	4753.631	361.101	0.638899
98	8410.639	3269.443	388.727	0.611273
99	5141.197	2145.2	417.257	0.582743
100	2995.996	1337.844	446.544	0.553456
101	1658.152	790.0216	476.447	0.523553
102	868.1305	439.9946	506.83	0.49317
103	428.1359	230.1479	537.558	0.462442

续表

年龄 x（岁）	生存数 l_x	死亡数 d_x	死亡率 $1000q_x$	生存概率 p_x
104	197.988	112.5556	568.497	0.431503
105	85.43243	85.43243	1000	0

根据初步观察，我们可以发现，就上表而言：

（1）死亡率在开始时是逐年降低的，从 0 岁一直下降到 7 岁，然后开始随年龄逐渐增加，直到 31 岁的死亡率还低于 0 岁；

（2）在 82 岁出现的死亡人数最多；

（3）在 79 岁时，全部人口的死亡人数达到一半左右；

（4）全体男性人口的平均寿命为 75.92 岁，有超过 60% 的人将活到 76 岁；

（5）在 3 岁到 15 岁之间出现的死亡人数是局部最少的，即每年死亡人数都不超过 400 人。

下面我们根据表 5－3 中的数据，通过散点图来更直观地观察 l_x、d_x 和 q_x 的变化趋势。

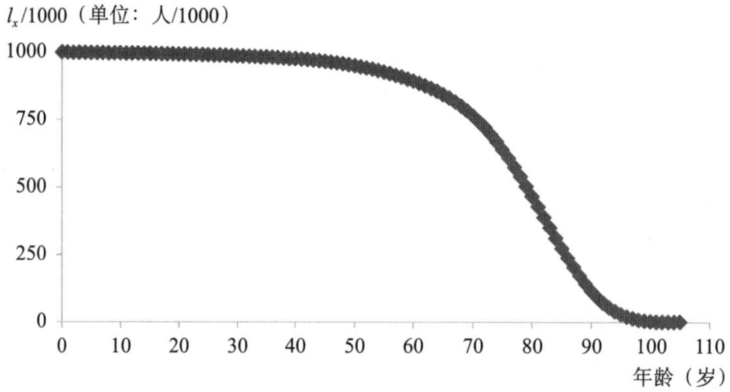

图 5－3　l_x 变化图

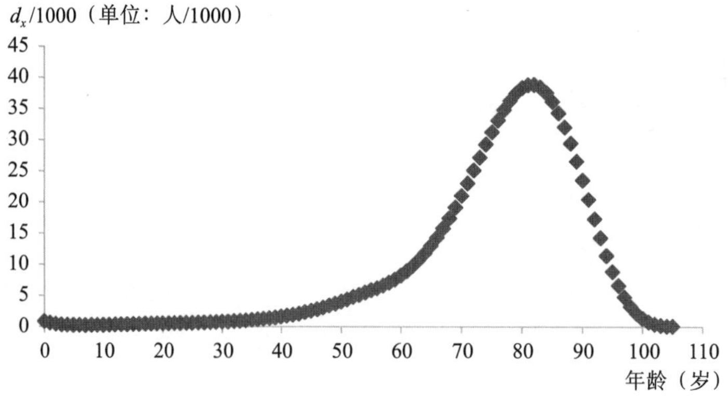

图 5－4　d_x 变化图

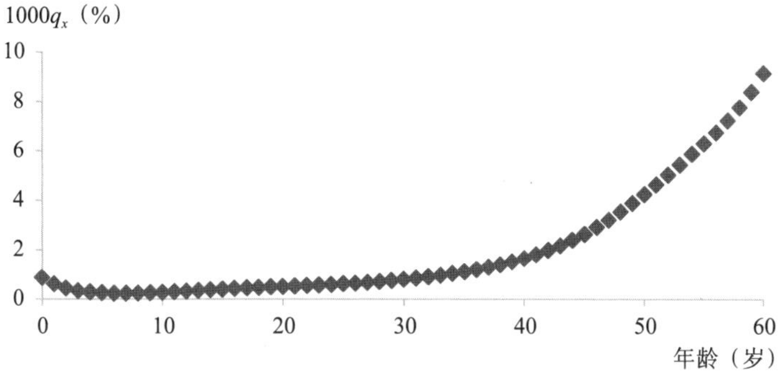

图 5－5 1000q_x 变化图一

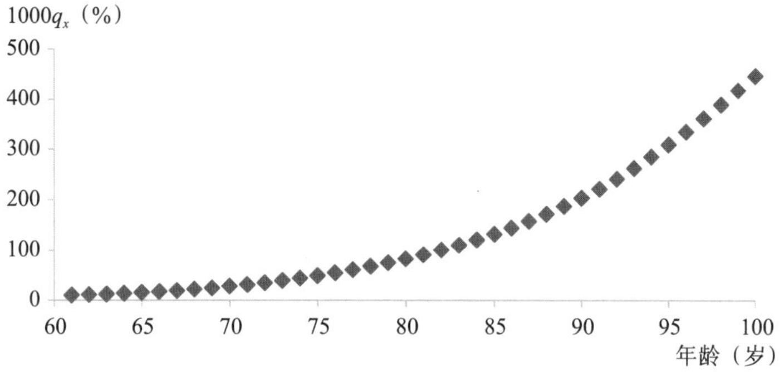

图 5－6 1000q_x 变化图二

需要说明的是，生命表通常并不是通过观察 l_0 个 0 岁新生儿的生存过程，记录每个新生儿的死亡年龄，从而得到每个年龄的剩余人数 l_x 的。这样做显然不合算，因为如果这样操作，编一张生命表至少要花费 100 多年的时间。另外这样做也缺乏时效性，因为其反映的是 100 多年前的一代人的生存模式。而事实上，生命表的编制是通过利用最近一段时期的数据，如中国人寿保险业经验生命表（2010—2013）所使用的是 2010—2013 年期间中国人寿保险业有关的数据，通过先估计各年龄对应的死亡率 q_x，然后再由 q_x 衍生出 l_x 的。

二、选择表和终极表

在考察某种生命的生存情况时，有时可能需要区别该生命的来源，即不同来源的生命，尽管年龄相同，但是有可能未来的生存情况会不同。例如，对于来自经济、地理和社会条件都有很大不同地区的相同年龄的人，我们很自然地会认为他们的未来生存情况是不同的。

在考虑选择的情况下，我们用 $S_x(t)$，$t \geqslant 0$ 表示被选择 x 岁的人在 t 年后仍生存的概率，这个函数与前面我们讨论过的生存函数的性质类似，因此可以展开类似的讨论。

为了构造相应的选择生命表，我们用 $l_{[x]}$ 表示被选择的 x 岁人群的人数，$l_{[x]}$ 相当于综合生命表中的 l_x，并且相应地，我们有：

$$l_{[x]+t} = l_{[x]} S_x(t) \tag{5-48}$$

这样，只要对所有整数 t 确定 $l_{[x]+t}$ 的值，就可以得到选定 x 的选择生命表，并可用类似的方法得到其他的生命表函数值。

通常，随着 t 的增加，选择的意义将逐渐减弱，当 t 足够大时，选择将失去意义。这是因为一般情况下，合理的假设是：对于特定的被选择人群，他们在被单独观察过一段时期后，剩余仍然存活的人群应该与大众人群无异，因此可以对他们使用综合生命表。

具有这种性质的生命表叫选择终极表。事实上，经验表明，使选择有意义的时期往往不超过 15 年。我们把这种使选择有意义的时期叫作观察期。确定观察期是构造选择终极表的第一步，为了讨论的方便，在这里我们考虑观察期为 4 年的情况，这意味着，对被选择生命来说，过了 4 年以后，死亡力只与年龄有关，与人群无关。

设 x 为所要构造的生命表中被选择的最小年龄。然后，选取一个基数 $l_{[x]}$，并且

$$l_{[x]+t} = l_{[x]} S_x(t),\ t = 1,2,3 \tag{5-49}$$

$$l_{x+t} = l_{[x]} S_x(t),\ t \geqslant 4 \tag{5-50}$$

注意到，上式表明：

$$l_{[x]} = l_{x+4} / S_x(4) \tag{5-51}$$

因为 l_{x+4} 由综合生命表的基数 l_0 和确定的生存函数确定，而 $S_x(4)$ 则为确定的生存函数，所以上式表明，这里的基数 $l_{[x]}$ 并不能像在构造综合生命表时那样任意选择，而是由式（1－51）来确定。

我们将 $l_{[x]+t}$ 与 l_{x+t} 排成如表 5－4 所示的行列格式。

表 5－4　　选择终极生命表

$l_{[x]}$	$l_{[x]+1}$	$l_{[x]+2}$	$l_{[x]+3}$	l_{x+4}
$l_{[x+1]}$	$l_{[x+1]+1}$	$l_{[x+1]+2}$	$l_{[x+1]+3}$	l_{x+5}
$l_{[x+2]}$	$l_{[x+2]+1}$	$l_{[x+2]+2}$	$l_{[x+2]+3}$	l_{x+6}

接下来，对选择年龄 $[x+1]$，类似地有：

$$l_{[x+1]+t} = l_{[x+1]} S_{x+1}(t),\ t = 1,2,3$$

$$l_{x+1+t} = l_{[x+1]} S_{x+1}(t),\ t \geqslant 4$$

由上式可以确定：

$$l_{[x+1]} = \frac{l_{x+5}}{S_{x+1}(4)}$$

……

完整的选择终极表的形式如表 5－5 所示。其中假设 20 岁是选择的最小年龄。

表 5－5　　选择终极生命表

$[x]$	$l_{[x]}$	$l_{[x]+1}$	$l_{[x]+2}$	$l_{[x]+3}$	l_{x+4}	$x+4$
$[20]$	$l_{[20]}$	$l_{[20]+1}$	$l_{[20]+2}$	$l_{[20]+3}$	l_{24}	24
$[21]$	$l_{[21]}$	$l_{[21]+1}$	$l_{[21]+2}$	$l_{[21]+3}$	l_{25}	25
$[22]$	$l_{[22]}$	$l_{[22]+1}$	$l_{[22]+2}$	$l_{[22]+3}$	l_{26}	26
…	…	…	…	…	…	…

习　题

1. （1）T_x 表示现在 x 岁的人的未来生存时间，写出 T_x 的概率密度方程。

（2）用（1）中得到的答案，证明：

（a）$\frac{\partial}{\partial t}\log {}_s p_x = -\mu_{x+s}$

（b）${}_t p_x = \exp\left\{-\int_0^t \mu_{x+s} ds\right\}$

（3）若在一定的人口中，死亡力如下：

$$60 < x \leqslant 70，0.01$$

$$70 < x \leqslant 80，0.015$$

$$x > 80，0.025$$

计算一个现在 65 岁的人在 80 岁到 83 岁之间死亡的概率。

2. 已知死亡力 $\mu_x = \frac{3}{2}x$，求累计分布函数 $F(x)$，概率密度函数 $f(x)$，以及生存函数 $S(x)$。

3. 已知 $l_x = 100(k-0.4x)^{1/2}$，$\mu_{50} = 1/60$，求 k 的值。

4. 对于某一特定人群，修订生命表是根据标准生命表编制而成的，其编制规则是：修订生命表的死亡力等于标准生命表死亡力的 3/5。若已知，在标准生命表里 $q_{70} = 0.20$，求修正生命表里的 q_{70}^*。

5. 已知 $e_{40} = 44$，$p_{40} = 0.992$。假设 μ_x 在 $40 \leqslant x \leqslant 41$ 时修正为原来的 2 倍，求修正后的 e_{40}^*。

6. 已知生存分布函数 $l_x = 10000\left(1-\left(\frac{x}{105}\right)^2\right)$，$0 \leqslant x \leqslant 105$，$\mu_x$ 表示实际死亡力，μ_x^l，$40 \leqslant x \leqslant 41$ 表示死亡均匀分布假设下的死亡力，求 $\mu_{40.25} - \mu_{40.25}^l$。

7. 已知某个选择期为 2 年的选择生命表如下，且有 $q_{[70]+1}=q_{[71]+1}$，而且

x	$l_{[x]}$	$l_{[x]+1}$	l_{x+2}
70	1000	970	930
71	—	940	—
72	—	—	890

求目前 71 岁，且在 70 岁时进入选择期的个体在 72—73 岁之间死亡的概率。

8. 给定某特定人群的死亡力如下表所示：

年龄 x（岁）	μ_x
$60<x\leqslant 70$	0.01
$70<x\leqslant 80$	0.015
$x>80$	0.025

计算当前 65 岁的人在 80 岁到 83 岁间死亡的概率。

9. 某一人群的死亡力是常数 0.015，试计算：

（1）当前 20 岁的人在 21.25 岁前死亡的概率；

（2）当前 22.5 岁的人在 25 岁到 27 岁间死亡的概率；

（3）当前 28 岁的人的完全余命。

10. 已知一个动物种类年龄大于 5 岁时的死亡力 μ 是常数，但是年龄小于 5 岁时死亡力未知，假设该动物正好活到 5 岁时的数量占总数的 ${}_5p_0$。现在观察到，30% 的新生动物能够活到 10 岁，20% 的新生动物能够活到 15 岁。求 μ 和 ${}_5p_0$。

11. 已知一组生命的死亡率满足 Gompertz 定律，50 岁个体的 μ_x 为 0.003，60 岁个体的 μ_x 为 0.01，试求 30 岁和 70 岁个体的 μ_x。

12. 下面截取了英国 15 号生命表（男性）：

年龄 x（岁）	l_x
58	88792
59	87805

假设 58 整岁到 59 整岁之间的死亡人数是均匀分布的，请估计 $l_{58.25}$。

参考答案

1.

（1）概率密度函数为：

$f(t) = {}_tp_x\mu_{x+t}$　其中 $t \geqslant 0$。

（2）为了证明（a），我们可以从下式开始：

$$ {}_sp_x = P[T_x \geqslant s] = 1 - P[T_x < s] = 1 - \int_0^s f(t)\,dt $$

对其求导，并代入第一问中的结果：

$$ \frac{\partial}{\partial s}\,{}_sp_x = \frac{\partial}{\partial s}\left\{1 - \int_0^s f(t)\,dt\right\} = 0 - f(s) = -{}_sp_x\mu_{x+s} $$

所以：

$$ \frac{\partial}{\partial s}\ln{}_sp_x = \frac{1}{{}_sp_x}\frac{\partial}{\partial s}{}_sp_x = -\mu_{x+s} $$

我们可以通过在（$0,t$）时间上的积分可得到（b）：

$$ [\ln{}_sp_x]_0^t = -\int_0^t \mu_{x+s}\,ds $$

$$ \ln{}_tp_x - \ln 1 = -\int_0^t \mu_{x+s}\,ds $$

所以：${}_tp_x = \exp\left\{-\int_0^t \mu_{x+s}\,ds\right\}$

（3）我们需要计算：

$$ {}_{15|3}q_{65} = {}_{15}p_{65} \times {}_3q_{80} = {}_5p_{65} \times {}_{10}p_{70} \times (1 - {}_3p_{80}) $$

代入（2）（b）中的结果：

$$ {}_5p_{65} = e^{-5(0.01)} = e^{-0.05} $$

$$ {}_{10}p_{70} = e^{-10(0.015)} = e^{-0.15} $$

以及

$$ {}_3p_{80} = e^{-3(0.025)} = e^{-0.075} $$

所以我们可以得到：

$$ {}_{15|3}q_{65} = e^{-0.05} \times e^{-0.15} \times (1 - e^{-0.075}) = 0.0592 $$

2. 因为 $\mu_x = \frac{3}{2}x$，故可得：

$$ S(x) = e^{-\int_0^x \mu_t dt} = e^{-\int_0^x \frac{3}{2}t dt} = e^{-\frac{3}{4}x^2} $$

$$ F(x) = 1 - S(x) = 1 - e^{-\frac{3}{4}x^2} $$

$f(x) = F'(x) = \frac{3}{2}xe^{-\frac{3}{4}x^2}$或$f(x) = S(x)\mu_x = \frac{3}{2}xe^{-\frac{3}{4}x^2}$。

3. 因为 $\mu_x = -\frac{S'(x)}{S(x)} = -\frac{l_0S'(x)}{l_0S(x)} = -\frac{l'_x}{l_x} = \frac{1}{5(k-0.4x)}$，又有 $\mu_{50} = \frac{1}{60}$

故：

$$\frac{1}{5(k-0.4\times 50)}=\frac{1}{60}$$

从而有 $k=32$。

4. $q_{70}^{*}=1-p_{70}^{*}=1-e^{-\int_0^1\mu_{70+t}^{*}dt}=1-e^{-\int_0^1 0.6\mu_{70+t}dt}$

$=1-\left(e^{-\int_0^1\mu_{70+t}dt}\right)^{0.6}=1-p_{70}^{0.6}=1-(1-0.2)^{0.6}=0.125$。

5. 由 $e_{40}=p_{40}(1+e_{41})$ 以及 $e_{40}=44$ 和 $p_{40}=0.992$ 可得，$e_{41}=43.3548$。

又因为 $p_{40}^{*}=e^{-\int_0^1\mu_{40+t}^{*}dt}=e^{-\int_0^1 2\mu_{40+t}dt}=p_{40}^2=0.992^2$，

故可知 $e_{40}^{*}=p_{40}^{*}(1+e_{41})=43.6480$。

6. $S(x)=\frac{l_x}{l_0}=1-\left(\frac{x}{105}\right)^2$，当 x 为整数，而 $0\leqslant t\leqslant 1$ 时，有：

$$\mu_{x+t}=-\frac{S'(x+t)}{S(x+t)}=\frac{2(x+t)}{105^2-(x+t)^2}$$

$$\mu_{x+t}^{l}=-\frac{\frac{d}{dt}((1-t)S(x)+tS(x+1))}{(1-t)S(x)+tS(x+1)}=\frac{S(x)-S(x+1)}{(1-t)S(x)+tS(x+1)}$$

因此可以得到：

$$\mu_{40.25}=0.00856，\mu_{40.25}^{l}=0.00861$$

故 $\mu_{40.25}-\mu_{40.25}^{l}=-5.33\times 10^{-5}$。

7. 因为 $q_{[70]+1}=q_{[71]+1}$，则有：

$$\frac{l_{[70]+1}-l_{72}}{l_{[70]+1}}=\frac{l_{[71]+1}-l_{73}}{l_{[71]+1}}$$

代入表中数据即可得 $l_{73}=902$，因此，目前 71 岁，且在 70 岁时进入选择期的个体在 72—73 岁之间死亡的概率为：

$$\frac{l_{72}-l_{73}}{l_{[70]+1}}=\frac{930-902}{970}=0.02887$$

8. 我们需要计算的是：

$$_{15|3}q_{65}={}_{15}p_{65}\times{}_{3}q_{80}={}_{5}p_{65}\times{}_{10}p_{70}\times(1-{}_{3}p_{80})$$

其中：

$$_{5}p_{65}=e^{-5(0.01)}=e^{-0.05}$$

$$_{10}p_{70}=e^{-10(0.015)}=e^{-0.15}$$

$$_{3}p_{80}=e^{-3(0.025)}=e^{-0.075}$$

代入题干中数值计算得到：

$$_{15|13}q_{65} = e^{-0.05} \times e^{-0.15} \times (1 - e^{-0.75}) = 0.0592$$

9.

(1) $_{1.25}q_{20} = 1 - {}_{1.25}p_{20} = 1 - e^{-1.25\mu} = 1 - e^{-0.01875} = 0.018575$

(2) $_{2.5|2}q_{22.5} = {}_{2.5}p_{22.5}\,{}_{2}q_{25} = e^{-2.5\mu}(1 - e^{-2\mu})$

$$= e^{-0.0375}(1 - e^{-0.03}) = 0.028467$$

(3) $E(T_{28}) = \int_0^{\infty} {}_{t}p_{28}\,dt = \int_0^{\infty} e^{-t\mu}dt = \left[-\frac{1}{\mu}e^{-t}\right]_0^{\infty} = \frac{1}{\mu}$

$$= \frac{1}{0.015} = 66.67 \text{ 年}$$

10. 解答：

根据题意，由于年龄大于 5 岁时，死亡力是常数，因此，

$$_{10}p_0 = {}_{5}p_0 \times e^{-5\mu} = 0.3$$

$$_{15}p_0 = {}_{5}p_0 \times e^{-10\mu} = 0.2$$

两式相除，得：

$$e^{5\mu} = \frac{_{10}p_0}{_{15}p_0} = 1.5$$

可解得：

$$\mu = 0.08109$$

$$_{5}p_0 = {}_{10}p_0 \times e^{5\mu} = 0.45$$

11. 根据 Gompertz 定律：

$$\mu_x = Bc^x$$

所以：

$$0.003 = Bc^{50}$$

$$0.01 = Bc^{60}$$

解得：

$$c = 1.128$$

$$B = 7.29 \times 10^{-6}$$

所以：

$$\mu_{30} = 0.00027$$

$$\mu_{70} = 0.033$$

12. 58 整岁到 59 整岁之间的死亡人数：

$$88792 - 87805 = 987$$

根据均匀分布假设，58 整岁到 58.25 岁之间的死亡人数：

$$\frac{987}{4}=246.75$$

所以：

$$l_{58.25}=88792-246.75=88545.25$$

第六章　生存函数的非参数估计与修匀

人寿保险以人的生老病死为给付条件，所用的概率主要是生存概率、死亡概率和疾病发生率。根据之前学习的内容，我们知道生存概率、死亡概率、死亡力可以相互推导。那么为了应用，我们只要估计其中一个即可。常见的生命表估计方法包括非参数方法和参数方法，上一章介绍了生存函数的参数估计，这一章我们主要介绍生存函数的非参数估计以及修匀的基础知识。

学习要点

- 了解数据缺失的定义，并能够判断不同情境下数据缺失的类型。
- 描述在缺失条件下的 Kaplan－Meier 生存函数估计和累计死亡力的 Nelson－Aalen 估计，并能够计算估计值和方差。
- 了解如何用二项模型和泊松模型描述死亡率和死亡力。
- 了解计算中心暴露数据的几种方法。
- 了解修匀的定义和必要性，并且描述修匀的过程。

第一节　观测数据

一、观测数据描述

非参数估计是估计生命表时一种常用的方法，其中“非参数”指估计生命表中的死亡

力 μ_x 或死亡率 q_x 时，不提前假设 μ_x 或 q_x 满足的函数形式，而是直接通过假设死亡人数符合的模型分布来估计 μ_x 或 q_x。

最简单的生命表非参数估计方法是找到一个同时出生的人群，然后逐年统计这个人群的数量，然后用各年死亡人数除以年初人数，即可得到各年龄的死亡率。这种方法最为简单和直观，但是最不易实现，因为：

第一，耗时很长。要将近 100 年才可以建立一张完整的生命表。

第二，数据可能缺失。观察的人群可以因为非死亡原因而脱离观察。

第三，估计误差。观察的人群会越来越少，导致大龄人群的死亡率估计值不准确。

因此，我们需要更科学的非参数估计方法，常见的非参数模型包括 Markov 模型、二项模型和泊松模型。在本章中，我们将说明如何对上述观察实验进行修正以允许数据缺失的存在。

二、数据缺失

1. 数据缺失的定义

数据缺失是指在观察中只记录下了部分信息，而另一部分信息丢失。例如，我们可能知道一个人的寿命超过了 20 岁，因为调查结束时这个人 20 岁还活着，但是我们没有进一步的关于剩余寿命的信息。或者，在疾病发生率的统计中，我们无法知道患者具体的患病时间，因为就医时间一定在患病时间以后。数据缺失是统计推断的一般问题，而不是生存理论中的特有问题。本节只讨论生存理论中的数据缺失问题。

2. 缺失类型

生存理论中的数据缺失可以按照缺失区间、缺失影响和缺失设定三个标准进行分类。

（1）按缺失区间分，数据缺失可以分为右缺失、左缺失和局部缺失。

右缺失是指观察过程中断造成的数据缺失。例如，在进行死亡率观察的时候，在所有被观察者死亡之前提前停止观察。这种情况下，那些在观察结束时尚未死亡的被观察者的数据就是右缺失的，我们只能知道他们的寿命超过了特定值，但不能知道具体值。此外，寿险保单持有人退保、仍存活的个体从养老金计划中退出、生死两全险到期等都属于右缺失。在精算研究中，右缺失是最常见的数据缺失类型。

如果第 i 个被观察个体信息缺失的时间是一个随机变量，则称为随机缺失。如果样本因为除死亡以外的其他理由离开观察，并且事先并不知道离开的时间，那么随机缺失就会发生。随机缺失的例子包括：寿险保单退保；观察的人口中有人移民；当员工从一个企业转到另一个企业时，即原先企业年金计划的成员离开观察计划等。随机缺失是右缺失的一个特殊情况。

左缺失是指无法得知被观察者何时进入我们所希望观察到的状态，例如，在医学临床研究时，受验者定期接受检查，若某次查出异常状况，我们只能知道发病时间是在上一次检查后的一段时间内，而不能确定具体的发病时间。左缺失还会发生在以下情况，如在估计年龄函数时不知道观察对象具体的出生日期；在估计保单的久期时不知道具体的保单生效日；在估计生病的期限函数时不知道具体得病的日期等。

局部缺失是指观察计划只能告诉我们被观察的事件发生在某个时间区间内。例如，在精算调查中，我们只知道死亡发生的年份而不知道具体日期。

（2）按缺失影响分，数据缺失可以分为能提供更多信息的缺失和不能提供更多信息的缺失。

若缺失不能提供更多关于寿命的信息，那么这就是不能提供更多信息的缺失，反之则是能够提供更多信息的缺失。例如，因健康状况导致的退保属于能提供更多信息的缺失，因为退保的人可能健康水平高于没退保的人，因此风险组中的死亡率比退保的那一组要高；养老金计划中因病提前退休也属于能够提供更多信息的缺失，因为病退的人的健康状况比起普通成员的健康状况要更差，因此留在养老金计划中的成员的死亡率要比病退的那一组人的死亡率更低。因调查期结束导致的数据缺失，属于不能提供更多信息的缺失。

若无特别说明，本书所述的数据缺失都属于不能提供更多信息的缺失。

（3）按缺失设定分，数据缺失可以分为第一类缺失和第二类缺失。

第一类缺失是指缺失时间可以提前知道，因此它属于右缺失的一种特殊情况。例如，观察规则设定在被观察者年满 60 岁时停止观察，或者个体在正常的退休年龄从养老金计划中退出等都属于第一类缺失。

第二类缺失是指死亡个数是提前设定的，即观察一直持续到死亡人数达到预设值才终止。例如，一项医学实验在经过特殊治疗后死亡的人数到达 100 时停止。

【例 6－1】 在 2001 年 1 月 1 日随机抽取 10000 名男性会计师作为调查组样本。样本组的每个成员提供了截至 2001 年 1 月 1 日的详细个人信息，包括姓名、地址、出生日期和婚姻状况。随后在 2002 年、2003 年、2004 年和 2005 年每年 1 月 1 日收集相同的信息，调查于 2005 年结束。一名博士生希望将这项调查的数据用于她的论文，主题是研究已婚男性的死亡率。请描述此项调查中可用数据的缺失情况。

【答案】

调查期间，所有婚姻状态从单身（或离婚、丧偶）变为已婚的观察个体数据会产生左缺失。因为我们只知道状态的改变是在收集到前一组信息之后发生的。

如果不知道确切的死亡日期（如只知道死亡的日历年），就会产生数据局部缺失。

收集婚姻状态从已婚变为离婚或丧偶的所有样本信息，或放弃会计工作的所有样本信息，他们不再有资格作为调查的参与者，因此会产生随机缺失。

收集所有存活到2005年观察期结束的生命个体的数据，将会产生数据右缺失。

第二节 短期生存函数的估计

一、Kaplan – Meier（乘积极限）模型

不考虑起始年龄，我们知道余命是一个关于 t 的函数。例如在疾病的诊断中，医学研究常常以诊断或开始治疗的时间为基础。如果病人的年龄进入分析体系，则通常会作为回归模型的一个外生变量。例如当我们想要估计患有高毒性热带病人的死亡率时，一个病人的余命依赖于很多因素。患者的年龄可能是最主要的因素（老年患者病情的恶化速度可能会更快），但它不是唯一的决定因素，此时从诊断时间开始对余命建模可能会更合适。

1. 假设和符号

假设我们观察 n 个个体，其中观测到 m 个个体死亡，观测的样本数据中存在不能提供更多信息的右缺失。

如果存在能提供更多信息的缺失，那么我们忽略这些缺失数据会使得分布和生存函数的估计结果产生偏差。如果我们允许存在能够提供更多信息的数据缺失，那么余命和和缺失时间不再相互独立，这意味着由联合概率和概率密度函数组成的似然函数不能再简单地写为概率的乘积，由此得到的代数结果将会非常复杂。因此我们假设任何的缺失都不能提供更多信息。通过假设缺失不能提供更多信息，我们可以认为还在观察中的个体的死亡率与缺失个体的死亡率是一样的。

现在我们定义一些符号如下：

将 $t_1 < t_2 < \cdots < t_k$ 记为观察期内发生死亡的时间顺序，这里 $k = m$ 未必总是成立，因为我们可能在一个时间点上观察到多于一个的死亡个体，比如一天之内有两个个体死亡。

假设 d_j 是在 $t_j(1\leqslant j\leqslant k)$ 处观察到的死亡个体数，因此 $d_1+d_2+\cdots+d_k=m$。那么仍然存活的 $n-m$ 个体在观察结束时就视为缺失。假设 c_j 表示在 t_j 到 t_{j+1} 时间段内缺失的个体数，则 $c_0+c_1+\cdots+c_k=n-m$。需要注意的是，这里 c_j 代表在研究时间段内因为非调查死亡原因而缺失的样本数。

生存函数的 Kaplan - Meier 估计遵循以下假设：

（1）除观察到死亡的时间区间外，其余所有区间内的经验死亡率为零。

（2）在任何特定的时点 t_j 处，经验死亡率等于$\frac{d_j}{n_j}$，其中 d_j 表示在 t_j 时间段内观察到的死亡个体数，n_j 表示处于风险暴露中的人数（在 t_j 时间段内处于风险中的总人数）。例如，如果我们观察 10 个人，有 2 个人在观察区间内死亡，那么区间内的死亡率就是 0.2。

（3）如果一个样本缺失的同时发生了其他个体的死亡，那么就假定缺失是在死亡后很短的时间内发生的，即死亡是先发生的。

我们将在本章的其余部分使用这些符号和假设，首先让我们用一个简单的例子来描述它如何用于实际情况。

【例 6－2】 一个实验组中有 15 只小白鼠，它们被注射了一种新药并且将被观察 30 天，观察期间发生了下列事件：

天数	事件
3	第 4 只老鼠死于药物作用
4	第 13 只老鼠死于药物作用
6	第 7 只老鼠咬破笼子逃走了
11	第 6 只和第 9 只老鼠死于药物作用
17	第 1 只老鼠被其他老鼠咬死
21	第 10 只老鼠死于药物作用
24	第 8 只老鼠在动物保护组织突袭的情况下被释放
25	第 12 只老鼠在早报记者的突袭下被释放
26	第 5 只老鼠死于药物作用
30	研究结束，剩下的老鼠当街释放

如何用上面假设的符号来描述这些信息？

【答案】

用时间线来描述整个观察过程（数字是指事件发生的天数，不是指老鼠的数量。）

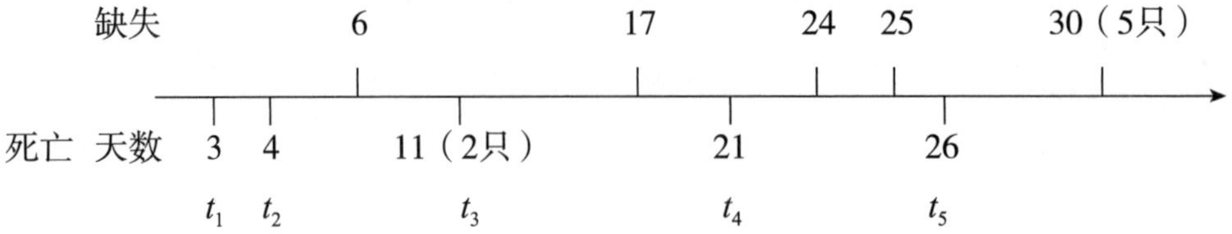

此次研究的样本数量：$n=15$

因为药物死亡的数量：$m=6$

注意，在第17天发生的死亡与药物作用没有直接关系，因此它不应该被记作一个观察的死亡时点。此外，第6天逃跑的样本和其他释放的样本都属于随机右缺失的例子。

被观察到的死亡时间点数：$k=5$

被观察到的死亡时间点：$t_1=3$、$t_2=4$、$t_3=11$、$t_4=21$、$t_5=26$

每个死亡时间点被观察到的死亡个数：$d_1=1$，$d_2=1$，$d_3=2$，$d_4=1$，$d_5=1$

未观察到受药物影响的数量：$n-m=15-6=9$

各个时点的缺失数量：$c_0=0$、$c_1=0$、$c_2=1$、$c_3=1$、$c_4=2$、$c_5=5$

这也印证了 $\sum_{j=0}^{k} c_j = n - m$。

在 t_j 时处于风险暴露的数量：$n_1=15$、$n_2=14$、$n_3=12$、$n_4=9$、$n_5=6$

实际上，我们所做的是将持续时间划分为非常小的时间间隔，这样在绝大多数时间间隔内不会发生待观察的事件。根据我们现有的数据，不足以假设在没有发生待观察事件的时间间隔内的事件发生率为零。对于那些确实发生了待观察事件的非常小的时间间隔，我们假设发生率在每个极小的时间段内是恒定的，但它可以在不同的时间间隔内变化。

我们将待观察事件发生时间 t_j 内的危险率估计成 $\hat{\lambda}_j=\dfrac{d_j}{n_j}$。若 $d_j=0$，则表示事件发生率（危险率）为0。我们可以证明该估计为极大似然估计。

证明：

从观察数据中得到的概率易知似然函数为：$L=\prod_{j=1}^{k}\lambda_j^{d_j}(1-\lambda_j)^{n_j-d_j}$

对数似然函数为：$\ln L=\sum_{j=1}^{k}[d_j\ln\lambda_j+(n_j-d_j)\ln(1-\lambda_j)]$

对数似然函数关于 λ_1 求导：$\dfrac{\partial \ln L}{\partial\lambda_1}=\dfrac{d_1}{\lambda_1}-\dfrac{n_1-d_1}{1-\lambda_1}$

令导数等于0：$\dfrac{d_1}{\lambda_1}-\dfrac{n_1-d_1}{1-\lambda_1}=0\Rightarrow d_1-d_1\lambda_1=n_1\lambda_1-d_1\lambda_1\Rightarrow d_1=n_1\lambda_1\Rightarrow\lambda_1=\dfrac{d_1}{n_1}$

我们有 $\hat{\lambda}_1=\dfrac{d_1}{n_1}$，同理可得：$\hat{\lambda}_j=\dfrac{d_j}{n_j}$ for $j=2,3,\cdots,k$

2. 生存函数的 Kaplan－Meier 估计

首先我们很容易根据连续分布的死亡力推广定义离散分布的死亡力：

假设 $F(t)$ 在 $t_1, t_2, \cdots, t_k$ 时刻有概率权重，则我们定义离散的危险率方程为：

$$\lambda_j = P[T = t_j \mid T \geqslant t_j] \ (1 \leqslant j \leqslant k) \tag{6-1}$$

直观来看，我们可以将 λ_j 视为一个给定个体在 t_j 时刻死亡的概率，并假定该个体在 t_j 开始时是存活状态。

接下来我们计算生存函数的 Kaplan－Meier 估计：

假设 T 是离散分布，则有：

$$1 - F(t) = \prod_{t_j \leqslant t} (1 - \lambda_j) \tag{6-2}$$

因为 $1 - F(t) = S(t)$，所以我们可以用 $\hat{S}(t) = \prod_{t_j \leqslant t} (1 - \lambda_j)$ 估计生存函数，这便是 Kaplan－Meier 估计量。为了计算生存函数的 Kaplan－Meier 估计量 $\hat{S}(t)$，我们简单地将各个时间间隔内的生存概率乘起来。

假设时刻 t_j 的生存概率可以估计为 $1 - \hat{\lambda}_j = \dfrac{n_j - d_j}{n_j} = \dfrac{\text{存活个体数}}{\text{风险下所有个体数}}$　(6－3)

则在 t 时刻的生存概率可估计为 $\hat{S}(t) = \prod_{t_j \leqslant t} \dfrac{n_j - d_j}{n_j}$　(6－4)

因为 Kaplan－Meier 估计涉及生存概率的相乘，因此它有时被称为乘积极限估计。实际上，我们选择时间轴上越来越细的分区，并将 $1 - F(t)$ 作为每个子区间内存活概率乘积的估计。然后，根据离散死亡力的定义，得到时间间隔趋于 0 时的 Kaplan－Meier 估计值。

请注意，生存函数的 Kaplan－Meier 估计值在观察到事件发生的最后时间段之后是恒定的。只有 t_j 时处于风险暴露中的人才会参与估计过程，因此没有必要在同一时间或同一年龄开始观察所有的生命。

【例 6－3】 使用实验室小白鼠的观察数据，计算 $F(t)$ 的 Kaplan－Meier 估计。

【答案】

Kaplan－Meier 估计的计算在下表展示：

j	tj	dj	nj	$\hat{\lambda}_j = \dfrac{d_j}{n_j}$	$(1 - \hat{\lambda}_j)$	$1 - \prod_{k=1}^{j} (1 - \hat{\lambda}_k)$
1	3	1	15	0.06667	0.93333	0.06667

续表

j	tj	dj	nj	$\hat{\lambda}_j=\frac{d_j}{n_j}$	$(1-\hat{\lambda}_j)$	$1-\prod_{k=1}^{j}(1-\hat{\lambda}_k)$
2	4	1	14	0.07143	0.92857	0.13333
3	11	2	12	0.16667	0.83333	0.27778
4	21	1	9	0.11111	0.88889	0.35803
5	26	1	6	0.16667	0.83333	0.46503

从表中的最后一列我们可知，$F(t)$ 的 Kaplan - Meier 估计是：

$$\hat{F}(t)=\begin{cases}0, & 0\leqslant t<3\\ 0.06667, & 3\leqslant t<4\\ 0.13333, & 4\leqslant t<11\\ 0.27778, & 11\leqslant t<21\\ 0.35803, & 21\leqslant t<26\\ 0.46503, & t\geqslant 26\end{cases}$$

3. 比较寿命分布

Kaplan - Meier 估计常被用于两个或多个个体寿命分布的比较，例如在比较药物治疗方案时，它们的统计特性很重要。根据 Greenwood 公式可得 $\tilde{F}(t)$ 的方差估计公式：

$$\mathrm{var}[\tilde{F}(t)]\approx(1-\hat{F}(t))^2\sum_{t_j\leqslant t}\frac{d_j}{n_j(n_j-d_j)} \tag{6-5}$$

二、Nelson - Aalen 模型

1. 累计危险率函数

另一个估计生存函数的非参数方法是估计用 Λ 定义的累计危险率，Λ_t 的估计值可用来估计 $S(t)$ 和 $F(t)$。

$$\Lambda_t=\int_0^t\mu_s ds+\sum_{t_j\leqslant t}\lambda_j \tag{6-6}$$

积分项对应分布的连续部分，求和项对应分布的离散部分。因为这一方法是由统计学家提出的，所以“累计危险率”这个词被广泛运用，而“累计死亡力”几乎不曾提及。

为了帮助理解 Λ_t，考虑两个群体在一年内的存活概率。假设该危险事件对第一个群体

的作用是连续的，另一个危险类型对第二个群体的作用是离散的（即危险作用于 $x+\frac{1}{2}$ 岁），则可知两个群体在一年内的存活率为：

$$p_0^{(1)} = \exp\left[-\int_0^1 \mu_s ds\right] \tag{6-7}$$

$$p_0^{(2)} = 1-\lambda_{\frac{1}{2}} \tag{6-8}$$

这里，$\lambda_{x+\frac{1}{2}}$表示人们在第 $x+\frac{1}{2}$岁时死亡概率的期望。

若两种类型的风险都在同一个群体身上发生，那么总生存概率为：

$$p_0 = p_0^{(1)} \times p_0^{(2)} = \exp\left[-\int_0^1 \mu_s ds\right] \times (1-\lambda_{\frac{1}{2}}) \tag{6-9}$$

假设离散的危险率 λ_j 作用于年龄 t_j，我们用该方法分析到 t 年时有：

$$S(t) = \exp\left[-\int_0^t \mu_s ds\right] \times \prod_{t_j \leqslant t}(1-\lambda_j) \tag{6-10}$$

当 x 非常小时有 $e^x \approx 1+x$，我们可得：

$$S(t) = \exp\left[-\int_0^t \mu_s ds\right] \times \prod_{t_j \leqslant t} e^{-\lambda_j} = \exp\left[-\int_0^t \mu_s ds - \sum_{t_j \leqslant t}\lambda_j\right] = \exp[-\Lambda_t]$$

因为 λ_j 表示人们在 t_j 岁时的死亡率，我们可以用 $\hat{\lambda}_j = \frac{d_j}{n_j}$来估计 λ_j。理论上视为连续的危险（例如死亡）在实际中却是离散发生的，因此 Λ_t 的连续部分消失了，只剩 $\hat{\Lambda}_t = \sum_{t_j \leqslant t}\frac{d_j}{n_j}$作为累计危险率的估计。

2. 生存函数的 Nelson – Aalen 估计

累计危险率的 Nelson – Aalen 估计是：

$$\hat{\Lambda}_t = \sum_{t_j \leqslant t}\frac{d_j}{n_j} \tag{6-11}$$

生存函数的 Nelson – Aalen 估计是：

$$\hat{S}(t) = \exp[-\hat{\Lambda}_t] \tag{6-12}$$

分布函数的 Nelson – Aalen 估计是：

$$\hat{F}(t) = 1-\exp[-\hat{\Lambda}_t] \tag{6-13}$$

与 Greenwood 公式用于计算 Kaplan – Meier 估计的方差相似，计算 Nelson – Aalen 估计的方差的公式是：

$$\mathrm{Var}[\tilde{\Lambda}_t] \approx \sum_{t_j \leqslant t} \frac{d_j(n_j - d_j)}{n_j^3} \tag{6-14}$$

三、两者的等价性

Kaplan - Meier 估计可被 $\tilde{\Lambda}_t$ 近似估计。

回忆 Kaplan - Meier，估计 $\hat{F}_t = 1 - \prod_{t_j \leqslant t}\left(1 - \frac{d_j}{n_j}\right)$。

为了避免 Kaplan - Meier 估计与 Nelson - Aalen 估计混淆，我们用 $\hat{F}_{KM}(t)$ 表示 Kaplan - Meier 估计，$\hat{F}_{NA}(t)$ 表示 Nelson - Aalen 估计，则：

$$\hat{F}_{KM}(t) = 1 - \prod_{t_j \leqslant t}\left(1 - \frac{d_j}{n_j}\right) \tag{6-15}$$

当 x 十分小时，$e^x \approx 1 + x$，用 $-\frac{d_j}{n_j}$ 替代 $-x$，我们有：

$$\hat{F}_{KM}(t) \approx 1 - \exp\left(-\sum_{t_j \leqslant t} \frac{d_j}{n_j}\right) = 1 - \exp[-\hat{\Lambda}_t] = \hat{F}_{NA}(t) \tag{6-16}$$

在一些方面，Kaplan - Meier 模型可被视为类似二项模型的非参数模型，这是因为二者都直接给出一段特定时间内死亡概率的极大似然估计。类似地，Nelson - Aalen 模型可被视为类似泊松模型的非参数模型，因为两个模型都给出了危险率的极大似然估计。生存或死亡概率可通过以下式子间接估计：

$$_np_x = \exp\left(-\int_0^n \lambda_{x+t} dt\right) \tag{6-17}$$

第三节 生命表的估计原理

在本节，我们介绍另外两个统计模型——二项模型和泊松模型，这两个模型来源于两个离散变量的概率分布。这些模型在死亡力研究中可以用于拟合观测到的死亡人数的分布。使用这些模型的目的是从我们的观测结果中推导出 q_x（使用二项模型）和 μ_x（使用泊松模型）的估计值。我们将确定适当的估计量并判断他们的统计性质。在本节的最后，我们比较二项模型、泊松模型和前面所学的两状态模型的各自优缺点。

一、二项模型

1. 二项模型

在寿险实务中，研究诸如死亡概率 q_x 等概念都是以整数年龄为基础。这样，一个显而易见的问题是：我们能否建立一个关于死亡力的概率模型，利用合适的数据进而估计生命表中的死亡概率 q_x？

观察 N 个独立同质的个体，观察期为一年，期间死亡的人数记为 d，则 d 是随机变量 D 的观察值。如果我们假设每个个体死亡的概率为 q_x，生存的概率为 $1-q_x$，那么死亡人数 D 服从参数为 N 和 q_x 的二项分布，即 $D \sim Binomial(N, q_x)$。观测到的死亡人数 d 是这个随机变量的样本值。

基于上述实验思想，观察期内死亡人数恰为 d 的概率为：

$$P[D=d]=\binom{N}{d}q^{d}(1-q)^{N-d},\ d=0,1,2,\cdots,N \tag{6-18}$$

【例 6-4】 10000 名儿童被选中参加为期一年的医学研究。如果每个儿童的初始年死亡率为 0.00025，并且认为死亡独立发生，请计算 2 名或 2 名以上参与者在研究结束前死亡的概率。

【答案】

我们的初始人口数为 $N=10000$，初始死亡率为常数 0.00025，并且认为死亡是独立发生的。所以可以使用二项分布来拟合，死亡人数 D 服从分布 $Binomial(10000, 0.00025)$。

使用二项分布的公式：

$$P[D=0]=(1-0.00025)^{10000}=0.0821$$

$$P[D=1]=10000\times 0.00025\times(1-0.00025)^{9999}=0.2052$$

因此，死亡人数不少于 2 的概率为：$1-0.0821-0.2052=0.7127$

2. 用数据估计 q_x

已知个体在一年中生存或死亡的概率时，我们知道如何计算观察到一定数量死亡人数的概率。但在实务中，我们并不知道 q_x 的真正值，而是需要根据调查中的观测值来估计这个未知量。推导这个估计值的方法之一就是极大似然估计法。

直观来看，q_x 的估计值是 $\hat{q}_x=\frac{d}{N}$，这也是它的极大似然估计值。例如，我们观测 100 个人在一年内的情况，在观测中有 3 人死亡，这样很自然地就可以推断出死亡概率是 3/100（即 $q_x=0.03$）。

这个直观结果在理论上的正确性证明如下：

在二项模型下，如果死亡率为 q，那么恰有 d 人死亡的似然函数为：

$$L(q)=\binom{N}{d}q^d(1-q)^{N-d} \tag{6-19}$$

通过最大化 $L(q)$ 的对数函数来实现 $L(q)$ 的最大化：

$$\log L(q)=\log\binom{N}{d}+d\ln q+(N-d)\ln(1-q) \tag{6-20}$$

对 q 取偏导，可得：

$$\frac{\partial}{\partial q}\log L(q)=\frac{d}{q}-\frac{N-d}{1-q} \tag{6-21}$$

令对数似然函数的偏导为 0，则有：

$\frac{d}{\hat{q}}-\frac{N-d}{1-q}=0$，解得 $\hat{q}=\frac{d}{N}$

由 $\frac{\partial^2}{\partial q^2}\log L(q)=-\frac{d}{q^2}-\frac{N-d}{(1-q)^2}<0$ 可知这是最大似然估计值。

最大似然估计值是最大似然估计量 $\tilde{q}_x=\frac{D}{N}$ 的观测值。

估计量 $\tilde{q}_x$ 的均值为 q_x；方差为 $\frac{q_x(1-q_x)}{N}$，事实上这是 q_x 的无偏估计量的最小方差值。

证明：

观测到的死亡人数 D 服从参数为 N 和 q_x 的二项分布，这意味着 D 的均值为 Nq_x，方差为 $Nq_x(1-q_x)$。

所以有：

$$E(\tilde{q}_x)=E\left(\frac{D}{N}\right)=\frac{Nq_x}{N}=q_x \tag{6-22}$$

$$\mathrm{var}(\tilde{q}_x)=\mathrm{var}\left(\frac{D}{N}\right)=\frac{1}{N^2}\mathrm{var}(D)=\frac{Nq_x(1-q_x)}{N^2}=\frac{q_x(1-q_x)}{N} \tag{6-23}$$

根据上述，可知 q_x 的二项估计量为：当 N 很大时，估计量 $\tilde{q}_x$ 的分布服从 $\tilde{q}_x\sim Normal\left(q_x,\frac{q_x(1-q_x)}{N}\right)$。这是死亡率的简单二项模型，因为它过于简化了现实情况，在现实中，

"一年内观察到的 N 个个体是同质的"这一条件几乎是不可能的。

3. q_x 的精算估计值

在一般情况下，可以使用 q_x 的另一种估计值——精算估计值，这种估计值已广泛使用多年。q_x 的这种估计值定义为：

$$\hat{q}_x = \frac{d}{E_x} \tag{6-24}$$

其中，E_x 表示初始暴露数，用如下公式计算：

$$E_x = E_x^c + \sum_{i=1}^{d}(1 - t_i) \tag{6-25}$$

在这个式子中，t_i 记录了一年内所有死亡个体中的第 i 个个体死亡的时间，$x+t_i$ 表示的是年龄在 $[x,x+1]$ 之间的第 i 个死亡个体的准确年龄，中心暴露数 E_x^c 代表总的观察等待时间。例如，考虑年龄在［50,51］区间内的个体，一个人在 50 岁 3 个月时死亡，那么这个人的 t_i 值是 0.25。注意，t_i 只能取介于 0 和 1 之间的值。

【例 6－5】基于上一年死亡样本的死亡率研究数据，我们想要估计在［50,51］年龄之间的死亡率。下表显示了我们计算所需要的信息。

个体	死亡时的年龄
148	50 年 5 个月
211	50 年 1 个月
392	50 年 8 个月
944	50 年 9 个月

根据计算，在过去的一年中，50 岁群体的中心暴露数为 2250 年。请写出这些个体的 t_i 值，从而计算 E_{50}，即 50 岁时的初始暴露数。

【答案】

个体#148 在 50 岁零 5 个月时死亡，所以 $t_1 = \frac{5}{12}$。

个体#211 在 50 岁零 1 个月时死亡，所以 $t_2 = \frac{1}{12}$。

个体#392 在 50 岁零 8 个月时死亡，所以 $t_3 = \frac{8}{12}$。

个体#944 在 50 岁零 9 个月时死亡，所以 $t_4 = \frac{9}{12}$。

已知 $E_{50}^c = 2250$。

所以初始暴露数为：

$$E_{50} = E_{50}^{c} + \sum_{i=1}^{4}(1 - t_i) = 2250 + \frac{7}{12} + \frac{11}{12} + \frac{4}{12} + \frac{3}{12} = 2252\frac{1}{12}$$

计算初始暴露数的公式归纳如下：

（1）确切死亡日期已知。

如果我们知道每个死亡发生的确切时间，我们就可以精确地计算出中心暴露数和初始暴露数。在未对死亡时间的分布做出任何假设的情况下，我们可以使用以下公式计算初始暴露数：

$$E_x = E_x^c + \sum_{deaths}(1 - t_i) \tag{6-26}$$

（2）确切死亡日期未知。

如果没有确切的死亡日期，我们需要使用一种近似的方法来计算中心暴露数和初始暴露数。E_x^c 的近似值是基于人口普查方法，我们将在下一节讨论。初始暴露数 E_x 是根据死亡在这一年中均匀发生的假设计算得出的：

$$E_x \approx E_x^c + \frac{1}{2}d \tag{6-27}$$

在这两种情况下，死亡率精算估计的计算方法为：$\hat{q}_x = \dfrac{d}{E_x}$

精算估计量与 q_x 的矩估计量类似，它的推演基于一个特定的假设——Balducci 假设，这一假设意味着整数年龄之间的死亡力递减。

在最简单的情况下，矩估计的方法是通过将一个随机变量的期望值（包含未知参数的公式）与实际观测值相等推导出来的。然后将这个方程重新排列以求得参数的估计量。比如，在简单二项模型中，死亡个数期望值由二项分布的均值公式 np 算出。这里，概率 p 对应未知死亡率 q_x。如果我们将 n 近似化，将一年中的每一次死亡视为“半个人”（理由是他们通常有一半的时间活着），那么我们需要使用 $E_x^c + \frac{1}{2}d$ 来近似 n。所以这一年的预期死亡人数是 $\left(E_x^c + \frac{1}{2}d\right)\hat{q}_x$。

如果把这一数字与实际死亡人数 d 等同起来，我们得到：

$$\left(E_x^c + \frac{1}{2}d\right)\hat{q}_x = d \tag{6-28}$$

解得 $\hat{q}_x = \dfrac{d}{\left(E_x^c + \frac{1}{2}d\right)}$，这和用近似方法计算出的精算结果是一样的。

如果我们假设 ${}_{1-t}q_x = (1-t)q_x$，其中 x 是任何整数年龄并且 $0 < t < 1$，则将每个死亡个

体看作“半个人”的近似方法是合理的。这便是 Balducci 假设，这个假设通常只在这种情况下使用，因为它意味着在给定的年龄区间内死亡力是减少的。但在实际中，对于大多数死亡发生的年龄（比如 50 岁以上），死亡率在一年内通常会增加，而不是减少。

二、泊松模型

1. 泊松分布

泊松分布是随机变量只能取非负整数值的离散概率分布。如果一个随机变量 X 的概率函数为 $P(X=x)=\frac{e^{-\lambda}\lambda^{x}}{x!}$，则称该随机变量服从泊松分布，均值为 $\lambda(\lambda>0)$。泊松分布用于模拟在给定时间段内“罕见”事件发生的次数。例如，放射源一分钟内释放的粒子数。给定暴露在危险中的时间，泊松分布可以用来拟合一组人群中的死亡人数。

2. 泊松模型

我们观察 N 个个体，观察时间为 E_x^c 年，死亡力是一个常数 u，假设 D 服从泊松分布，参数为 uE_x^c，则有：

$$P(D=d)=\frac{e^{-uE_x^c}(uE_x^c)^{d}}{d!} \tag{6-29}$$

泊松模型并不是一个精确的模型，因为它允许超过 N 次死亡的概率非零，但它通常是一个非常好的近似。N 次以上死亡的概率通常可以忽略不计。

【例 6-6】 一家大型计算机公司总保持着 5000 名年轻员工的劳动力，任何离开的员工都会立即被替换。假设所有工人每年的死亡力为 0.0008，请使用泊松模型来计算任何 6 个月内死亡人数少于 3 人的概率。

【答案】

我们有一个恒定的 $P=5000$ 人的种群和恒定的死亡率 $u=0.0008$。如果假设死亡是独立的，则应用泊松模型，任何在 6 个月期间的死亡人数的泊松分布平均值为 $0.0008\times5000\times6/12=2$。

$$P(\text{无死亡})=e^{-2}=0.1353$$

$$P(\text{一个死亡})=2e^{-2}=0.2707$$

$$P(\text{两个死亡})=\frac{2^2}{2!}e^{-2}=0.2707$$

所以小于 3 人死亡的概率是：0.1353 + 0.2707 + 0.2707 = 0.6767。

3. 估计潜在死亡力

我们希望能够利用观察到的死亡人数和总暴露数（等待时间）的知识来估计未知的真正的死亡力。

极大似然估计法下泊松模型中 u（常数）的估计量为 $\tilde{u}=\frac{D}{E_x^c}$

证明：

如果危险率的真实值为 u，则观察到 d 个死亡的似然估计值为：

$$L(u)=\frac{e^{-uE_x^c}(uE_x^c)^d}{d!} \tag{6-30}$$

可以通过最大化其对数形式来最大化上式：

$$\log L(u)=d(\log u+\log E_x^c)-uE_x^c-\log d! \tag{6-31}$$

计算对数似然函数对 u 的偏导：

$$\frac{\partial}{\partial u}\log L(u)=du-E_x^c \tag{6-32}$$

令上式等于零，可解得：

$$\hat{u}=\frac{D}{E_x^c} \tag{6-33}$$

由 $\frac{\partial^2}{\partial u^2}\log L(u)=-\frac{d}{u^2}<0$ 可知 $\hat{u}$ 是 u 的最大似然估计。它是最大似然估计量 $\tilde{u}=\frac{D}{E_x^c}$ 的实际值。

【例 6-7】 在一项为期 5 年的死亡率调查中，假定死亡力不变，有 46 人死亡，人口大约保持在 7500 人的水平，请估计死亡力。

【答案】

死亡力的极大似然估计（MLE）为：$\hat{\mu}=\frac{d}{E_x^c}=\frac{46}{7500\times5}=0.00123$

估计量 $\tilde{u}$ 有如下统计性质：

$$E(\tilde{u})=u \tag{6-34}$$

$$\mathrm{var}(\tilde{u})=\frac{u}{E_x^c} \tag{6-35}$$

证明：

观测到的死亡人数 D 服从泊松分布，即 $D\sim Poisson(uE_x^c)$，均值为 uE_x^c，方差为 uE_x^c。

所以 $E(\tilde{u})=E\left(\frac{D}{E_x^c}\right)=\frac{uE_x^c}{E_x^c}=u$；$\mathrm{var}(\tilde{\mu})=\mathrm{var}\left(\frac{D}{E_x^c}\right)=\frac{1}{(E_x^c)^2}\mathrm{var}(D)=\frac{\mu E_x^c}{(E_x^c)^2}=\frac{\mu}{E_x^c}$

u 的泊松估计量定义如下：

当 E_x^c 较大时，估计量 $\tilde{u}$ 的分布为 $\tilde{u}\sim Normal\left(u,\frac{u}{E_x^c}\right)$

将泊松模型与两状态 Markov 模型对比，我们可以发现，在两状态 Markov 模型中 $E(\tilde{u})=u$，$\mathrm{var}(\tilde{u})=\frac{u}{E[V]}$，但是 u 的真实值和 $E[V]$ 是未知的，必须从观测数据中估计 $\hat{u}$ 和 E_x^c。所以尽管两个模型的估计量不同，但它们有相同的参数数值估计和矩估计。

三、两状态模型、二项模型和泊松模型的对比

在本节结束时，我们比较三种死亡力模型：前面章节所述的两状态 Markov 模型以及二项模型和泊松模型。

我们从以下三个方面对比上述三个模型：

- 模型对生存过程的拟合程度
- 参数估计的难易程度
- 模型的扩展推广难易度

1. 模型对生存过程的拟合程度

我们希望描述的生存过程是个体的生死状态变化过程。因为生死状态的改变随时可能发生，所以显然 Markov 模型拟合最好。二项模型的缺陷在于其只能描述每年的生死状态，而不是每个时刻的生死状态。而在泊松模型中，我们需要提前知道中心暴露数 E_x^c，这在精算工作中并不常见。

2. 参数估计的难易度

根据对三个模型的 μ_x 或 q_x 的极大似然估计计算过程，可知 Markov 模型和泊松模型的极大似然估计 $\hat{\mu}_x$ 很容易计算，但是二项模型的极大似然估计 $\hat{q}_x$ 在计算时可能有一定难度，因为在一般情况下初始暴露数 E_x 很难准确计算。

3. 模型的扩展推广难易度

有时，我们不光要清楚生命表的估计，还需对其他情况进行建模和估计，例如 HSD

模型，因此模型的扩展性也十分重要。Markov 模型很容易扩展推广，其原理和估计方法基本不变。泊松模型可以用于建立多减因情景，但是不能用于增因情景。例如，如果考虑的人口是公司的劳动力，我们可以使用泊松模型来计算死亡、离职、正常退休和疾病退休等情况下减少的数量，但是它无法应对招聘新员工时的情况。二项模型无法处理多减因或者增因情景，如果转移强度很高，则二项模型下的信息丢失（如转移时间）会变得更加严重。

总之，在研究一般死亡力时，由于转移强度过低，所考虑的模型都不能在统计性质上更具优势。这就是为什么精算师能够如此成功地使用泊松和二项模型这么长时间的原因。但是，当我们必须对更复杂的过程或更高的转移强度进行建模时（随着新保险产品的开发，这种情况越来越多），Markov 多状态方法似乎具有明显的优势。通常，实践中最好的方法是从最能代表正在建模的过程的特例开始，然后根据需要进行近似估算（在估算和应用中）。

第四节 暴露数的计算

在这一节中，我们将仔细研究如何根据观察到的数据计算死亡率。这看起来似乎是一个非常简单的任务，我们所需要做的就是计算在指定的观察期内每个年龄段的死亡人数，并根据上一节中推导出的估计值得到相应年龄段的一组 $\{q_x\}$ 或 $\{\mu_x\}$。然而，我们需要解决一些复杂的问题。

首先，多状态模型和泊松模型是基于死亡力在一年内是恒定的假设，而这一假设直觉上与实际不符。

其次，人寿保险公司提供的数据可能并没有按照我们所希望的那样精确地按年龄分类。这种情况下，我们需要根据与可用数据形式相适应的年龄“标签”对数据进行分组。为了估计不同年龄段的死亡率，我们需要确定任意年龄标签对应的年龄。此外，在计算观察期内死亡人数时，数据可能是不完整的。

一、计算暴露数

我们已经在第三节关于死亡率的概率模型中初步了解了暴露数是如何得到的，如中心

暴露数 E_x^c 即为在多状态或泊松模型中观察到的等待时间；通过二项式框架中的精算估计，以近似的方法导出初始暴露数为 $E_x \approx E_x^c + \frac{1}{2}d_x$。在本节中，我们考虑了不完全数据下近似计算暴露数时可能遇到的一些问题：

- 中心暴露数（或等待时间）本质上是可观察的，但由于种种原因，实践中观察到的记录可能是不完整的。
- 初始暴露数需要对那些死去的生命进行调整，因此它比中心暴露数更复杂。除非我们能够在 N 个生命被观察了一整年且没有缺失的情况下使用理想化的二项模型，否则它的解释就不再那么简单。
- 在任意复杂的多减因或多状态模型下中心暴露数的计算方式不变，而初始暴露数则不然。
- 中心暴露数可以很容易地用调查中得到的不完全观察值来近似，而计算初始暴露数则需要进一步的调整。

一般来说，中心暴露数更通用，从通常可用的数据计算起来也更简单。

在过去，精算师们往往非常关注初始风险，因为二项模型是生命表的“原型”。但当我们需要处理更复杂的情况时，初始暴露数会变得越来越难以解释。相比而言，在多状态或泊松模型下计算中心暴露数更为简单，因此在这一节中，我们主要讨论中心暴露数。

考虑到初始暴露数的计算困难和统计性质的特点，我们建议建模时采用多状态或泊松模型。在不同情况下应当选择不同的模型，重要的是理解数据如何与概率模型相关（或由概率模型生成），并能够在任何特殊情况下根据这些基本原则解决问题。

二、同质性

1. 异质性问题

我们所有的模型和分析都是基于观察对象同质化的假设，即可以观察一组相同的生命或者至少是死亡率特征相同的生命，但这实际上是不可能的。即使我们将死亡调查的范围限制在特定年龄和特定性别的群体上（如 25 岁的女性），仍然会有各种各样的生命——吸烟者和不吸烟者，健康的人和病人等。这类具有不同特征的生命被称为异质生命。

由于这种异质性的存在，我们对死亡率的估计将会是对整体调查对象的平均死亡率的估计。我们可以用这个估计值来预测类似群体的死亡率，但它不能准确地估计任何一个个体的死亡率。

对于希望设定准确反映每个投保人风险的保费的保险公司来说，这可能是一个特别的问题。例如，考虑一个 50% 的人口是吸烟者的国家。如果非吸烟者的死亡力为 $\mu_{40}=0.001$，吸烟者为 $\mu_{40}=0.002$，那么一项以全体人口为基础的死亡率调查可能会使我们得出这样的估计：$\hat{\mu}_{40}=0.0015$。如果保险公司使用这个平均数字来计算保费，会对不吸烟者收取过高费用，而对吸烟者收取过低费用。

我们已经认识到死亡率会随年龄而变化，这便是一个群体内部异质性的例子。在本节中，我们将通过简要地研究影响个体生命的其他因素来扩展这一论点，这些因素可能导致他们的潜在死亡率有所不同。

2. 解决方案

我们可以根据已知的特征和经验对数据进行细分，从而对死亡率产生显著影响并减少这样形成的每个类的异质性。如人寿保险公司在统计死亡力时经常考虑的因素包括性别、年龄、保单类型（通常反映投保的原因）、吸烟/不吸烟、承保水平（如是否进行过体检）、保单持续时间等；其他可能考虑的因素包括销售渠道、保单大小、保单持有人的职业等。这些信息将从个人投保时必须填写的投保申请表中获得。如果有足够的数据，我们可以使用 Cox 模型来识别相关因素。

这里我们需要关注的两个关键点是：

（1）除非在投保单上收集到有关的数据，否则数据不能进行分拆。例如由于营销或行政等方面的原因，某些因素虽然会显著影响死亡率，但可得数据太少而无法使用。

（2）即使是在大型调查中，根据不同因素对研究对象进行细分，也会导致每类群体数量大大减少，从而使统计更加困难。数据细分越细，分析结果的可信度就越低，我们必须在尽可能实现同质性和保留足够大的样本数量使分析成为可能这二者之间取得平衡。

三、一致性原则

基于估计不同年龄的 q_x 或 $\mu_{x+\frac{1}{2}}$ 的死亡率调查必须收集两组不同的数据——死亡数和暴露数。这二者的定义应该是一致的，否则他们的比值毫无意义。然而，因为这些数据往往是从寿险公司的不同渠道获得的，例如，死亡数据可以从索赔数据中获得，而暴露数据可以从收取保费相关的数据中获得，所以我们不能保证这些数据的定义是相同的。我们所说的“定义一致”的确切含义是由一致性原则给出的。

一致性原则定义如下：一个 x 岁的人在时间 t 时处于存活状态，则他应包括在 t 时刻 x

岁群体的暴露数中，当且仅当这个人立即死亡时，他将被包含在死亡数 d_x 中。

这个原则看起来微不足道，但其实是非常重要和有用的。它意味着，当我们粗略估计死亡率时，我们应该努力确保分子（死亡人数）中使用的年龄定义与分母（风险暴露数）中使用的年龄定义相同。虽然这一点看起来似乎很明显，但我们将看到，当我们用“上个生日的年龄”以外的定义来规定投保人的年龄时，一致性原则就特别重要。可能使用的其他定义包括下个生日、最近的生日等，这些不同的年龄定义将在本节后面进行讨论。

四、计算 E_x^c

1. 根据完整的数据进行计算

精确计算的步骤是显然的：首先我们需要记录所有出生日期、所有进入观察的日期和所有退出观察的日期，再根据这些日期进行计算。如果我们在停止观察的原因上面加上数据就可以得到 d_x。

x 岁群体的中心暴露数 E_x^c 是从时间 A 到时间 B，其中，时间 A 是到达年龄 x 的时间、观察开始的时间和进入观察的时间之间的最晚时间点，时间 B 是到达年龄 $x+1$ 的时间、结束观察的时间和退出观察的时间中的最早时间点。

注意：

（1）计算时要考虑到人口进出的所有流动原因，而不仅仅是死亡。

（2）所有减因在退出年份贡献一年的一小部分，增量在进入年份贡献一年的一小部分。

（3）中心暴露数与退出原因无关。

（4）通常假设一年的平均天数为 $365\frac{1}{4}$，以便将暴露天数转换为年份。

虽然通过手动计算得到精确的暴露数很困难，但如果我们有所需的所有生命的信息，就可以很容易地在计算机上完成，例如使用电子表格上的日期函数。通常需要约定进入或退出的时间是否应计入暴露数，我们不会将两个时间都计入。

【例 6-8】 假设一项死亡率调查涵盖 2001 年 1 月 1 日至 2003 年 12 月 31 日期间。在这项调查中，使用的年龄是“上个生日的年龄”。下表给出了每个人用于计算 E_x^c 的时间范围。

	出生日期	进入观察的日期	退出观察的日期	退出观察的原因
A	25.04.69	07.08.99	30.10.02	死亡
B	01.07.69	12.09.02	—	—
C	04.09.68	22.07.03	4.12.03	退保

假设进入日计入暴露数，但退出日不计算。请计算每个个体对不同年龄下的中心暴露数的贡献区间。

【答案】

A：第一个人对中心暴露数的区间贡献如下：

E_{31}^{c}01.01.01 到 24.04.01

E_{32}^{c}25.04.01 到 24.04.02

E_{33}^{c}25.04.02 到 29.10.02

B：第二个人在 33 岁时加入，贡献如下：

E_{33}^{c}12.09.02 到 30.06.03

E_{34}^{c}01.07.03 到 31.12.03

C：第三个人在 34 岁时加入，贡献如下：

E_{34}^{c}22.07.03 到 03.09.03

E_{35}^{c}04.09.03 到 03.12.03

2. 用不完整的数据计算

本节剩余部分都是关于上述数据未被记录时近似计算的过程，我们将解决两个问题：

（1）当进出观察日期没有被记录时会发生什么？

（2）如果在年龄区间 x 到 $x+1$（对于整数 x）年龄的定义不一致，会发生什么？

五、人口普查近似 E_x^c

在本节中，我们将考虑在没有记录进出观测的确切日期时如何近似计算 E_x^c。

1. 可得数据

假设我们有以下数据：

d_x = 日历年 $K, K+1, \cdots, K+N$ 内死亡年龄为 x 岁（以上个生日为年龄标签）的死亡人口总数，也就是说，我们在 $N+1$ 个日历年中观察到了 x 岁到 $x+1$ 岁之间的所有死亡。

$P_{x,t}$ = 日历年 $K, K+1, \cdots, K+N, K+N+1$ 内每年 1 月 1 日处于观察中的 x 岁（以上个生日为年龄标签）的人口总数。

对于公司来说，在诸如 1 月 1 日等日期提交全部生效保单通常是比较方便的。这些公司可能不会花时间每天都计算生效保单的数量，因为这些信息的用途有限。然而，每家保险公司都可能进行年度精算估值，以评估其财务状况。年度估值日期（通常为 1 月 1 日）的有效保单数目将作为估值过程的一部分加以记录和计算。

2. 人口普查近似 E_x^c

现在定义 $P_{x,t}$ 为在任意时间 t 时处于观察中的并基于上个生日为年龄标签计算的 x 岁的人口总数。注意：

$$E_x^c = \int_K^{K+N+1} P_{x,t} dt \tag{6-36}$$

在任何很短的时间间隔 $(t, t+dt)$ 内，都会有 $P_{x,t}$ 个人贡献一年中的一小部分时间 d_t 组成暴露数。所以，在整个观察期内，$P_{x,t} \times d_t$ 给出了这个年龄的总风险暴露数。E_x^c 是 $P_{x,t}$ 曲线在 $t=K$ 和 $t=K+N+1$ 之间的图形面积。但我们不知道所有时间 t 下的 $P_{x,t}$ 的值，所以我们无法计算出积分的精确值。我们只知道 1 月 1 日（普查日期）时 $P_{x,t}$ 的值，因此我们必须通过给定的普查数据估计 E_x^c。

给定了积分仅在几个点的值（间隔整数日历年时间）的条件下，估计一个积分，这是数值分析中的一个常规问题。最简单、常用的近似是假定 $P_{x,t}$ 在普查日期之间是线性的，由此可以得到梯形近似。

梯形的面积是：高 × 1/2 ×（A 的长度 + B 的长度）

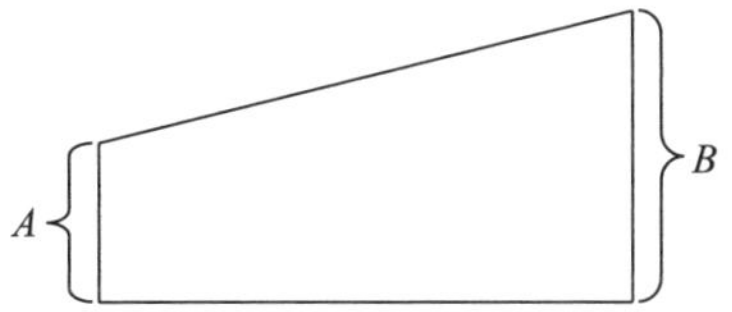

在这种情况下：

梯形的高等于 1，比如普查日之间的时间间隔；

上底的长度为 $P_{x,t}$，是年初（时间 t）的生效保单数；

下底 B 的长度为 $P_{x,t+1}$，是年底（时间 $t+1$）的生效保单数。

采用梯形近似：

$$E_x^c = \int_K^{K+N+1} P_{x,t} dt \approx \sum_{t=K}^{K+N} 1/2(P_{x,t} + P_{x,t+1}) \tag{6-37}$$

【例 6－9】基于以下数据估计 E_{55}^{c}：

日历年	在 1 月 1 日上个生日是 55 岁的人口数
2005	46233
2006	42399
2007	42618
2008	42020

【答案】

使用人口普查近似估计的方法，从 2005 年 1 月 1 日到 2008 年 1 月 1 日三年期的中心暴露数表示为：

$$E_{55}^{c} \approx \frac{1}{2}[P_{55}(1.1.05)+P_{55}(1.1.06)]+\frac{1}{2}[P_{55}(1.1.06)+P_{55}(1.1.07)]$$

$$+\frac{1}{2}[P_{55}(1.1.07)+P_{55}(1.1.08)]$$

$$=\frac{1}{2}P_{55}(1.1.05)+P_{55}(1.1.06)+P_{55}(1.1.07)+\frac{1}{2}P_{55}(1.1.08)$$

$$=\frac{1}{2}(46233)+42399+42618+\frac{1}{2}(42020)=129143.5$$

3. 不同年龄定义下的死亡人数

上述我们使用了一种对年龄的定义——“上一个生日是 x 岁”，这种定义表示当前实际年龄处于 $[x,x+1]$。还有其他一些经常使用的定义，例如：

$d_x^{(2)}$ 表示在日历年 $K,K+1,\cdots,K+N$ 之间，最接近的生日时年龄达 x 岁的人群的死亡总数；$d_x^{(3)}$ 表示在日历年 $K,K+1,\cdots,K+N$ 之间，下一个生日时年龄达 x 岁的人群的死亡总数。

每一种定义分别代表了一种不同的年龄区间，叫作估计区间。估计区间是指一段长度为一年的时间区间，在这段区间内生命体所记录下的年龄保持不变，例如：在一段这样的时间区间内，一个个体保持“上一个生日时是 36 岁”或“最接近的生日时是 42 岁”的状态不变。

关键在于，生命体在这一整个估计区间内都带有相同的年龄标签。考虑到这一点，我们可以知道估计区间的起始时间是从生命体的年龄标签改变的那一刻开始的。例如，如果年龄标签是“最接近的生日的年龄”，那么对于一个“最接近的生日为 42 岁”的生命体来说，他将会在 42.5 岁开始变成“最接近的生日为 43 岁”，即年龄标签在两个生日的中间处改变了。

因此，通过 $d_x^{(2)}$ 和 $d_x^{(3)}$ 等数据估计出的 $\hat{q}$ 或 $\hat{\mu}$ 可能不是 q_x 或 μ_x 的估计值，而是其他年龄下的 q 或 μ 的估计值，总结如下表所示。

x 的定义	估计区间	$\hat{q}$ 的估计量	$\hat{\mu}$ 的估计量
上一个生日的年龄	$[x,x+1]$	q_x	$\mu_{x+1/2}$
最接近生日的年龄	$\left[x-\frac{1}{2},x+\frac{1}{2}\right]$	$q_{x-1/2}$	μ_x
下一个生日的年龄	$[x-1,x]$	q_{x-1}	$\mu_{x-1/2}$

4. 人口普查数据和死亡数据之间的一致性

我们必须确保人口调查数据和死亡人口数据在口径上是保持一致的。援引一致性原则的内容，我们必须确认如下事实：

人口调查数据 $P_{x,t}$ 和死亡人数数据 d_x 是一致的，当且仅当任何记录于人口调查数据 $P_{x,t}$ 中的生命体死亡后，其死亡会被记录在 d_x 中。

与估计区间 $\left[x-\frac{1}{2},x+\frac{1}{2}\right]$ 对应（即和最接近生日的年龄这一定义相对应）的人口调查数据的定义是：$P_{x,t}^{(2)}$ = 时刻 t 下，观测中生日最接近的年龄为 x 岁的生命体数量，其中 t 取日历年 $K,K+1,\cdots,K+N,K+N+1$ 的 1 月 1 日；

与估计区间 $[x-1,x]$ 相对应（即和下一个生日的年龄这一定义相对应）的人口调查数据的定义是：$P_{x,t}^{(3)}$ = 在时刻 t 下，观测中下一个生日时的年龄为 x 岁的生命体数量，其中 t 取日历年 $K,K+1,\cdots,K+N,K+N+1$ 的 1 月 1 日。

如果死亡人数数据和人口调查数据使用了不同的年龄定义，我们必须对人口调查数据进行调整。除非万不得已，我们一般不调整死亡人数数据，因为当死亡力很小时，死亡人数数据“携带了大部分的信息”。

第五节 修匀

生命表是所有年龄的单期死亡概率或者生存概率的集中反映。根据常识认知和实际需要，相邻年龄的死亡率应该具有可比性，且一般情况下死亡率应随年龄的增大而增大。但是因为统计误差等原因，使用非参数方法估计的生命表可能不满足这些特征，因此我们需要对其进行修匀。修匀是指使用统计技术以改善粗略死亡率提供的估计值。修匀的目的是产生一组适合特定目的的平滑值，以消除随机抽样误差，并利用邻近年龄提供的信息，提高估计的可靠性。修匀结果是“平滑”粗略死亡率。

一、修匀的原因

修匀的目的是产生一组适合特定用途的平滑死亡率、消除随机抽样的误差并使我们能够使用相邻年龄的可用信息。下面从三个观点对修匀的原因进行介绍。

1. 理论观点

我们修匀的核心目的是保证死亡率 q_x 或者 μ_x 应该随年龄光滑地变化。任何粗略估计 $\hat{q}_x$ 或者 $\hat{\mu}_{x+\frac{1}{2}}$ 的原始数据也携带着 q_{x-1}，q_{x+1} 或者 $\mu_{x-\frac{1}{2}}$，$\mu_{x+1\frac{1}{2}}$ 的信息。举个例子，如果 q_x 是光滑的且没有变化太快，那么 $\hat{q}_x$ 应该与 q_{x-1}，q_{x+1} 的值接近，这是最好的估计量应该具备的性质。通过光滑，我们可以利用相邻年龄的数据来优化每个年龄的估计量，也可以减少每个年龄的采样误差。

2. 实际观点

平滑死亡率数据的一个实际原因是，我们将使用生命表来计算财务指标，例如人寿保险合同的保险费等。由于不规则（跳跃或其他异常）的值在实践中很难调整，因此我们希望这些指标随年龄的增长而平滑变化。

我们可以用粗死亡率来计算直接平滑保费等指标，但使用先平滑死亡率会更加方便后面的计算。在任何情况下，我们都不会将死亡的经验数据直接应用于某些财务指标的计算，而不仔细考虑其适用性。通常情况下，死亡经验数据在使用前必须以某种方式进行调整。

3. 修匀的限制

修匀不能实现的是消除由于错误的数据收集或其他原因而产生的数据中的任何偏差。修匀只能产生与原始数据一样可靠的结果，如果原始数据并不可靠，那修匀结果也会很糟糕。

二、修匀的理想效果

我们希望通过修匀实现以下三个理想效果：光滑、贴合数据和适合工作目的。

1. 平滑性与数据依从性

平滑性和对数据的依从性通常是相互冲突的要求。完美的平滑（极端的例子：一条直线）不过分关注数据，而对数据的绝对依从则意味着没有平滑。如果修匀过程产生的死亡率是平滑的，但对数据的依从性很小，那么我们说数据可能被过度修匀。修匀 A 中的图表非常平滑，但它始终高估了低年龄的死亡率，低估了高年龄的死亡率。如果没有进行足够的平滑处理，则会造成修匀不足，如修匀 B 更贴近原始数据，但它的变化没有规则且不稳定。

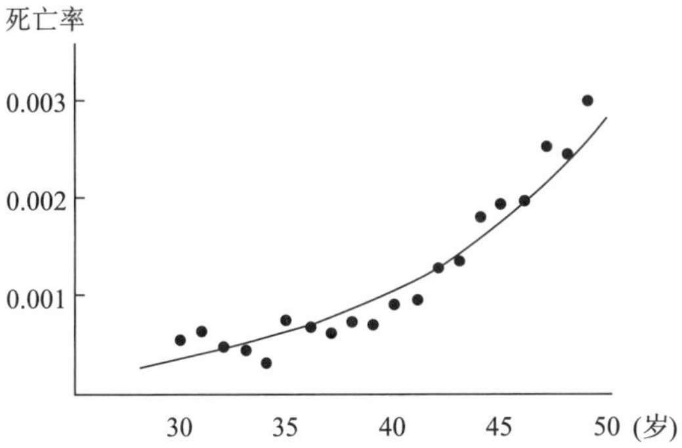

图 6－1　修匀 A

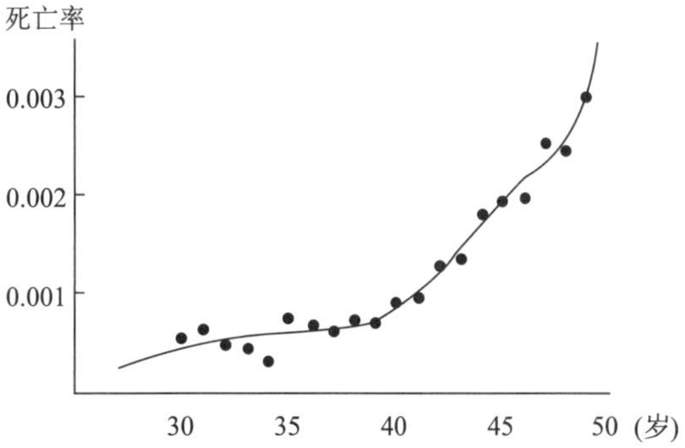

图 6－2　修匀 B

2. 光滑性以及贴合性检验

修匀的艺术在于找到一个令人满意的平滑和贴合数据二者的折中。贴合数据的检验与对照标准表的经验统计检验有许多共同之处，它们依赖于这样的假设，即基本概率模型的“真”参数是估计修匀的$\{\mathring{q}_x\}$或$\{\mathring{\mu}_{x+\frac{1}{2}}\}$。

当将观察到的数据与标准表进行比较时，我们的原假设是：

H_0：观察到的数据来自按标准表经历死亡率的人口。

当检验修匀对观测数据的依从性时，我们的原假设变为：

H_0：每个年龄 x 下的真正潜在死亡率是修匀死亡率。

例如，我们用假设 $D_x \sim Normal(E_x^c\,\mathring{\mu}_{x+\frac{1}{2}}, E_x^c\,\mathring{\mu}_{x+\frac{1}{2}})$ 来替换假设 $D_x \sim Normal(E_x^c\mu_{x+\frac{1}{2}}^s, E_x^c\mu_{x+\frac{1}{2}}^s)$，然后继续检验统计假设。

3. 适合工作目的

修匀对实际工作的适宜性在很大程度上取决于该工作是什么，例如两种常见的情景是：

（1）在寿险工作中，过早死亡会造成损失（福利的支付比预期的要快），所以我们不能低估死亡率。如果我们在计算保险费时低估死亡率，保险公司就会因保险费不足以支付既定福利而蒙受损失。

（2）在养老金或年金工作中，由于延迟死亡会造成损失（福利的支付时间比预期的长），因此我们不能高估死亡率。为了限制潜在的损失，该公司在确定死亡率时应该适当偏低。

三、检验修匀的光滑性

高等数学中光滑通常被定义为可微性，但在修匀过程中这几乎没什么用，因为很多函数都在整数之间变化且通常都是不可微的。光滑性检验可以用来检验是否存在不足修匀。我们可以将高阶多项式拟合到任意一组观测数据中，如图 6－3 所示。拟合多项式在数学意义上是光滑的，即多次可微的，但它不能随着年龄的增长而平稳地进行。

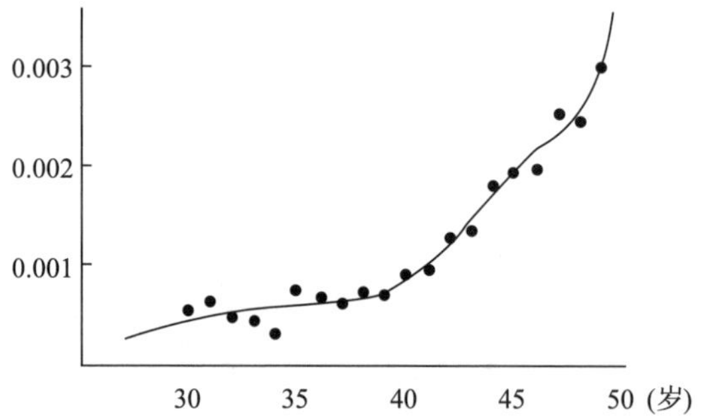

图 6－3　一组数据的高阶多项式拟合图

因此，考虑到研究的对象（通常是年龄），我们寻求一种更加粗略和现成的对平滑程度进行度量的方法。为了检验平滑度，我们需要计算修匀量 $\{\hat{q}_x\}$ 或 $\{\hat{\mu}_{x+\frac{1}{2}}\}$ 的三阶差分。例如：

一阶差分：
$$\Delta \mathring{q}_x = \mathring{q}_{x+1} - \mathring{q}_x \tag{6－38}$$

二阶差分：
$$\Delta^2 \mathring{q}_x = \Delta \mathring{q}_{x+1} - \Delta \mathring{q}_x \tag{6－39}$$

三阶差分：
$$\Delta^3 \mathring{q}_x = \Delta^2 \mathring{q}_{x+1} - \Delta^2 \mathring{q}_x \tag{6－40}$$

其中，三阶差分衡量了曲率的变化。

通常使用的平滑性检验的标准是修匀量$\{\hat{q}_x\}$或$\{\hat{\mu}_{x+\frac{1}{2}}\}$的三阶差分应该满足以下条件：

（1）与修匀量本身相比，量级较小；

（2）有规律地变化。

如何判断这个标准是否有效需要一些实际的检验。然而，由于现在使用的大多数修匀方法会给出平滑的结果，这不是很重要。在下一小节讨论的三种修匀方法中，只有图解法难以实现平滑。

四、修匀的方法

1. 参数修匀

对于相当大的数据，最常用的修匀方法是将一个参数公式拟合到初始估计中。基本假设是μ_x（或q_x）可以使用具有未知参数的适当数学公式建模。参数通常由计算机用数值方法自动计算。如果使用的公式没有包含足够的参数，它将不够灵活，无法紧密贴合原始数据，这可能会导致过度修匀。如果包含太多参数，刻度曲线可能会出现突然弯曲，这可能会导致修匀不足。

对于不同的参数值，我们可以评估拟合模型的平滑度和对数据的贴合性。实际上，如果参数足够少，我们不需要检查平滑度。我们将根据一些关于拟合优度的预定义标准，选择最合适的参数值。

（1）参数公式的选择和拟合。

前面章节我们学过两个简单且有用的模型是：

Gompertz（1825）：$\mu_x = Bc^x$

Makeham（1860）：$\mu_x = A + Bc^x$

在实践中，人们通常发现μ_x在中老年时期遵循指数分布，因此选择的合理公式中应该包括 Gompertz 项。Makeham 公式在 Gompertz 公式的基础上添加了与年龄无关的意外死亡。

（2）修匀过程。

第一步：选择修匀的公式。

我们首先需要选择特定的参数曲线族。例如，CMI 使用的一般是：

$$\alpha_1 \exp(\alpha_2 x)$$

$$\alpha_1 + \alpha_2 \exp(\alpha_3 x)$$

$$\alpha_1 + \alpha_2 \exp(\alpha_3 x + \alpha_4 x^2) 等$$

第二步：确定参数值。

选择函数形式后，我们需要基于 $\hat{q}_x$ 或者$\hat{\mu}_x$ 估计函数中的参数。常用的方法包括最小二乘估计和加权最小二乘估计。

第三步：计算修匀后的死亡率等。

使用拟合的参数公式计算每个年龄下的修匀死亡率。

第四步：检验。

根据数学上的统计检验方法，在给定一个最佳拟合曲线后，必须将修匀后的数据与原始数据进行比较，以确定它们是否非常接近。通常，这一过程将对多个曲线族执行，最终的选择将受到“拟合优度”的影响。然而，许多其他因素会影响结果，因此实际结果在统计意义上并不总是最适合的修匀结果。

2. 标准表修匀

“标准表”是指基于足够的数据编制并发布的生命表，它通常被认为是可靠的，例如基于一国全体人口的国民生命表和基于大量被保险生命的被保险生命表等。

标准表将始终基于定义明确的生命体，尽管这并不意味着该生命类是完全同质的。如果给我们一组相似生命的死亡经验数据，我们可以合理地假设它应该与标准表中的经验数据有一些共同的特征，比如它的整体形状。如果从我们感兴趣的经验中无法获得太多的数据，这个方法将是有用的。

所以，当我们没有大量的数据，并且有一个我们认为适合人群的标准表时，我们倾向于使用这种修匀方法。根据标准表格提供的有关一般死亡力的信息，选择一个包含未知参数的适当公式来反映新经验死亡率与标准表的修匀死亡率之间的关系。例如，如果我们认为真实的潜在死亡率是标准表率的线性函数，我们可以尝试$\overset{o}{q}_x = aq_X^S + b$ 形式的公式。只有当标准表与基本经验足够相似时，才有可能得到令人满意的估计结果。

修匀步骤如下：

第一步：选择标准表。

我们选择了一个现有的标准死亡力表，通过比较特定标准表所依据的生命特征和当前调查中的生命特征（如性别、地理区域、调查期）来评估特定标准表的适当性。

第二步：找到与标准表之间的联系。

假设 q_x^S 或 μ_x^S 为标准表的死亡率或死亡力，接着我们试图通过寻找一个简单函数 $f(\ )$ 来表达二者生命体征的相似性，例如，$\overset{o}{q}_x = f(q_x^S)$ 或$\overset{o}{\mu}_x = f(\mu_x^S)$。

示例包括：

$$\overset{o}{q}_x = a + bq_x^S$$

$$\overset{o}{q}_x = (a + bx)q_x^S$$

$$\overset{o}{\mu}_x = \mu_x^S + k$$

$$\overset{o}{\mu}_x = \mu_{x+k}^S$$

其中，a、b 和 k 是常数。简单连接函数的选择可以通过一些简单的作图过程来帮助完成，例如：

（1）以 $\hat{q}_x$ 为纵轴、q_x^S 为横轴作图可能揭示两者间的线性关系；

（2）以 $-\log(1-\hat{q}_x)$ 为纵轴、$-\log(1-q_x^S)$ 为横轴作图可能揭示 μ_x 存在线性关系。

如果找不到一个简单的关系，那么关于二者具有相似生命特征的假设也许应该重新考虑。但如果数据稀少，就不可能太接近任何假定的关系，特别是在极端年龄段上。

第三步：确定参数值。

一旦确定了可能的关系，就必须找到最佳的拟合参数。可以使用任何合适的方法，例如：

（1）极大似然估计法。

$q_x = f(\alpha_1, \cdots, \alpha_n, q_x^S)$ 或 $\mu_x = f(\alpha_1, \cdots, \alpha_n, \mu_x^S)$，其中，$\alpha_1, \cdots, \alpha_n$ 是未知参数。然后通过最大化极大似然函数的步骤来找到最大似然估计。

（2）最小二乘法。

参数值应最小化 $\sum w_x(\hat{\mu}_x - \overset{o}{\mu}_x)^2$ 或者 $\sum w_x(\hat{q}_x - \overset{o}{q}_x)^2$，其中，$w_x$ 代表适合的权重，自然权重一般是不同年龄的暴露数（E_X^C 或 E_X），或者是 $\tilde{q}_x$ 或 $\tilde{\mu}_x$ 的方差的倒数。

第四步：计算修匀后的死亡率。

根据与标准表的假定关系来计算修匀后的死亡率。

第五步：测试最终的修匀是否能通过拟合优度检验，以及当存在多个候选函数 $f(\ )$（或存在不止一个合适的标准表）时，拟合优度检验是否可用于帮助最终选择。

【例 6－10】 基于关系式 $\overset{o}{\mu}_x = a\tilde{\mu}_x + b$ 对粗死亡力 $\hat{\mu}_x$ 进行标准表修匀。其中，参数使用加权最小二乘法来计算。假设所有的观测值 $\hat{\mu}_x$ 均为正值，列出此处需要进行最小化的目标表达式，并提供一个合理的权重。

【答案】

需要最小化的目标表达式为：

$$S = \sum_1^n w_x(\overset{o}{\mu}_x - \hat{\mu}_x)^2 = \sum_1^n w_x(a\tilde{\mu}_x + b - \hat{\mu}_x)^2$$

此处权重 w_x 应与初始值随机变量的方差的倒数成正比，即可取：

$$w_x = \frac{E_X^C}{\hat{\mu}_x}$$

综上所述，要最小化的目标表达式是：

$$S = \sum_{1}^{n} \frac{E_X^C}{\hat{\mu}_x}(a\tilde{\mu}_x + b - \hat{\mu}_x)^2$$

3. 作图修匀

作图修匀法是一种比较“粗糙”的修匀方法。将观察值 $\hat{q}_x$ 或 $\hat{\mu}_x$ 在坐标系中描点，标注每个点的置信曲线，再作出一条穿过所有置信区间的曲线，该曲线即为修匀后的死亡率曲线或死亡力曲线。

某些情况要求快速得到结果，而对结果的精度要求较低。此时，适用作图修匀法。除死亡率外，作图修匀法还适用于许多其他情形，比如计算退保率和养老金计划中成员的退休率等。

作图修匀的过程如下：

第一步，描点。将初始估计值（$\hat{q}_x$ 或 $\hat{\mu}_x$）或者初始估计值的适当函数形式（如 $\log\hat{q}_x$ 或 $\log\hat{\mu}_x$）在坐标系中进行描点。

第二步，标出置信区间。在初始估计值处划定适合的置信区间，例如粗略的95%置信区间上下界，即：

$$\hat{q}_x \pm 2\frac{\sqrt{d_x}}{E_x} \text{或} \hat{\mu}_x \pm 2\frac{\sqrt{d_x}}{E_x^c}$$

第三步，作出曲线图。在作图前，可以参考基于类似情况的经验标准表来对死亡率曲线形状有一个初步的认识。做好上述准备后，在置信区间内作出尽量平滑的曲线。

第四步，读取修匀值。在所作曲线图上读取各个整数年龄处的修匀值。

第五步，检验。对读取的修匀值结果进行拟合检验和光滑性检验。

第六步，若第五步的拟合检验和光滑性检验结果极不显著，需返回第三步重新作曲线图。

第七步，对修匀值进行“手工抛光”。读取的修匀值在通过拟合检验和光滑性检验后，就可以通过“手工抛光”来使一些不规律的修匀值变得更符合规律，比如去除异常值点，直接调整修匀值使其满足死亡率递增规律等。

【延伸阅读】

修匀后我们需要检验数据的贴合性是否良好，这里我们简单介绍卡方检验以及累计偏差检验，当然还有一些其他的检验方法，大家感兴趣的话可以自行查找统计资料进行深入了解。

（1）卡方检验。

给定 m 个年龄的组别，卡方统计量是：

$$\sum_{x=x_1}^{x_m}\frac{(d_x - E_x q_x^s)^2}{E_x q_x^s(1-q_x^s)} \text{或者} \sum_{x=x_1}^{x_m}\frac{(d_x - E_x^c \mu_{x+\frac{1}{2}}^s)^2}{E_x^c \mu_{x+\frac{1}{2}}^s}$$

上述卡方统计量自由度是 m（上标 s 表示标准表）。这是一种较为简单可得到检验结果的方法。

上述计算中的一个关键点是，观察死亡所依赖的数据不应与预期死亡所依赖的数据相同。然而显然我们在检验修匀后的死亡率与观察值是否贴合的时候这个假设是不成立的，因为 $\overset{o}{q}_x$ 和 $\overset{o}{\mu}_{x+\frac{1}{2}}$ 都是基于观察值而计算得出的。

尽管如此，卡方检验仍然是适用的。卡方统计量没有变化：

$$\sum_{x=x_1}^{x_m}\frac{(d_x - E_x \overset{o}{q}_x)^2}{E_x \overset{o}{q}_x(1-\overset{o}{q}_x)} \text{或者} \sum_{x=x_1}^{x_m}\frac{(d_x - E_x^c \overset{o}{\mu}_{x+\frac{1}{2}})^2}{E_x^c \overset{o}{\mu}_{x+\frac{1}{2}}}$$

但是我们必须减少自由度，因为：

- 如果我们用公式法修匀，自由度应该减少参数的个数。
- 如果我们用标准表修匀，自由度减少数应多于参数的个数，因为还有一些限制条件。我们不去考虑减少多少，我们更应关注如何取得解释检验结果。
- 如果我们用画图法修匀，那么决定自由度减少多少是很难的。一个粗略的方法是每修匀十个年龄或者年龄组的值，自由度就减少 2 或者 3，这相当于大致确定了曲线的高度、斜率和（可能）曲率。

（2）累计偏差检验。

因为修匀的程序，累计偏差检验不能在累计偏差为 0 的时候使用。一些修匀的方法可能会让累计偏差趋于 0，此时曲线已经贴合样本而呈现出非随机性，因此累计偏差检验在这种时候不适用。

习　题

1. 现要调查一家大公司雇员的退休率是否会随着他们的工作年限而变化。

公司记录了雇员的以下信息：

- 开始雇用的日期
- 由于身体状况不佳而提前退休的日历年

- 员工的年龄达到65岁而正常退休的日期
- 员工因其他原因离开公司的日期

在这一调查背景下，考虑是否存在以下数据缺失的类型，如果存在的话，请解释它是如何产生的。

（1）左缺失

（2）右缺失

（3）能提供更多信息的缺失

2. 为了测试一种新药的有效性，我们进行了一项临床试验。共有60名患者参与了试验，从接受治疗开始的两年内追踪观察参与者的情况。以下数据显示了结束2年治疗前死亡或退出试验的患者从治疗开始到观察结束的完整时间（时间单位是月）。

死亡时间：8，10，10，16，20

退出时间：2，6，9，16，18，22，22

（1）计算生存函数的 Kaplan - Meier 估计量。

（2）计算患者在开始药物治疗后至少存活18个月的概率的95%置信区间。

3. 在 T 年的时间内，我们观察 N 个处于 x 岁到 $x+1$ 岁之间的个体。N 个生命的总观察时间为 V，且观察到 d 个死亡。

（1）假定个体在 x 岁到 $x+1$ 岁之间的死亡力是常数 μ，请说明在泊松模型下 d 满足的基本假设。

（2）证明在上述假设下，μ 的最大似然估计量为 $\frac{D}{V}$。

（3）证明最大似然估计量的期望为 μ，方差为 $\frac{\mu}{V}$。

4. 某一年的1月1日，有406名男性和418名女性居住在一个小镇上，他们的年龄在25岁到30岁之间。如果可以假定在这一年龄范围内的初始死亡率是恒定的，即每10000名男子中有4.2人死亡，每10000名妇女中有3.3人死亡，则计算这一年内恰好有两人死亡的概率。

5. 在进行死亡率调查时，一家人寿保险公司使用了年中获得的人口普查数据。所有有效保单均按普查当日（每个日历年6月30日）最接近的生日所对应的年龄进行分类，其中 $P_x(T)$ 表示 T 年时最接近的生日对应 x 岁的有效保单数目。在20世纪90年代出售的定期保险单组合中，准确的出生日期会被记录下来。在2011年和2012年间死亡的总人数为 θ_x，这里的分类标准 x 岁是指死亡发生前最后一个生日对应的年龄。为了估计 x 岁时的死亡力，请给出风险暴露数的计算公式，并列明你做出的任何假设。

6. 在一项死亡力调查试验中，我们获得了以下信息：

上个生日时的年龄（岁）	初始暴露数（个）	死亡人数（人）
60—64	20500	374
65—69	27800	892
70—74	30100	1475
75—79	26700	2158
80—84	17700	2251
85—89	9200	1780
90—94	2300	630

（1）描述如何进行作图修匀以及如何得到特定年龄下死亡率的 95% 置信区间。

（2）描述如何让检验修匀结果的呈现光滑性。

（3）你认为作图修匀在这个试验中是否合适？如果不合适，请说明你认为较好的修匀方法。

7. 一项生存研究对刚进行手术后的 12 名患者进行了为期 10 天的随访。根据之前的研究经验，大约 1/3 的患者能够存活超过 10 天。随访每日观察患者的病情（即患者的生存情况），观察结果如下所示，其中 $S(t)$ 是生存函数的 Kaplan - Meier 估计。

术后时间（天）	$S(t)$
$0 \leqslant t < 2$	1
$2 \leqslant t < 4$	0.9
$4 \leqslant t < 5$	0.7
$5 \leqslant t < 7$	0.56
$7 \leqslant t < 10$	0.373

（1）计算死亡的患者人数和发生缺失的患者人数，并且说明所有死亡患者的死亡时间和缺失患者发生缺失的时间。

一位专家分析师对数据的准确性表示担忧，认为数据可能存在错误。

（2）简要说明这位专家担忧的来源。

（3）说明可以改进这项研究的方法。

8. 一家山区的救援服务机构正在为希望加入该服务的志愿者推出一项新的登山培训计划。该计划为期 10 周，每周六进行一次。所有实习的救援人员都要参加这项登山计划，只有本周完成登山训练的实习人员才有资格进入下周的登山训练。

救援机构会将完成一定数量培训的实习人员转正。为了确定这个指标设置多少合理，这家机构对 20 名志愿者进行了试验，下表为这 20 个志愿者的攀登情况。

周数	符合条件但未到场人数（人）	到场但未完成攀登人数（人）
1	0	1
2	0	2
3	1	2
4	0	0
5	0	1
6	4	1
7	0	2
8	0	1
9	0	2
10	0	1

（1）解释为什么使用 Kaplan - Meier 估计是评估该训练计划的一个合适的方法。

（2）这家机构希望转正 30% 的志愿者。使用 Kaplan - Meier 估计，计算该服务机构应该要求受训者完成的成功攀登的周数。

（3）讨论机构在利用这项研究为未来所有志愿者指定招募标准的时候需要注意的问题。

9. 当考虑死亡率时，精算师通常会使用初死亡率 q_x，而人口统计学家通常会使用中心死亡率 m_x。为了估计各年龄 x 的 m_x，一个人口统计学家收集了以下数据。

上一次生日的年龄（岁）	观察到死亡的数量（个）	中心暴露数（个）
60	34	4267
61	36	4037
62	42	4269
63	47	4299
64	46	3929

（1）解释两种死亡率定义的区别，以及哪一种死亡率在给定的年龄 x 有更大的值。

（2）使用上面给出的数据估计 $x=60$ 岁、61 岁、62 岁、63 岁和 64 岁的 m_x。

（3）一个养老金计划在成员 65 岁生日时开始支付养老金。请使用上述第（2）部分的估计值计算一个 60 岁整的该养老金计划成员会领到养老金的概率，并仔细解释所有需要的步骤和假设。

10. 一家保险公司使用以下二次 Gompertz 公式对其部分寿险业务的经验数据进行了修匀：

$$\mu_x = \exp(a_0 + a_1 x + a_2 x^2)$$

其中，a_0、a_1 和 a_2 是常数，x 是以年为单位年龄。

用于此修匀的经验数据以及修匀后的死亡率如下表所示。所有数据均在 2018 年 1 月 1 日至 2018 年 12 月 31 日（含当天）之间收集，并基于“最接近生日的年龄”进行统计。

年龄（岁）	暴露风险（年）	死亡人数（人）	修匀死亡率
60	11362	80	0.0069
61	11086	85	0.0077
62	10816	100	0.0085
63	10530	105	0.0095
64	10301	108	0.0105
65	10233	117	0.0115
66	9970	110	0.0126
67	9708	131	0.0138
68	9667	145	0.015
69	9807	140	0.0163

（1）执行卡方检验以评估该修匀的整体拟合优度，陈述原假设和备择假设。

（2）该公司想要将修匀延长至 70 岁。70 岁的死亡数量是 150，风险暴露数是 10000 年。

设 $\hat{\mu}_{70}$ 为 70 岁的修匀死亡率，且原假设和备择假设与（i）部分相同，只是年龄范围现在是从 60 岁到 70 岁。

使用上表中的数据，确定 $\hat{\mu}_{70}$ 需要满足的条件，以便在累积偏差检验中，在 5% 的显著性水平下，没有足够的证据拒绝原假设。

11. A 国最近经历了一场经济危机。在国家试图复苏经济的过程中，财政部正试图估算就业恢复率。财政部决定使用两状态连续时间 Markov 模型来估算就业率。财政部还决定使用曾经的一次经济复苏的数据来估算就业率。状态如下图所示：

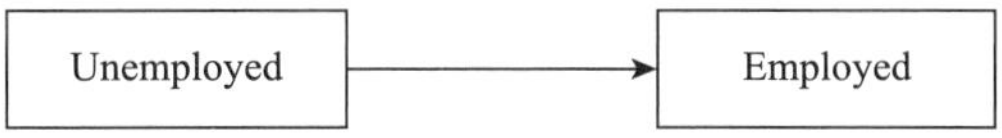

上一次经济复苏的就业数据如下：

- 总人口第一年获得就业的用时（按年人次计）：30000
- 总人口第二年获得就业的用时（按年人次计）：22000
- 第一年获得就业的人数：5000 人
- 第二年获得就业的人数：7000 人

可以假定，任何一年的就业恢复率都是不变的。

（1）给出就业恢复率极大似然估计的似然函数，并且定义你所使用的所有参数。

（2）计算前两年从失业状态转移到就业状态的最大似然估计的转移力。

（3）用表达式估计第二年最大似然估计量的方差。

（4）计算未来两年未就业的概率。

12. 一位研究人员正在研究日历年 2016 年到 2017 年间特定人群中老年男性的死亡率。研究人员获得了以下数据：

按下一个生日的年龄分类的每个年龄段人口中男性人数，记录时间分别是 2015 年、2016 年、2017 年和 2018 年的 4 月 1 日按下一个生日的年龄分类的每个年龄的死亡人数。

您将从数据中获得以下摘录：

人口中的男性数量

下一个生日的年龄（岁）	1/4/15	1/4/16	1/4/17	1/4/18
81	6010	5980	6130	6200
82	5320	5310	5480	5520
83	5680	5800	5750	6030
84	5150	5230	5250	5150

死亡人数

下一个生日的年龄（岁）	2016 年	2016 年
81	354	348
82	375	391
83	430	432
84	442	437

用这些数据估计 $\mu_{81,5}$ 的数值。

参考答案

1.

（1）由于雇员开始工作的日期是已知的，因此不存在左缺失。

（2）部分雇员在正常退休年龄 65 岁前因除疾病之外的原因离开公司，因此存在右缺失。

（3）那些因其他原因离开公司的人有可能健康状况更好（如果他们继续就业，就不太可能因健康原因退休），因为他们很可能转而从事另一份（可能报酬更高，责任更大）工作，而新工作也会要求他们通过体检。同样，那些不辞职的人更有可能因健康原因退休。这些群体有不同的后续经验，那么就出现了能提供更多信息的缺失。

2.

（1）以月为单位，用 t 表示治疗开始的时间。生存函数的 Kaplan－Meier 估计是一个阶跃函数，从 1 开始，每次观察到死亡时递减。初始时有 60 个样本生命，其中，2 个样本在出现第一次死亡前缺失，第一次死亡发生在时间 8。所以有：

$$\hat{S}(t)=1,\ \text{for } 0\leqslant t<8$$

用 t_j 表示第 j 个死亡时间，用 n_j 表示 t_j 时刻前仍处于观察中的样本数量，用 d_j 表示 t_j 时刻的死亡人数，则有：

j	t_j	n_j	d_j	$\hat{\lambda}_j=\frac{d_j}{n_j}$	$1-\hat{\lambda}_j$
1	8	58	1	$\frac{1}{58}$	0.98276
2	10	56	2	$\frac{2}{56}$	0.96429
3	16	54	1	$\frac{1}{54}$	0.98148
4	20	51	1	$\frac{1}{51}$	0.98039

因此生存函数的 Kaplan－Meier 估计量为：

$$\hat{S}(t)=\prod_{t_j\leqslant t}(1-\hat{\lambda}_j)=\begin{cases}0 & ,0\leqslant t<8\\ 0.98276 & ,8\leqslant t<10\\ 0.94766 & ,10\leqslant t<16\\ 0.93011 & ,16\leqslant t<20\\ 0.91187 & ,20\leqslant t\leqslant 24\end{cases}$$

（2）易知 $S(18)$ 的 95% 置信区间是 $\hat{S}(18)\pm1.96\sqrt{\mathrm{var}(\hat{S}(18))}$

根据（1）可知 $\hat{S}(18)=0.93011$

通过使用 Greenwood 公式可知

$$\begin{aligned}\mathrm{var}(\tilde{S}(18)) &= (\hat{S}(18))^2\sum_{t_j\leqslant 18}\frac{d_j}{n_j(n_j-d_j)}\\ &= 0.93011^2\left[\frac{1}{58\times57}+\frac{2}{56\times54}+\frac{1}{54\times53}\right]\\ &= 0.001136\end{aligned}$$

因此，置信区间为（0.8604，0.9962）。

3.

（1）泊松模型的基本假设是：

假定生命是独立且同质的；观察所花费的时间 V 是已知的（$=E_x^c$）；死亡人数是一个随机变量，其分布服从 $Poisson(\mu V)$。

（2）因为 D 服从 $Poisson$ 分布，所以有 $P(D=d)=\frac{(\mu V)^d e^{-(\mu V)}}{d!}$。

观察到 d 个死亡的极大似然函数为：$L(\mu)=\frac{(\mu V)^d e^{-(\mu V)}}{d!}$

令极大似然函数最大，则有：$\log L(\mu)=-\mu V+d\log\mu-const$

对 μ 求偏导得：$-V+\frac{d}{\mu}=0$，解得 $\hat{\mu}=\frac{d}{V}$。又因二阶导 $-\frac{d}{\mu^2}<0$，所以是极大值。

因此 μ 的最大似然估计量为$\frac{D}{V}$。

（3）因为 $D\sim Poisson(\mu V)$，所以有：

$$\tilde{\mu}=\frac{D}{V}\Rightarrow E[\tilde{\mu}]=\frac{1}{V}E[D]=\frac{1}{V}\times\mu V=\mu$$

$$\mathrm{var}[\tilde{\mu}]=\frac{1}{V^2}\mathrm{var}[D]=\frac{1}{V^2}\times\mu V=\frac{\mu}{V}$$

4. 将男性和女性的死亡人数分别记为 M 和 F，则恰有两人死亡的概率为：

$$P(2\text{ 人死亡})=P(MM)+P(MF)+P(FF)$$

假设死亡独立发生，则根据二项分布的概率公式可知：

$$P(MM)=C_{406}^2 0.00042^2 0.99958^{404} 0.99967^{418}=0.010662$$

$$P(FF)=C_{418}^2 0.00033^2 0.99967^{416} 0.99958^{406}=0.006976$$

$$P(MF)=C_{406}^1 0.00042\times0.99958^{405}\times C_{418}^1 0.00033\times0.99967^{417}=0.017290$$

因此恰有两人死亡的概率为 3.49%。

5. 令 $P_x'(t)$ 表示在 2011 年 1 月 1 日以后的 t 时刻，年龄为 x 岁的有效保单的普查数量，这里的 x 岁表示调查日期前最后一个生日时对应的年龄。

假设 $P_x'(t)$ 在区间（0,1）和（1,2）内关于 t 线性变化，那么在观察期内 x 岁的中心风险暴露数为：$E_x^c=\int_{t=0}^{2}P_x'(t)dt=P_x'(0.5)+P_x'(1.5)$。

$P_x'(0.5)$ 表示在 0.5 时刻时的上个生日为 x 岁的人口数量，$P_x(2011)$ 表示 0.5 时刻时最近的生日为 x 岁的人口数量，则有：$P_x'(0.5)=0.5(P_x(2011)+P_{x+1}(2011))$，$P_x'(1.5)=0.5(P_x(2012)+P_{x+1}(2012))$。

因此可以得到风险暴露数的公式为：

$$E_x^c = \frac{1}{2}(P_x(2011) + P_{x+1}(2011)) + \frac{1}{2}(P_x(2012) + P_{x+1}(2012))$$

6.

（1）首先，根据这些数据计算出各年龄阶段的粗死亡率，并在图表上标出这些死亡率。如果 q_x 值的范围很广，则可能需要使用对数刻度。

如果每个年龄的风险暴露较小，粗死亡率会存在很大程度的随机误差，很难绘制平滑曲线，此时需要考虑数据分组。

如果有必要分组，应通过将该年龄组的死亡总数除以该年龄组的暴露数之和来确定如何分组。绘制分组比率时，年龄使用加权平均年龄，其权重是风险暴露数。为推导95%置信区间，我们使用以下事实：

$$\mathrm{var}(\theta_x) = E_x q_x p_x \Rightarrow \mathrm{var}(\tilde{q}_x) = q_x p_x / E_x$$

因此，区间 $\left\{q_x - 1.96\sqrt{\frac{q_x p_x}{E_x}}, q_x + 1.96\sqrt{\frac{q_x p_x}{E_x}}\right\}$ 内包含 q_x 真实值的概率是0.95。

我们使用观察值 $\hat{q}_x$ 作为 q_x 的估计值，并近似认为 $p_x = 1$，则可得置信区间 $\hat{q}_x \pm 1.96\frac{\sqrt{\theta_x}}{E_x}$。

（2）为了测试平滑度，需要计算修匀量的三阶差分。如果三阶差分在进展上平稳，在规模上很小，则其光滑度较好。

（3）如果有大量的数据，则得到的粗死亡率应该是相对可靠的。在这种情况下，使用标准表或公式修匀法可能更合适，因为它们具有自动平滑和提高精度的优点。同样，因为有这么多的数据，减少了个人判断的需要，此时作图修匀法似乎没有那么有价值。然而，我们可能很难找到一个合适的标准表或公式。

7.

（1）根据题干给出的生存函数可以反推得到 λ_t

术后时间（天）	$S(t)$	$1-\lambda_t$	λ_t	λ_t 对应分数
$0 \leqslant t < 2$	1			
$2 \leqslant t < 4$	0.9	0.9	0.1	$\frac{1}{10}$
$4 \leqslant t < 5$	0.7	0.7778	0.2222	$\frac{2}{9}$
$5 \leqslant t < 7$	0.56	0.8	0.2	$\frac{1}{5}$
$7 \leqslant t < 10$	0.373	0.6667	0.3333	$\frac{1}{3}$

从而根据分数，可以反推得到具体的患者死亡和缺失的情况

j	t_j	d_j	c_j	n_j	λ_j
0	0		2	12	
1	2	1	0	10	$\frac{1}{10}$
2	4	2	2	9	$\frac{2}{9}$
3	5	1	1	5	$\frac{1}{5}$
4	7	1	2	3	$\frac{1}{3}$

死亡情况：总共发生 5 起死亡

在第 2 天发生 1 起死亡

在第 4 天发生 2 起死亡

在第 5 天发生 1 起死亡

在第 7 天发生 1 起死亡

缺失情况：总共发生 5 起缺失

在第 1 天发生 2 起缺失

在第 4 天发生 2 起缺失

在第 5 天或第 6 天发生 1 起缺失

(2)

这个调查是不可能有随机缺失的。

危重病人一直处于卧床状态，因此很难想象到底是如何产生数据缺失的，但数据显示确实发生了缺失。这可能意味着我们遗漏了重要数据。

(3)

我们可以通过以下手段提升此项研究的效果：

①收集更多的数据。

②更频繁地对患者进行观察。

③延长观察的时间。

④将患者的种类再进行细分，从而减少异质性，并获得不同种类的患者的生存函数估计。如将患者按照性别、健康状况等特征进行分组。

8.

(1)

以下是使用 Kaplan - Meier 估计评估该训练计划的一个合适的方法的原因：

①这组统计数据本身是离散的。

②这组研究中的风险率是和时间有关的。

③这组数据是右缺失，且为非信息缺失数据。

④这组数据比较适合非参数方法。

(2)

在第 t 周，设 d_t 为本周攀登失败的数量，c_t 为本周的缺失数，n_t 为“风险集”——本周仍在项目中的志愿者人数，h_t 为本周攀登失败的风险率，$h_t = \frac{d_t}{n_t}$

则 $\hat{S}(t) = \prod_{t \leqslant t_j} (1 - h_j)$

计算如下：

j	t_j	d_j	c_j	n_j	λ_j	$\hat{S}(t)$
1	1	1	0	20	0.0500	0.9500
2	2	2	1	19	0.1053	0.8500
3	3	2	0	16	0.1250	0.7438
4	5	1	4	14	0.0714	0.6906
5	6	1	0	9	0.1111	0.6139
6	7	2	0	8	0.2500	0.4604
7	8	1	0	6	0.1667	0.3837
8	9	2	0	5	0.4000	0.2302
9	10	1	2	3	0.3333	0.1535

由于机构需要招募 30% 的志愿者，因此寻找到 $\hat{S}(t) \geqslant 0.3$ 的最大的 t，通过上表，可以知道这个值为 8。

(3)

需注意以下问题：

①从上述数据中拟合得到的第 4 周的风险率为 0，但是实际上这个值很可能不是 0。

②在第 5 周和第 6 周之间发生了很大的缺失，机构应该调查造成这个缺失的原因是什么，是否是出于偶然。

③机构对训练周数的改变是否会影响训练的最终结果。

④这组右缺失数据可能是提供信息的删失数据。

⑤可能存在其他类型的缺失。

9.

(1)

q_x 是 x 岁的人在 $x+1$ 岁之前死亡的概率

m_x 是在同一年内每人每年的死亡概率

m_x 比 q_x 更高

除非 $q_x=0$

(2)

m_x 可以用$\frac{\text{死亡数量}}{\text{中心暴露数}}$来估计

$x=60$、61、62、63 岁和 64 岁的 m_x 计算如下：

x	m_x
60	0.007968127
61	0.008917513
62	0.00983837
63	0.010932775
64	0.011707814

(3)

如果假设死亡力在每一个个体的年岁 μ_x 是一个常数

那么对每一个 x 来说 $m_x=\mu_x$

有了恒定的死亡力，我们可以在每一个年岁中使用指数模型，然后把 5 个指数生存模型连在一起，于是

$$
\begin{aligned}
{}_5p_{60} &= e^{-0.007968127}\cdot e^{-0.008917513}\cdot e^{-0.00983837}\cdot e^{-0.010932775}\cdot e^{-0.011707814} \\
&= 0.951834
\end{aligned}
$$

10.

(1)

原假设：修匀后的死亡率是基于观察到的数据的真实死亡率

备择假设：修匀后的死亡率不是基于观察到的数据的真实死亡率

$$z_x=\frac{\text{期望死亡数}-\text{观察到的死亡数}}{\sqrt{\text{期望死亡数}}}$$

不同年龄的期望死亡数、z_x、z_x^2 计算如下：

年龄 x（岁）	期望死亡数（人）	z_x	z_x^2
60	78.4	0.1810	0.0327
61	85.4	-0.0392	0.0015
62	91.9	0.8410	0.7073
63	100.0	0.4964	0.2464
64	108.2	-0.0154	0.0002
65	117.7	-0.0626	0.0039
66	125.6	-1.3938	1.9427
67	134.0	-0.2566	0.0659
68	145.0	-0.0004	0.0000
69	159.9	-1.5703	2.4659

检验统计量是 $X = \sum_x z_x^2$，在原假设下，X 服从卡方分布，自由度为 m，其中，m 是年龄组数减去拟合参数的个数，在本例中：

$$m = 10 - 3 = 7$$

因此，自由度为 7。

在 5% 的显著性水平下，自由度为 7 的卡方分布的临界值是 14.067，而 X 的观察值为 5.47，小于临界值。因此在 5% 的显著性水平下我们没有足够的证据拒绝原假设。

（2）在原假设下，检验统计量：

$$Y = \frac{\sum \text{期望死亡数} - \text{观察到的死亡数}}{\sqrt{\sum \text{期望死亡数}}} \sim N(0,1)$$

$$Y = \frac{-25.023 + 150 - 10000\hat{\mu}_{70}}{\sqrt{1146.023 + 10000\hat{\mu}_{70}}} = \frac{124.977 - 10000\hat{\mu}_{70}}{\sqrt{1146.023 + 10000\hat{\mu}_{70}}}$$

我们寻找满足 $-1.96 < Y < 1.96$ 的 Y。即：

$$\frac{(124.977 - 10000\hat{\mu}_{70})^2}{1146.023 + 10000\hat{\mu}_{70}} < 1.96^2$$

$$(124.977 - 10000\hat{\mu}_{70})^2 < 1.96^2 \times (1146.023 + 10000\hat{\mu}_{70})$$

$$10000^2\mu_{70}^2 - 2537956\mu_{70} + 11216.69 < 0$$

解得根为 0.0057 和 0.0197。

因此，$0.0057 < \hat{\mu}_{70} < 0.0197$。

11.

（1）第 i 年的似然函数为：

$$L(\mu_i; d_i, v_i) = \exp(-\mu_i \times v_i) \times \mu_i^{d_i}$$

其中，

μ_i 表示第 i 年从失业状态转移到就业状态的转移力

d_i 表示第 i 年失业状态转移到就业状态的人数

v_i 表示第 i 年失业状态总共停留时间

（2）极大似然估计量：

$$\hat{\mu}_i = \frac{d_i}{v_i}$$

故：

第一年极大似然估计为：

$$\hat{\mu}_1 Z \frac{d_i}{v_i} = \frac{5000}{30000} = 0.16667$$

第二年的极大似然估计为：

$$\hat{\mu}_2 = \frac{d_2}{v_2} = \frac{7000}{22000} = 0.31818$$

（3）极大似然估计量 $\hat{\mu}_2$ 的方差为：

$$\mathrm{var}(\hat{\mu}_2) = \frac{\mu_2}{E[V]}$$

其中，μ_2 是第二年转移力真实值，$E[V]$ 表示的是处于失业状态的期望停留时间。

$$\mu_2 \approx \hat{\mu}_2 = 0.31818$$

$$E[V] \approx v_2 = 22000$$

$$\mathrm{var}(\hat{\mu}_2) = \frac{\mu_2}{E[V]} = \frac{0.31818}{22000} = 0.000014$$

（4）未来两年未就业的概率计算如下：

$$\begin{aligned} P &= {}_2P_0 = \exp\left(-\int_0^2 \mu_{x+s} ds\right) \\ &= \exp(\hat{\mu}_1) \times \exp(\hat{\mu}_2) \\ &= 0.8465 \times 0.7275 \\ &= 0.61579 \end{aligned}$$

12. 概率区间“下一个生日 x 岁”从实际年龄 $x-1$ 岁开始，到实际年龄 x 岁结束。所以，此概率区间中间的实际年龄为（$x-1$）/2 岁。

如果 d_x 是调查期间按下一个生日的年龄分类时 x 岁的死亡人数，E_x^C 是相应的中心暴露风险，那么$\frac{d_x}{E_x^C}$就是对 $\mu_{x-\frac{1}{2}}$的估计，所以 $\mu_{81,5}$的估计就是$\frac{d_{82}}{E_{82}^C}$。

假设死亡率在区间内是恒定的。

从给定的数据值中，我们有：

$$d_{82}=375+391+766$$

我们需要使用人口普查方法来估计 E_{82}^{C} 的值。假设时间从 2015 年 4 月 1 日开始以年为单位计算，并且设 $P_{82}(t)$ 为时间 t 时年龄将在下一个生日达到 82 岁的男性人数。本次调查覆盖 2016 年和 2017 年。因此：

$$E_{82}^{C}=\int_{0.75}^{2.75}P_{82}(t)dt$$

时间 0.75 对应 2016 年 1 月 1 日，即调查的开始时间，时间 2.75 对应 2018 年 1 月 1 日，即调查的结束时间。

在有普查数据的时间点将积分拆分，即时间 1（对应 2016 年 4 月 1 日）和时间 2（对应 2017 年 4 月 1 日），我们有：

$$E_{82}^{C}=\int_{0.75}^{1}P_{82}(t)dt+\int_{1}^{2}P_{82}(t)dt+\int_{2}^{2.75}P_{82}(t)dt$$

假设 $P_{82}(t)$ 在人口普查日期之间是线性的：

$$\begin{aligned}E_{82}^{C}&=0.25\times\frac{1}{2}[P_{82}(0.75)+P_{82}(1)]+\frac{1}{2}[P_{82}(1)+P_{82}(2)]+0.75\times\frac{1}{2}[P_{82}(2)+P_{82}(2.75)]\\&=0.125P_{82}(0.75)+0.625P_{82}(1)+0.875P_{82}(2)+0.375P_{82}(2.75)\end{aligned}$$

我们知道：

$$P_{82}(1)=5310$$

$$P_{82}(2)=5480$$

然而，我们必须估计出 $P_{82}(0.75)$ 和 $P_{82}(2.75)$ 的值，假设 $P_{82}(t)$ 在时间 0 到 1 之间是线性的：

$$P_{82}(0.75)=0.25P_{82}(0)+0.75P_{82}(1)=0.25\times5320+0.75\times5310=53125$$

相似地，假设 $P_{82}(t)$ 在时间 2 到 3 之间是线性的：

$$P_{82}(2.75)=0.25P_{82}(2)+0.75P_{82}(3)=0.25\times5480+0.75\times5520=5510$$

所以：

$$\begin{aligned}E_{82}^{C}&=0.125\times53125+0.625\times5310+0.875\times5480+0.375\times5510\\&=10844.0625\end{aligned}$$

所以 $\mu_{81.5}$ 的估计值是：

$$\frac{766}{10844.0625}=0.07064$$

第七章　生存函数的参数估计

学习要点

本章主要对生存函数的常见形式——指数分布形式、Weibull 分布形式、Gompertz - Makeham 死亡力模型形式进行介绍。本章主要包括以下部分：

- 指数分布模型
- Weibull 分布模型
- Gompertz - Makeham 死亡力模型
- 生存函数的选取
- 极大似然估计法的步骤
- 情形 1 - 指数分布模型/Weibull 分布模型的参数估计
- 情形 2 - Gompertz - Makeham 分布族的参数计算
- 生存函数模型的参数估计

上一章，我们定义了数据缺失的情况，并介绍了 K - M 模型和 N - A 模型在数据缺失处理中的应用。此外，我们还介绍了生命表估计过程中使用到的二项模型、泊松模型以及 Markov 模型，以及介绍了暴露数的计算方法和修匀的方式。

在这一章里，我们会介绍生存函数的常见形式——指数分布形式、Weibull 分布形式、Gompertz - Makeham 死亡力模型形式。以及我们会介绍指数分布/Weibull 分布形式和 Gompertz - Makeham 形式的生存函数模型中参数的估计。

第一节　生存函数的选取

一、指数分布模型

在用少量参数表示未来寿命的随机变量分布的生存模型中，最简单的可能是指数模型，它的转移力为常数：

$$\mu_x = \mu$$

在指数模型中，由 ${}_tp_x = \exp\left\{-\int_0^t \mu_{x+s} ds\right\}$ 可知在转移力为常数的情况下，

$${}_tp_x = S_x(t) = \exp\left\{-\int_0^t \mu ds\right\} = \exp\{-[\mu s]_0^t\} = \exp(-\mu t)$$

因此：

$${}_tq_x = 1 - {}_tp_x = 1 - \exp(-\mu t)$$

【例 7-1】 如果 μ_x 在 25 岁到 35 岁之间取值为常数 0.001，计算一个现在为 25 岁的人能够活到 35 岁的概率。

【答案】

$${}_{10}p_{25} = \exp\left(-\int_0^{10} 0.001 dt\right) = e^{-0.01} = 0.99005$$

【例 7-2】 已知 $\hat{\mu}_{60} = 0.01$，$\hat{\mu}_{61} = 0.02$，$\hat{\mu}_{62} = 0.03$，求 p_{60}，${}_2p_{60}$，${}_3p_{60}$ 的估计值。

【答案】

生存概率的估计值为：

$$\hat{p}_{60} = e^{-\hat{\mu}_{60}} = e^{-0.01} = 0.99005$$

$${}_2\hat{p}_{60} = e^{-(\hat{\mu}_{60}+\hat{\mu}_{61})} = e^{-(0.01+0.02)} = e^{-0.03} = 0.97045$$

$${}_3\hat{p}_{60} = e^{-(\hat{\mu}_{60}+\hat{\mu}_{61}+\hat{\mu}_{62})} = e^{-(0.01+0.02+0.03)} = e^{-0.06} = 0.94176$$

【例 7-3】 如果 μ_x 在所有年龄中都取值为常数 0.025，计算年龄为 x，${}_xp_0 = 0.5$，此人现在年龄为多少？

【答案】

$$ {}_{x}p_{10}=\exp(-0.025x)\Rightarrow 0.5=\exp(-0.025x)\Rightarrow x=-\frac{\log_e 0.5}{0.025}=27.726 $$

【例 7-4】当 $0\leqslant t\leqslant 1$ 时，$e_{50}=30$ 且 $\mu_{50+t}=0.005$，那么 e_{51} 的值为多少？

【答案】

根据 $e_x=\sum_{k=1}^{[\omega-x]}{}_kp_x={}_1p_x+\sum_{k=2}^{[\omega-x]}{}_kp_x$

$$ ={}_1p_x+\sum_{j=1}^{[\omega-x+1]}{}_1p_x\cdot{}_jp_{x+1}={}_1p_x\left(1+\sum_{j=1}^{[\omega-x+1]}{}_jp_{x+1}\right)={}_1p_x(1+e_{x+1}) $$

我们可以用 $e_x=p_x(1+e_{x+1})$ 计算，即 $e_{50}=p_{50}(1+e_{51})$。

因为死亡力在 50 岁到 51 岁之间是恒定的，所以有：

$$ p_{50}=e^{-0.005} $$

所以：

$$ 30=e^{-0.005}(1+e_{51})\Rightarrow e_{51}=29.15 $$

【例 7-5】

（1）T_x 表示现在 x 岁的人的未来生存时间，写出 T_x 的概率密度方程。

（2）用（1）得到的答案，证明：

① $\frac{\partial}{\partial t}\ln{}_sp_x=-\mu_{x+s}$

② ${}_tp_x=\exp\left\{-\int_0^t\mu_{x+s}ds\right\}$

（3）在一定的人口中，死亡力的取值如下：

x，	μ_x
$60<x\leqslant 70$，	0.01
$70<x\leqslant 80$，	0.015
$x>80$，	0.025

计算一个现在 65 岁的人在 80—83 岁之间死亡的概率。

【答案】

（1）概率密度函数：

$$ f(t)={}_tp_x\,\mu_{x+t},\ t\geqslant 0 $$

（2）证明：

为了证明①我们可以从下式开始：

$$ {}_sp_x=P[T_x\geqslant s]=1-P[T_x<s]=1-\int_0^s f(t)\,dt $$

对${}_sp_x$求导，并代入（1）中的结果：

$$\frac{\partial}{\partial s}{}_sp_x = \frac{\partial}{\partial s}\left\{1-\int_0^s f(t)\,dt\right\} = 0 - f(s) = -{}_sp_x\mu_{x+s}$$

所以：

$$\frac{\partial}{\partial s}\ln{}_sp_x = \frac{1}{{}_sp_x}\frac{\partial}{\partial s}{}_sp_x = -\mu_{x+s}$$

我们可以通过在$(0,t)$时间上的积分得到②：

$$[\ln{}_sp_x]_0^t = -\int_0^t \mu_{x+s}ds$$

$$\ln{}_tp_x - \log 1 = -\int_0^t \mu_{x+s}ds$$

所以：

$${}_tp_x = \exp\left\{-\int_0^t \mu_{x+s}ds\right\}$$

（3）概率：

我们需要计算：

$$\begin{aligned}{}_{15|3}q_{65} &= {}_{15}p_{65}\times{}_3q_{80}\\ &= {}_5p_{65}\times{}_{10}p_{70}\times(1-{}_3p_{80})\end{aligned}$$

代入（2）②的结果：

$${}_5p_{65} = e^{-5(0.01)} = e^{-0.05}$$

$${}_{10}p_{70} = e^{-10(0.015)} = e^{-0.15}$$

还有　${}_3p_{80} = e^{-3(0.025)} = e^{-0.075}$

所以我们能得到：

$${}_{15|3}q_{65} = e^{-0.05}\times e^{-0.15}\times(1-e^{-0.075}) = 0.0592$$

二、Weibull 分布模型

指数模型的一个简单扩展是 Weibull 模型，其中生存函数$S_x(t)$由下面的两参数的公式给出：

$$S_x(t) = \exp[-\alpha t^\beta]$$

$$S_x(t) = 1 - F_x(t)$$

其中，$F_x(t)=P(T_x\leqslant t)$。Weibull 分布的分布方程为$F(x)=1-\exp(-\alpha x^\beta)$。

因为：

$$\mu_{x+t} = -\frac{\partial}{\partial t}\log[S_x(t)]$$

我们可以得到：

$$\mu_{x+t} = -\frac{\partial}{\partial t}[-\alpha t^{\beta}] = -[-\alpha\beta t^{\beta-1}] = \alpha\beta t^{\beta-1}$$

β 的不同取值可以导致当 t 增加时，风险单调递增或单调递减。

在特殊的情况当 $\beta=1$ 时，转移力是常数，这是因为当 $\beta=1$ 时，有：

$$\alpha\beta t^{\beta-1} = \alpha \cdot 1 \cdot t^{0} = \alpha$$

此外，从 $S_x(t)=\exp[-\alpha t^{\beta}]$ 可以清楚地看出，当 $\beta=1$ 时，Weibull 模型与指数模型相同。

三、Gompertz – Makeham 死亡力模型

Gompertz 和 Makeham 定律是参数化生存模型的另外两个例子。它们可以表示如下：

定义：

Gompertz 定律：$\mu_x = Bc^x$

Makeham 定律：$\mu_x = A + Bc^x$

Gompertz 定律是指数方程形式，通常适用于对中年或老年的假设。

Makeham 定律包含了一个常数项，这个常数项有时被解释为对意外死亡的补偿，与年龄无关。

这些定律背后的基本原理是基于 Benjamin Gompertz 在 19 世纪早期的观察得出的。当 μ_x 与年龄呈对数关系时，曲线在很大一部分年龄范围内似乎是一条直线。我们可以从图 7 – 1 中的 q_x 曲线中看到这一点。

q_x（以 ln 作为尺度衡量）

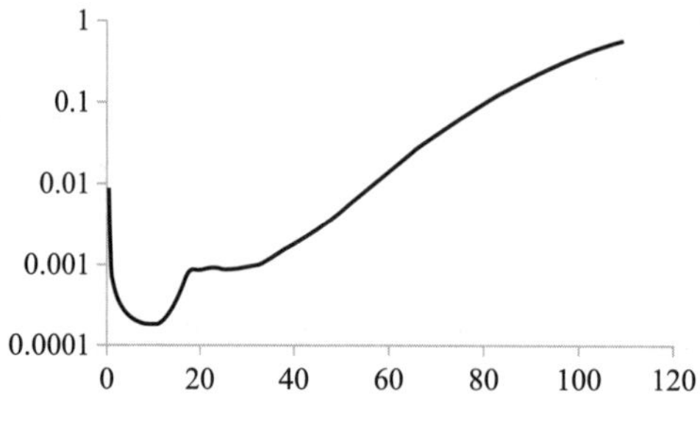

图 7 – 1　q_x 曲线

在 Gompertz – Makeham 死亡力模型下，生存概率 ${}_tp_x$ 可以通过下式得到：

$$ {}_tp_x = \exp\left(-\int_0^t \mu_{x+s} ds\right) $$

因此，在 Gompertz 定律的情况下，有：

$$ {}_tp_x = g^{c^x(c^t-1)} $$

其中：

$$ g = \exp\left(\frac{-B}{\log c}\right) $$

【证明】

我们知道 ${}_tp_x = \exp\left(-\int_0^t \mu_{x+s} ds\right) = \exp\left(-\int_0^t Bc^{x+s} ds\right)$。

我们可以把 c^{x+s} 写成 $c^x e^{s\log c}$，所以积分就变成：

$$ \int_0^t Bc^x e^{s\ln c} ds = \frac{Bc^x}{\ln c}\left[e^{s\log c}\right]_0^t = \frac{Bc^x}{\ln c}\left[c^s\right]_0^t = \frac{Bc^x}{\ln c}(c^t - 1) $$

如果我们引入 $\ln g = \frac{-B}{\ln c}$ 定义的辅助参数 g，积分的值就是 $-\ln g \cdot c^x(c^t-1)$，我们得到：

$$ {}_tp_x = \exp\left[\ln g \cdot c^x(c^t-1)\right] = (e^{\ln g})^{c^x(c^t-1)} = g^{c^x(c^t-1)} $$

【例 7－6】

证明：如果死亡经验符合 Gompertz 准则，则：

$-\log(-\log p_x) = \log\left[\frac{\log c}{B(c-1)}\right] - x\log c$ 并建议如何使用此性质。

【答案】

(1) 我们可以从算式 $p_x = \exp\left(-\int_0^1 \mu_{x+t} dt\right)$ 开始。

取对数并改变符号：

$$ -\log p_x = \int_0^1 \mu_{x+t} dt = \int_0^1 Bc^{x+t} dt = Bc^x \int_0^1 c^t dt $$

积分，并把被积函数改写成指数函数形式：

$$ -\log p_x = Bc^x \int_0^1 e^{t\log c} dt = Bc^x\left[\frac{e^{t\log c}}{\log c}\right]_0^1 = \frac{Bc^x(c-1)}{\log c} $$

取对数，再次改变符号得：

$$ \begin{aligned} -\log(-\log p_x) &= -\log B - x\log(c-1) - \log(c-1) + \log\log c \\ &= \log\left[\frac{\log c}{B(c-1)}\right] - x\log c \end{aligned} $$

(2) 如何使用这个结果？

等式右侧是 x 的线性函数，这意味着我们在 $-\log(-\log p_x)$ 与 x 的图上拟合出一条直线还估计参数 c 和参数 B。

直线的斜率是 $-\log c$，由此，c 可以被估计出来。

直线在 y 轴上的截距是 $\log\left[\frac{\log c}{B(c-1)}\right]$，$B$ 可以据此估计出来。

【例 7-7】 一份遵循 Gompertz 法则的老年死亡率表有：

$\mu_{70}=0.025330$，$\mu_{90}=0.126255$

求 60 岁的人活 20 年的概率。

【答案】

如果生命表遵循 Gompertz 定律，那么 $\mu_x=Bc^x$，所以：

$$\frac{\mu_{90}}{\mu_{70}}=\frac{Bc^{90}}{Bc^{70}}=c^{20}=\frac{0.126255}{0.025330}$$

$$c=\left(\frac{0.126255}{0.025330}\right)^{\frac{1}{20}}=1.083629$$

所以：

$$B=\mu_{90}\times c^{-90}=0.126255\times 1.083629^{-90}=9.16196\times 10^{-5}$$

可以求出：

$$g=\exp\left\{-\frac{B}{\log_e c}\right\}=\exp\left\{-\frac{9.16196\times 10^{-5}}{\log_e 1.083629}\right\}=0.998860$$

最终有：

$${}_{20}p_{60}=g^{c^{60}(c^{20}-1)}=(0.998860)^{493.4052}=0.56959=0.570$$

类似地，在 Makeham 定律的情况下，有：

$${}_tp_x=s^t g^{c^x(c^t-1)}$$

其中：

$g=\exp\left(\frac{-B}{\log c}\right)$ 并且 $s=\exp(-A)$

（可以利用 ${}_tp_x=\exp\left(-\int_0^t\mu_{x+s}ds\right)=\exp\left(-\int_0^t A+Bc^{x+s}ds\right)$ 得到）

对于以上的 Gompertz 与 Makeham 两种情况，我们可以认为其是两个特例。更一般地说，我们可以使用 Gompertz - Makeham 曲线族中的一个来对死亡力进行建模。这个曲线族由以下方程组成：

$$GM(r,s)=\alpha_1+\alpha_2 t+\alpha_3 t^2+\cdots+\alpha_r t^{r-1}+\exp\{\alpha_{r+1}+\alpha_{r+2}t+\alpha_{r+3}t^2+\cdots+\alpha_{r+s}t^{s-1}\}$$

其中，$\alpha_1,\alpha_2,\alpha_3,\cdots,\alpha_{r+s}$ 是与 t 无关的常数。

Gompertz - Makeham 曲线族的这种形式是使用最广泛的一种。

第二节　生存函数的估计方法——极大似然估计法

一、极大似然估计法的步骤

极大似然估计法的具体步骤为：

（1）假设生存函数的形式为 $S(t)$。

（2）将 $S(t)$ 和危险函数 $h(t)$ 在选定的函数参数的条件下表示出来。

（3）用极大似然法估计参数。

除非选定的函数形式特别简单，否则估计值应该包括几个联立函数的解并且估算应该多次反复进行。

一般而言简单的函数形式包括指数分布，韦伯分布和戈佩兹定律。

对于指数分布而言：$S(t)=P[T\geqslant t]=e^{-\mu t}$

对于韦伯分布而言：$S(t)=\exp[-\alpha t^{\beta}]$

这些情况可以被概括为 $S(t)=1-F(t)$

Gompertz 定律表示为：$\mu_x=Bc^x$

在很多数据处理中，比如对人类死亡率的处理，我们很难用一个简单的函数形式去描述所有年龄的人类死亡率。然而，由于我们可以将年龄划分为几个小阶段（每个阶段的参数是不同的），在每个阶段上选定函数进行估计并且这些阶段可以组成一个包括所有年龄的生命表，从而进行估计下一个问题。

二、情形 1——指数分布模型/Weibull 分布模型的参数估计

指数分布模型中，我们考虑未来寿命随机变量 T 满足参数为 μ 的指数函数。这与假设死亡力为常数是相等的。

只考虑在年龄为 x 岁与 $x+1$ 岁的这一年的情况。

从确切的年龄 x 开始跟踪 n 个独立生命的样本，直到发生以下第一件事：

（1）他们在 x 岁与 $x+1$ 岁之间死亡

（2）他们在 x 岁与 $x+1$ 岁之间退出调查

（3）他们在 $x+1$ 岁的生日时间

这意味着每个参与调查的人当发生以上三个情况之一就会停止被调查。

情况（2）和情况（3）会被认为要么在退出调查时缺失，要么在 $x+1$ 岁时缺失。

假设 x 岁到 $x+1$ 岁之间的死亡力为常数 μ。

这里有一个问题：在我们的调查中，μ 的值在数据中是什么？假设我们测量的是从被调查者 x 岁生日那天起之后的一年内的时间。

在情况（1）中，假设有 k 个被调查者在 $x+1$ 岁之前死亡。

首先，假设一位测试者在 t_1 时间内死亡。仅考虑这位测试者的数据，常数死亡力 μ 的值更会接近于在 t_1 时间内死亡的可能性的最大值。

一位测试者在 t_1 时间内死亡的可能性等于 $f(t_1)$，$f(t)$ 是 T 的概率密度函数。所以，我们需要的 μ 的值是 $f(t_1)$ 的最大值。

指数分布：$f(t_1)=\mu e^{-\mu t_1}$

然而，在调查中不会只有一位测试者死亡。假设第二个死亡的人在 t_2 时间内死亡。死亡可能性函数为 $f(t_2)$，两个人的死亡联合函数是 $f(t_1)f(t_2)$。在这个条件下，常数死亡力 μ 的值是 $f(t_1)f(t_2)$ 的最大值。

如果考虑有 k 个人死亡，那么常数死亡力 μ 的值是 $\prod_{i=1}^{k} f(t_i)$ 的最大值。

这个得到的乘积是从我们的观察到数据中计算出的可能性。

考虑在指数分布的情况下也可以这样表示：

$$\prod \mu e^{-\mu t_i} = \mu^k \cdot \exp\left(\mu \sum_{i=1}^{k} t_i\right)$$

注意，这里 i 的取值是从 1 到 k，因为假设有 k 个人死亡。

但是有多少生命是缺失的呢？经验告诉我们应该把这些考虑进去。

考虑第一个被缺失的情况，假设缺失的时间是 t_{k+1}。我们所知道的是在 t_{k+1} 时间内这个人是活着的。这个人在 t_{k+1} 存活的概率是 $S(t_{k+1})$。

因为假设有 k 个人死亡所以下标是 $k+1$，并我们将第一段缺失的生命标为 $k+1$ 年。

指数分布的情况下：$S(t_{k+1})=e^{-\mu t_{k+1}}$。

考虑所有缺失的生命，我们所观察到的数据的概率是 $\prod S(t_i)$

在指数分布的情况下可以写作：

$$\prod_i e^{-\mu t_i} = \exp\left(-\mu \sum_{i=k+1}^{n} t_i\right)$$

这里考虑 n 个人，并且缺失的部分都是从第 $k+1$ 个个体起。

现在把死亡与缺失生命放在一起考虑，我们可以写下所有我们观察到的数据的概率，这个概率是：

$$\prod S(t_i)\prod f(t_i)$$

这个概率被称作数据的似然值。

在指数分布模型中可以写作：

$$L=\mu^k\exp(-\mu\sum_{i=1}^{k}t_i)\exp(-\mu\sum_{i=k+1}^{n}t_i)=\mu^k\exp(-\mu\sum_{i=1}^{n}t_i)$$

$\hat{\mu}$ 记作对参数 μ 求极大似然估计的最大值。

定义一个随机变量 δ_i 满足：

$$\begin{cases}\delta_i=1，\text{第 } i \text{ 个人死亡}\\ \delta_i=0，\text{第 } i \text{ 个人在调查阶段一直活着}\end{cases}$$

似然函数可以写作：$L=\prod_{i=1}^{n}f(t_i)^{\delta_i}S(t_i)^{1-\delta_i}$

由于 $f(t)=S(t)h(t)$

或者等同于 $f(t)={}_tp_x\mu_{x+t}$

似然函数可以写为：

$$L=\prod_{i=1}^{n}h(t_i)^{\delta_i}S(t_i)^{\delta_i}S(t_i)^{1-\delta_i}=\prod_{i=1}^{n}h(t_i)^{\delta_i}S(t_i)$$

现在将指数分布的函数形式代入该方程来表示参数 μ 的似然性。

具体形式为：$L=\prod_{i=1}^{n}\mu^{\delta_i}\exp(-\mu t_i)$

另一种写法为：

$$L=\mu^k\exp(-\mu\sum_{i=1}^{n}t_i)$$

这些公式中都是考虑 k 个人死亡的情况。

对于 Weibull 模型，

生存函数：$S(t_i)=e^{-\alpha t_i^{\beta}}$

概率密度：$f(t_i)=\alpha\beta t_i^{\beta-1}e^{-\alpha t_i^{\beta}}$

因此，似然函数为：

$$\begin{aligned}L&=\prod_{\text{缺失个体数}}S(t_i)\prod_{\text{死亡个体数}}f(t_i)\\&=\prod_{\text{缺失个体数}}e^{-\alpha t_i^{\beta}}\prod_{\text{死亡个体数}}\alpha\beta t_i^{\beta-1}e^{-\alpha t_i^{\beta}}\end{aligned}$$

$$= \alpha^k \beta^k (\prod_{\text{死亡个体数}} t_i^{\beta-1}) \exp(-\alpha \sum_i t_i^{\beta})$$

其中，k 为观察到的死亡人数。

在 L 中求 μ 的最大值相当于求 $\log L$ 中 μ 的最大值。

以指数分布情况为例，

$$\log L = \sum_{i=1}^{n} \delta_i \log \mu - \sum_{i=1}^{n} \mu t_i$$

求解过程：

关于 μ 求导 $\dfrac{\partial \log L}{\partial \mu} = \dfrac{\sum_{i=1}^{n} \delta_i}{\mu} - \sum_{i=1}^{n} t_i$

若等式为零，则 $\dfrac{\sum_{i=1}^{n} \delta_i}{\mu} = \sum_{i=1}^{n} t_i$

从而求出 $\hat{\mu} = \dfrac{\sum_{i=1}^{n} \delta_i}{\sum_{i=1}^{n} t_i}$

可以等价写为：$\hat{\mu} = \dfrac{k}{\sum_{i=1}^{n} t_i}$

检验最大值用 $\dfrac{\partial^2 \log L}{\partial \mu^2} = -\dfrac{\sum_{i=1}^{n} \delta_i}{\mu^2}$

二阶导一定是负的，这是因为分子和分母一定是正的（除非没有人死亡，这样危险的极大似然估计是0）。

$\sum_{i=1}^{n} \delta_i$ 表示死亡数量之和，$\sum_{i=1}^{n} t_i$ 表示会死亡的总时间，死亡力的极大似然估计就是死亡数量除以会死亡的总时间，这是可以得出来的。

如果我们对其他年龄重复之前的调查，那么我们可以得到一系列估计值。

假设常数死亡力的极大似然估计在 x 岁到 $x+1$ 岁之间的这一年记作 $\hat{\mu}_x$。那么一个人在 x 岁活到 $x+1$ 岁的概率是 $S_x(1)$。假定死亡力是常数，那么在1时刻生存函数的极大似然估计是 $\hat{S}_x(1) = \exp(-\hat{\mu}_x)$。

一个人从 x 岁活到 $x+2$ 岁的概率是：

$$\hat{S}_x(1)\hat{S}_{x+1}(1) = \exp(-\hat{\mu}_x)\exp(-\hat{\mu}_{x+1})$$

因此：

$$\hat{S}_x(1)\hat{S}_{x+1}(1)=\hat{S}_x(2)=\exp[-(\hat{\mu}_x+\hat{\mu}_{x+1})]$$

一般情况下，

$$\hat{S}_x(m)={}_m\hat{p}_x=\exp(-\sum_{j=0}^{m-1}\hat{\mu}_{x+j})$$

通过将各个年龄阶段串联起来可以估计任一年龄时的概率。

三、情形2——Gompertz－Makeham分布族的参数计算

首先，先看Gompertz定律与Makeham定律下参数的计算：

Gompertz（1825）：$\mu_x=Bc^x$

Makeham（1860）：$\mu_x=A+Bc^x$

如果已知生命表遵循Gompertz定律，则可以根据任意两个年龄的μ_x值确定参数B和c的值。

对于遵循Makeham定律的生命表，给定任意三个年龄的μ_x值，就可以确定参数A、B和c的值。

【例7－8】 对于已知遵循Gompertz定律的死亡力μ_x，当$\mu_{50}=0.017609$，$\mu_{55}=0.028359$时，计算参数B和c的值。

【答案】

$$\frac{\mu_{55}}{\mu_{50}}=\frac{Bc^{55}}{Bc^{50}}=c^5\Rightarrow c=\left(\frac{0.028359}{0.017609}\right)^{\frac{1}{5}}$$

所以$c=1.1$，也能很简单地计算出$B=0.00015$

在Gompertz定律与Makeham定律的基础之上，在实践中，人们通常发现μ_x在中老年时期（在人群中）遵循指数形式，因此公式包括Gompertz项。Makeham公式被解释为在代表衰老死亡的Gompertz公式中添加了与年龄无关的意外死亡。

为英国人寿保险公司使用而编制的最新标准表格使用了该表格的公式：

$$\mu_x=polynomial_1+\exp(polynomial_2)$$

其中，Gompertz定律和Makeham定律作为该公式的特例：

Gompertz定律中$polynomial_1=0$，$polynomial_2=\log B+x\log c$

Makeham定律中$polynomial_1=A$，$polynomial_2=\log B+x\log c$

有多种技术可供选择用来拟合一组初始估计值的曲线。在这里，我们只描述如何做最新的英国人寿保险标准表的拟合：

【实例】"92 系列" 表

可用数据为死亡人数和中心暴露数（即 dx 和 Ex），模型选用 Poisson 模型，资料为人寿保险公司一九九一年至一九九四年间收集的数据，并以连续死亡率调查（CMI）进行分析。同时其为男性和女性以及不同类别的保险和养老金业务准备了不同的表格。它们统称为"92 系列"表。

公示的形式是：

$$\mathring{\mu}_x = f(\alpha_1, \alpha_2, \cdots, \alpha_r, \cdots, \alpha_{r+s}, x) = polynomial_1 + \exp(polynomial_2)$$

其中：

$$polynomial_1 = \alpha_1 + \alpha_2 x^2 + \alpha_3 x^3 + \cdots \alpha_r x^{r-1}$$

$$polynomial_2 = \alpha_{r+1} + \alpha_{r+2} x^2 + \alpha_{r+3} x^3 + \cdots \alpha_{r+s} x^{s-1}$$

换句话来说，对于 $\mu_x = polynomial_1 + \exp(polynomial_2)$ 形式的每个表，都拟合了一个带（$r+s$）参数的公式。

在 Poisson 模型下，观察死亡人数 d_x 在中心暴露数 E_X^C 死亡的概率；在年龄间隔［x, $x+l$］的概率由下式给出：

$$P[D_X = d_x] = \frac{(\mu_{x+1/2} E_x^c)^{d_x} \exp(-\mu_{x+1/2} E_x^c)}{d_x!}$$

（注意，我们在这里使用 $\mu_{x+1/2}$，而不是 μ_x，因为所使用的数据平均年龄是 $x+1/2$）

因此，用泊松模型估计年龄范围在［$x, x+1$］的极大似然函数为：

$$(\mu_{x+\frac{1}{2}})^{d_x} \exp(-\mu_{x+1/2} E_x^c) \times constants$$

$$= f(\alpha_1, \cdots, \alpha_{r+s,} x + 1/2)^{d_x} \exp(-f(\alpha_1, \cdots, \alpha_{r+s}, x + 1/2) E_x^c) \times constants$$

忽略常数项，总的极大似然函数为：

$$\prod_{\text{所有年龄}x} f(\alpha_1, \cdots, \alpha_{r+s}, x + 1/2)^{d_x} \exp(-f(\alpha_1, \cdots, \alpha_{r+s}, x + 1/2) E_x^c)$$

最大化该函数，可以获得 $\alpha_1, \alpha_2, \alpha_3, \cdots$ 的极大似然估计值，也就是 $\mathring{\mu}_x$ 的估计值。

其他拟合参数化公式的方法包括：

（1）最小化卡方统计量 $\chi^2 = \sum \frac{(A-E)^2}{E}$，平均死亡人数利用拟合模型进行计算。

（2）最小化有权重的最小二乘模型，例如 $\sum w_x (\hat{\mu}_x - \mathring{\mu}_x)^2$，估计量与初始数据之差的平方再求和，$w_x$ 是权重，其依赖于每个年龄阶段的中心暴露数。

习 题

1.

（1）阐述为什么 Gompertz 模型经常被用作死亡率分析工具？

下列数据来自对发达国家 60—70 岁男性人群死亡率的调查。

年龄 x（岁）	μ_x	死亡人数（人）	暴露数
60	0.02029	49	2415
61	0.02230	51	2287
62	0.02466	55	2230
63	0.02721	68	2499
64	0.02937	70	2383
65	0.03102	67	2160
66	0.03194	69	2160
67	0.03055	66	2160
68	0.04297	84	1955
69	0.04405	88	1998
70	0.04749	83	1748

（2）只使用 60 岁和 70 岁的数据对 Gompertz 模型的参数进行估计。

（3）使用 61—69 岁的数据对（2）中的模型进行检验。

（4）对（3）的结果进行评价。

2. 现有来自在 2017 年 1 月 1 日至 2017 年 12 月 31 日之间存活一段时间的个体的数据：

（1）生日的日期；

（2）观察开始的日期（观察开始的时间晚于 2017 年 1 月 1 日）；

（3）死亡的日期（在 2017 年 1 月 1 日至 2017 年 12 月 31 日之间死亡）；

（4）存活状态下离开观察的日期（在 2017 年 12 月 31 日之前离开）。

①使用以上信息，推导死亡力的极大似然估计量；

②解释如何使用以上信息估计生命表。

3. 闰年是有闰日（2 月 29 日）的年份，闰年一年有 366 天，每四年发生一次，假设闰年是 2020 年。一群在不同闰年的 2 月 29 日出生的人聚会，在每个闰年举行一次晚宴，庆祝他们特别的生日。2020 年 2 月 29 日晚宴上的人数按出生年份记录如下：

出生年份	1948	1952	1956
参加人数	3	8	18

小组中的一名成员决定使用 Gompertz 法则估计小组成员的生存率，年龄为 x 时的死亡率由以下公式给出：

$$\mu_x = 0.0045 \cdot (1.0004)^x$$

（1）评论选择这个死亡率公式的理由。

（2）计算在下次晚宴时预期的参加人数，说明你所做的任何假设。

（3）一名新成员于 1960 年 2 月 29 日出生，要求加入小组。

计算此成员到 2040 年 2 月 29 日为止参加晚宴的预期费用，假设每次晚宴每人费用为 60 英镑，忽略利息和通货膨胀。

4. 一位精算分析师正在调研 65 岁及以上年龄男性的死亡力。为此分析师以一个由 100 名研究起始时年龄正值 65 岁的男性为研究对象，历经十年的研究周期，该分析师基于研究中观察到的生存状况制作了如下的死亡力表：

存活时长（年）	死亡力（每年）
0—1	0.040
1—8	0.005
8 +	0.080

（1）请根据上表给定的死亡力数据，计算 65 岁男性在 75 岁时仍存活的概率（精确到小数点后 6 位）。

一个同事建议这位分析师使用如下公式来建模在 x 岁时的死亡力。

$$\mu_x = 0.0020291 + 0.0001000 \times 1.0793496^x$$

（2）证明通过建议的模型计算出的概率与第（1）题中计算得到的结果相吻合（精确到小数点后六位）。

5. 科学家正在研究一种罕见的甲虫的死亡率。研究发现，在实验室中饲养的甲虫死亡力为常数 μ，但那些生活在野外的甲虫的死亡力要高出 50%。已知，如果甲虫从实验室中被释放出来，它们的死亡力会立即变为野外死亡力。

一只出生就一直生活在野外的甲虫有 58% 的机会存活 8 天。计算下列甲虫具有相同寿命的概率：

（a）在实验室出生并长大的甲虫；

（b）在实验室出生并计划在 6 天后被放到野外的甲虫。

6. 对于一个特定的调查，假设死亡风险采用形式 $h(t) = A + Bt$，A 和 B 是常数，t 表示时间。已知每个人 $i(i = 1, \cdots, n)$ 的观察时间为 t_i。若是由于死亡停止观察，则 $\delta_i = 1$，若由于其他原因停止观察，则 $\delta_i = 0$。

(1) 证明数据的似然函数为 $L=\prod_{i=1}^{n}(A+Bt_i)^{\delta_i}\exp\left[-At_i-\frac{1}{2}Bt_i^2\right]$；

(2) 推导出两个可以计算 A 和 B 的极大似然估计值的联立方程。

7.

(1) 证明在 Gompertz 模型下，从 x 岁活到 $x+t$ 岁的概率满足${}_tp_x=\left[\exp\left(\frac{-B}{\ln c}\right)\right]^{c^x(c^t-1)}$；

(2) 已知${}_1p_{50}=0.995$，${}_2p_{50}=0.989$，计算 B 和 c 的值；

(3) 评价 (2) 中的计算过程，与通常的估计参数方法作比较。

参考答案

1.

(1)

①Gompertz 模型对应的死亡率已经被证实与中老年人群的死亡率接近。

②Gompertz 模型易于理解。

③Gompertz 模型易于拟合。

(2)

方法 1：

Gompertz 模型为 $\mu_x=Bc^x$

因此 $\frac{\mu_x}{\mu_y}=\frac{Bc^x}{Bc^y}=c^{x-y}$

即 $\frac{\mu_{70}}{\mu_{60}}=c^{10}$

代入数据有 $c=\sqrt[10]{\frac{0.04749}{0.02029}}\approx1.08876$

因此 $\ln B=\ln0.02029-60(0.08504)$

得到 $B\approx0.0001234$

方法 2：

Gompertz 模型为 $\mu_x=\exp(\alpha_0+\alpha_1x)$

因此 $\ln\mu_x=\alpha_0+\alpha_1x$

代入 60 岁和 70 岁的数据，有：

$\ln0.02029=\alpha_0+60\alpha_1$

$\ln0.04749=\alpha_0+70\alpha_1$

因此，$\ln 0.04749 = \ln 0.02029 + 10\alpha_1$

$$\alpha_1 = \frac{\ln\left(\frac{0.04749}{0.02029}\right)}{10} = 0.085039$$

便有 $\alpha_0 = \ln 0.02029 - 60(0.08504) = -9$

(3)

年龄 x（岁）	实际死亡人数（人）	Gompertz 的 $\mu_{x+\frac{1}{2}}$	期望死亡人数（人）	ζ_x	ζ_x^2
61	51	0.02305	52.72	−0.2364	0.0559
62	55	0.02510	55.97	−0.1290	0.0166
63	68	0.02732	68.28	−0.0342	0.0012
64	70	0.02975	70.89	−0.1060	0.0112
65	67	0.03239	69.96	−0.3541	0.1254
66	69	0.03526	76.17	−0.8217	0.6752
67	66	0.03839	82.93	−1.8594	3.4572
68	84	0.04180	81.72	0.2517	0.0634
69	88	0.04551	90.94	−0.3078	0.0947

检验使用卡方检验，检验统计量为 $\sum_x \zeta_x^2$。

原假设为观测的死亡数据来自符合（2）中模型的总体。

检验统计量的计算结果为 4.5009。

我们把该结果与自由度为 9 置信水平为 95% 的结果 16.92 比较，可知 $4.5009 < 16.92$。

所以我们不能拒绝原假设。

(4)

①Gompertz 模型似乎能很好地拟合该数据。

②但是对于 67 岁的数据有很大的负向偏差。

③暴露数在 65 岁到 67 岁都相等，这是否意味着有录入错误的情况？

④如果能使用 MLE 或加权最小二乘法进行参数估计，该模型可能会更好地预测。

2.

(1)

假设在 x 岁到 $x+1$ 岁的死亡力是未知但固定的数 μ，我们观测到这些数据的概率为：

$$L = \prod_{\text{所有缺失个体}} S(t_i) \cdot \prod_{\text{所有死亡个体}} f(t_i)$$

其中，t_i 为个体 i 的观测持续时长，$S(t_i)$ 和 $f(t_i)$ 为给定生存函数时的生存概率函数和概率密度函数。

为了得出 $\hat{\mu}$，定义变量 δ_i，其满足：i 个体死亡时，$\delta_i=1$；i 个体缺失时，$\delta_i=0$

则似然函数为：

$$L=\prod_{i=1}^{n}f(t_i)^2S(t_i)^{1-\delta_i}=\prod_{i=1}^{n}\mu^{\delta_i}\exp(-\mu t_i)$$

有：

$$\ln L=\sum_{i=1}^{n}\delta_i\ln\mu-\sum_{i=1}^{n}\mu t_i$$

关于 μ 求导，有：

$$\frac{\partial\log L}{\partial\mu}=\frac{\sum_{i=1}^{n}\delta_I}{\mu}-\sum_{i=1}^{n}t_i$$

令其为 0，有：

$$\frac{\sum_{i=1}^{n}\delta_I}{\mu}=\sum_{i=1}^{n}t_i$$

所以：

$$\hat{\mu}=\frac{\sum_{i=1}^{n}\delta_I}{\sum_{i=1}^{n}t_i}$$

此外，检查似然函数的二阶导数，

$$\frac{\partial^2\log L}{\partial\mu^2}=-\frac{\sum_{i=1}^{n}\delta_i}{\mu^2}$$

可知其是负数，满足条件。

(2)

在 2017 日历年中对不同年龄的死亡力进行估计：

假设在 x 岁到 $x+1$ 岁的死亡力是未知但固定的数 μ_x，则一个 x 岁的人在 $x+1$ 岁时仍存活的概率 $S_x(1)$ 为：

$$S_x(1)=\exp(-\hat{\mu}_x)$$

更一般地，有：

$$S_x(m)={}_mp_x=\exp\left(-\sum_{j=0}^{m-1}\hat{\mu}_{x+j}\right)$$

通过该方法进行下去（$m=1,2,3,\cdots$），我们可以由估计量 $\hat{\mu}_{x+j}$ 得到不同年龄的生存概率，进而可以相应地作出生命表。

3.

(1)

此死亡率公式依据的是 Gompertz 法则。Gompertz 法则是一种相对简单的死亡率表达式。它已被证明在预测较高年龄时效果良好。在 2020 年，该组的年龄为 64 岁到 72 岁。具有非年龄相关元素的 Makeham 形式可能会稍好一些。该公式包含死亡率的指数元素。此 Gompertz 表达式中指数的底数相对较小。因此，死亡率随着年龄的增长相对较慢地增加。

(2)

假设：每年的死亡力是恒定的。

对于 Gompertz 模型，有：

${}_tp_x = g^{c^x(c^t-1)}$，

其中，

$g = e^{-B/\log c} = e^{-0.0045/\log 1.0004} = 0.000012978$，$c = 1.0004$。

计算可得：${}_4p_{64} = 0.981688$，${}_4p_{68} = 0.981659$，${}_4p_{72} = 0.981630$，

因此下次晚宴时预期的参加人数为：

$$18 \times 0.981688 + 8 \times 0.981659 + 3 \times 0.981630 = 28.4685$$

(3)

2020 年，新成员 60 岁。晚宴在 2024 年、2028 年、2032 年、2036 年、2040 年举办。因此，预期费用为：$60 \times ({}_4p_{60} + {}_8p_{60} + {}_{12}p_{60} + {}_{16}p_{60} + {}_{20}p_{60})$。

假设每年的死亡力是恒定的，且相同的 Gompertz 法则可以被应用到新成员上。

与（2）中方法类似，可得：${}_4p_{60} = 0.981717$，${}_8p_{60} = 0.963740$，${}_{12}p_{60} = 0.946065$，${}_{16}p_{60} = 0.928686$，${}_{20}p_{60} = 0.912939$。

因此，预期费用为：$60 \times (0.981717 + 0.963740 + 0.946065 + 0.928686 + 0.912939) = 283.9889$。

4.

(1)

$$\begin{aligned}
{}_{10}p_{65} &= {}_1p_{65} \times {}_7p_{66} \times {}_2p_{73} \\
&= e^{-\int_0^1 0.040dt} \times e^{-\int_0^7 0.005dt} \times e^{-\int_0^2 0.080dt} \\
&= e^{-(0.040+0.005\times 7+0.080\times 2)} \\
&= 0.790571
\end{aligned}$$

(2)

方法一：

建议的公式遵循 Makeham 死亡率公式：

$$\mu_x = A + B \times c^x$$

其中，

$$A = 0.0020291$$

$$B = 0.001000$$

$$C = 1.0793496$$

使用公式表 32 页公式：

$$_{10}p_{65} = s^{10} g^{c^{65} \times (65^{10} - 1)}$$

其中，

$$s = e^{-0.0020291}$$

$$g = e^{-0.0001000/\log 1.0793496}$$

$$c = 1.0793496$$

因此，

$$_{10}p_{65} = 0.790571$$

方法二：

$$
\begin{aligned}
{}_{10}p_{65} &= e^{-\int_{65}^{75}(0.0020291 + 0.0001 \times 1.0793496^x)\,dx} \\
&= e^{-0.0020291x + (0.0001/\ln 1.0793496) \times 1.0793496^x \Big|_{65}^{75}} \\
&= e^{-0.0020291 \times 10 + 0.0013096 \times (1.0793496^{75} - 1.0793496^{65})} \\
&= e^{-0.235000} = 0.790571
\end{aligned}
$$

5.

(1) 在野外的甲虫的死亡力为$\frac{3}{2}\mu$。所以对于野生的甲虫，我们有：

$$S(8) = \exp\left(-8 \times \frac{3}{2}\mu\right) = \exp(-12\mu) = 0.58$$

因此，

$$-12\mu = -0.5447$$

$$\mu = 0.0454$$

因此，在实验室中饲养的甲虫的 8 天存活概率为 $\exp(-8 \times 0.0454) = 0.6955$。

(2) 甲虫在保护环境中存活 6 天的概率等于 $\exp(-6 \times 0.0454) = 0.7616$，在野外存活 2 天的概率为 $\exp(-2 \times 1.5 \times 0.0454) = 0.8727$。

因此，该甲虫存活 8 天的概率为 $0.7615 \times 0.8727 = 0.6646$。

6.

(1)

似然函数的形式为 $L = \prod_{i=1}^{n} f(t_i)^{\delta_i} S(t_i)^{1-\delta_i}$

其中，$f(t_i)$ 是概率密度函数，$S(t_i)$ 是生存函数。

由于 $f(t_i) = h(t_i)S(t_i)$，故似然函数可以写成 $L = \prod_{i=1}^{n} h(t_i)^{\delta_i} S(t_i)$

由于 $S(t_i) = \exp\left[-\int_{r=0}^{t_i} h(r)\,dr\right] = \exp\left[-At_i - \frac{1}{2}Bt_i^2\right]$

可得 $L = \prod_{i=1}^{n} (A + Bt_i)^{\delta_i} \exp\left[-At_i - \frac{1}{2}Bt_i^2\right]$

(2)

对似然函数取对数，得 $\log L = \sum_{i=1}^{n} \left[\delta_i(A + Bi) - At_i - \frac{1}{2}Bt_i^2\right]$

分别关于 A 和 B 求偏导得：

$$\frac{\partial}{\partial A}\log L = \sum_{i=1}^{n} \left[\frac{\delta_i}{A + Bt_i} - t_i\right]$$

$$\frac{\partial}{\partial B}\log L = \sum_{i=1}^{n} \left[\frac{\delta_i t_i}{A + Bt_i} - \frac{1}{2}t_i^2\right]$$

所求方程为使偏导等于 0 的方程，即：

$$\sum_{i=1}^{n} \left[\frac{\delta_i}{A + Bt_i} - t_i\right] = 0$$

$$\sum_{i=1}^{n} \left[\frac{\delta_i t_i}{A + Bt_i} - \frac{1}{2}t_i^2\right] = 0$$

7.

(1)

在 Gompertz 模型中，$\mu_x = Bc^x$

由于 ${}_tp_x = \exp\left(-\int_0^t \mu_{x+w}\,dw\right)$，

代入得 ${}_tp_x = \exp\left(-\int_0^t Bc^{x+w}\,dw\right) = \exp\left(-\left|\frac{Bc^x c^w}{\ln c}\right|_0^t\right) = \left[\exp\left(\frac{-B}{\ln c}\right)\right]^{c^x(c^t-1)}$

(2)

令 $Q = \left[\exp\left(\frac{-B}{\ln c}\right)\right]^{c^{50}}$，有：

$$\ln 0.995 = (c-1)\ln Q$$

$$\ln 0.989 = (c^2-1)\ln Q$$

$$\frac{c^2-1}{c-1} = \frac{(c-1)(c+1)}{c-1} = 2.20665$$

解得：

$$c = 1.20665$$

$$Q = 0.976036128$$

由 Gompertz 模型：

$$\left[\exp\left(\frac{-B}{\ln 1.20665}\right)\right]^{1.20665^{50}} = 0.976036128$$

解得：

$$B = 3.797 \times 10^{-7}$$

（3）在（2）中提供了两个观测结果，因此有一个 Gompertz 模型的解析解。

然而，这是不现实的，因为一般来说会用更进一步的过程来提供一个合适的估计值。可以通过最小二乘法或者是极大似然估计法，这些方法可以拟合更复杂的 Gompertz - Makeham 分布族模型 $\mu_x = polynomial_1 + \exp(polynomial_2)$，其中的参数并不能用（2）中的方法进行估计。

第八章 异质特征生存函数的估计

学习要点

- 掌握寿命分布的估计过程；
- 掌握比例风险模型并使用模型估计协变量对风险的影响；
- 掌握考察比例风险的 Cox 模型，推导在非相关条件下的部分似然估计并说明部分似然估计的渐进分布。

第一节 异质特征概述

现实情况下个体死亡力的真实水平是未知的，因此需要对其进行估计。为了估计它，我们可以进行调查，并根据已观察到的数据进行统计推断，而在此过程中，有一个因素是不能被忽略的——数据的异质特征。

数据的异质特征是指，数据群体的某个子群体所具有的明显区分于剩余群体的差异。以人口数据为例，人口往往具有差异化的特征，例如男性和女性、吸烟者和非吸烟者以及从事职业的不同等。

考虑异质特征是有必要的。因为由异质特征区分的不同数据群体间往往具有差异化的死亡率或疾病、意外事故发生率。例如，男性在特定年龄段的死亡率高于女性；吸烟者比非吸烟者的死亡率更高，同时若干疾病的发病率也往往更高；从事高危职业的人群发生意外伤害事件的概率往往更高……在这样的情况下，我们如果将整个人群作为整体简单观察其平均死亡力，则会面临较大的逆选择风险，由此进行的精算建模对于优质个体也不够公平。因此，如果把人群细化区分为具有相似特征（例如，男性吸烟者、女性非吸烟者）的同质个体的子群体，并确定每个子群体成员的死亡力水平会更加有效。保险公司也往往希望通过对于异质特征的分析来收取准确反映个人风险的保费，例如对吸烟者收取更高的保费。

上述细分人群的策略是解决数据异质特征的一种直观方法，另外，我们还会使用一种模型化方法来解决上述异质性问题——比例危险率模型。

第二节　比例危险率模型

一、协变量

估计参数或非参数的寿命分布受限于生存分析中处理重要问题的能力，比如协变量对生存的影响。

协变量可以是反映生命记录的任意数据，比如年龄、性别、治疗类型、药物水平、症状严重程度等。如果协变量将人群划分为少量的同质人群，则可以比较 Kaplan - Meier 模型或其他关于各个人群的生存函数估计，不过一个更为直接的方法是直接构造一个刻画协变量对生存影响的回归模型。在本节中，我们将假设第 i 个生命的协变量用 $1\times p$ 的向量 Z_i 来表示。

协变量可能是：

（1）直接测量的：比如年龄或体重；

（2）虚拟变量指标：比如 0 代表男性、1 代表女性，或者 0 代表新型治疗、1 代表安慰剂；

（3）定性测量的定性解释：比如症状的严重程度从 0 到 5，0 代表无症状，5 代表非常严重。

例如：我们令向量 $Z_i=$（性别，年龄，体重，症状），如果第三个生命是一个 68 岁的男性，体重 74 千克，在调查中由轻微的症状（从 0 到 5 中估计为 1），那么我们将得到：

$$Z_3 = (0, 68, 74, 1)$$

二、比例风险模型

近些年最广泛使用的回归模型是比例风险模型，比例风险模型可以用参数和非参数方法估计时间对风险函数的影响。

在比例风险模型中第 i 个生命的风险函数可以表达为：$\lambda_i(t, z_i) = \lambda_0(t) g(z_i)$，其中：

$\lambda_0(t)$ 是仅关于时期 t 的函数，$g(z_i)$ 是仅关于协变量向量的函数（为了保持统计习惯，我们用 λ 而不是 μ 来表示风险），在这里 $\lambda_0(t)$ 是协变量向量为 0 的个体的风险，被称作基准死亡率。我们之后会在这种模型中看到当协变量全等于 0 时函数 $g(z_i)$ 等于 1。

当协变量的影响随时间变化时，模型可以被改进为：$\lambda_i(t, z_i) = \lambda_0(t) g(z_i, t)$。但是，此时因为风险不再能被分解为两个部分：其中一个只取决于时间，而另一个则只依赖于协变量，因此，这种模型不再能被称为比例风险模型。

采用 Gompertz 分布的参数比例风险模型如下所示：

$$\lambda(t) = Bc^t \tag{8-1}$$

有两个参数：B 和 c，如果我们让参数 B 的值依赖于协变量向量 z_i：$B = \exp(\beta z_i^T)$，β 是 $1 \times p$ 的回归系数向量，通过标量 βz_i^T 反映 z_i 中各个元素对参数的综合影响（注意 T 表示向量 z_i 的转置，而不是寿命）。

由此，我们得到比例风险模型：$\lambda_i(t, z_i) = c^t \exp(\beta z_i^T)$

[注：精算师通常对基准死亡力和协变量的影响感兴趣，只要数学手段可以最大化完全可能性（并且找出信息矩阵），这在时至今日不再是问题，也不难确定任何基准死亡力和联立估计所有参数。比如基准死亡力和回归系数。]

易知，在比例风险模型下不同生命 Z_1 和 Z_2 的死亡力在各个时间段是成比例的，即：

$$\frac{\lambda(t, z_1)}{\lambda(t, z_2)} = \frac{\exp(\beta z_1^T)}{\exp(\beta z_2^T)} \tag{8-2}$$

这也是模型被命名为比例风险模型的原因。

以图 8-1 显示比例风险模型下两个生命的风险状况，他们的风险函数是相同形状的，风险率比率在各个时间段为常数：

而且，上述说明确保风险总是正的，并且给出了对数风险的线性模型：

$$\ln\lambda_i(t, z_i) = t\ln c + \beta z_i^T \tag{8-3}$$

这在理论和实际中是非常常见的。

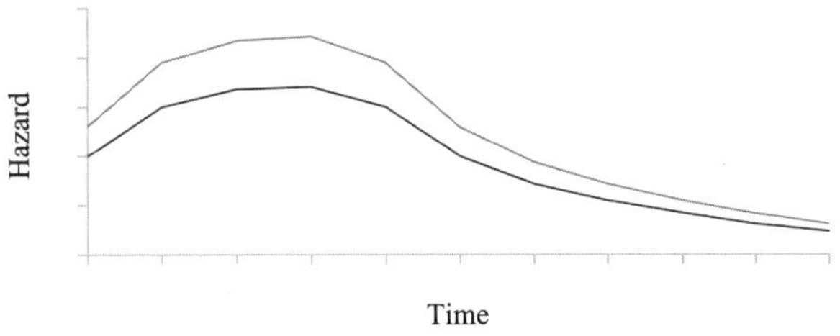

图 8－1　两个生命的风险状况

然而，上述模型在没有相关风险函数知识储备的情况下难以运用，此外在许多医学应用中的问题主要在于估计回归系数，基准死亡力相对并不重要。出于这些原因，D. R. Cox 于 1972 年提出了半参数方法，其作为完全参数模型的一种替代逐渐流行开来。

第三节　Cox 模型

一、定义

对于第 i 个生命，Cox 提出了以下形式的风险模型：

$$\lambda(t;z_i)=\lambda_0(t)\exp(\beta z_i^T) \tag{8-4}$$

其中，$\lambda_0(t)$ 是基准风险，所有协变量 z_i 对应生命的风险与基准风险成比例，比例系数是指数形式的 $\exp(\beta z_i^T)$。易知，如果协变量是 $z_i=(x_{i1},x_{i2},\cdots,x_{ip})$，回归系数向量是 $\beta=(\beta_1,\beta_2,\cdots,\beta_p)$，那么 $\exp(\beta z_i^T)=\exp(\sum_{j=1}^{p}\beta_j x_{ij})$。

【例 8－1】 如果第 j 个协变量只能取正值，请回答下列问题：

（1）第 j 个回归系数的符号应是什么；

（2）第 j 个回归系数的量级应是什么？

【答案】

（1）如果第 j 个回归参数为正，则风险率（如死亡率）随着第 j 个协变量的增大而增大，即风险率与协变量之间存在正相关关系。例如，如果肥胖的人更有可能患主要的心脏病，我们会发现与代表体重的协变量相关的回归参数是正的。

如果第 j 个回归参数为负，则风险率（如死亡率）随着第 j 个协变量的增大而减小，即风险率与协变量之间存在负相关关系。例如，如果喝大量非酒精性液体的人患肝病的可能性较小，我们就会发现与代表液体摄入量的协变量相关的回归参数为负。

（2）如果第 j 个回归参数的大小较大，则危险率（如死亡率）显著受第 j 个协变量的影响，即危险率与协变量之间存在较强的相关性（正或负）。如果第 j 个回归参数的大小较小，则风险率不受第 j 个协变量的显著影响，即风险率与协变量之间存在较弱的相关性。

每个协变量的重要性可以用数据方法测试

【例 8－2】 第 i 个观察的协变量是（56，183，40），用回归系数 $\beta=(0.0172,0.228,-0.0306)$ 计算 $\lambda(t;z_i)$，以 $\lambda_0(t)$ 的形式解答即可。

【答案】

$$\lambda(t;z_i)=\lambda_0(t)\cdot\exp(56\cdot 0.0172+183\cdot 0.0028+40\cdot -0.0306)$$
$$=\lambda_0(t)\cdot\exp(0.2516)=\lambda_0(t)\cdot 1.286$$

【例 8－3】 如果 i 的协变量是 $z_i=(x_{i1},x_{i2},\cdots,x_{ip})$，向量是 $\beta=\beta(\beta_1,\cdots,\beta_p)$，给出一个有协变量向量 z_1 和 z_2 的风险的恒定比例的表达式。

【答案】

$$\frac{\lambda(t;z_1)}{\lambda(t;z_2)}=\frac{\exp(\beta z_1^T)}{\exp(\beta z_2^T)}=\frac{\exp(\sum_{j=1}^{p}\beta_j X_{1j})}{\exp(\sum_{j=1}^{p}\beta_j X_{2j})}=\exp(\sum_{j=1}^{p}\beta_j(X_{1j}-X_{2j}))$$

二、Cox 模型的应用

在 Cox 模型的应用过程中，所有个体的风险方程由基准风险决定，而指数形式的处理则说明了个体的差异。因此，如果不关心精确度，我们可以忽略 $\lambda_0(t)$，并用与基准风险形状无关的数据估计 β，即半参数方法。

换句话说，通过估计向量，我们可以用 Cox 模型来计算相对死亡率。但是我们不能估计个体的绝对死亡率而不估计基准风险。所以 Cox 模型有效而且使用灵活，基本成为了生存模型研究的主要模型载体，并且很有可能是学者们首先使用的工具。

【例 8－4】 你在调查经过心脏手术的病人的生存时间，你已经记录了以下数据：

$$z_1=\begin{cases}0 \text{ 是女性}\\1 \text{ 是男性}\end{cases};$$

$$z_2=\begin{cases}1 \text{ 如果参加医院 } B\\0 \text{ 如果没有}\end{cases};$$

$$z_3=\begin{cases}1 & \text{如果参加医院}\ C\\0 & \text{如果没有}\end{cases}。$$

你决定模拟 t 时刻的死亡力，以 $\lambda_0(t)=\exp(\beta z_i^T)$ 的形式表示，并已经估计了参数：$\hat{\beta}_1=0.031$、$\hat{\beta}_2=-0.025$、$\hat{\beta}_3=0.011$。请依次比较女性患者参加医院 a 的死亡力与以下情况：

（1）女性患者参加医院 B；

（2）男性患者参加医院 C。

【答案】

（1）根据模型，死亡力 $\lambda_{female,A}(t)=\lambda_0(t)$，而女性参加医院 B 的死亡力是 $\lambda_{female,B}(t)=\lambda_0(t)e^{-0.025}$

可得：两者比例是 1.0253，

因此，我们估计女性参加医院 a 的死亡力比 B 高 2.53%。

（2）同理（过程略），两者比例是 0.9589。

在这个例子里我们需要三个变量：一个是性别，另外两个是医院。总的来说，n 种类的协变量需要 $n-1$ 个变量。所有变量都为 0 的一组被称为基准组，在上面的例子里，基准组是参加医院 a 的女性。

三、总结

在讨论 Cox 模型的数学背景之前，有必要总结一下我们先前的内容。对之前内容的理解有助于我们进一步掌握模型背后的数学方法。Cox 模型是一个被广泛运用于生存模型研究的数学方法，尽管不能帮我们确定绝对死亡率，但可以帮我们确定影响相对死亡率的因素。

在 Cox 模型之下，我们假设每个个体的死亡率与总的死亡率成比例。让 Cox 模型变灵活的是我们没有对基准风险的形状进行假设，这使我们避免了可能的数据方面的麻烦。

目前，我们还不知道的是个人的协变量在什么程度上影响个人的死亡率，而这是下一节的主题。

四、估计回归系数

未知的回归系数提供了协变量和个体死亡率的关系，我们现在要考虑怎样估计回归系数。

1. 部分似然函数

在 Cox 模型中，我们可以使用最大化部分似然函数的方法来估计 β。部分似然函数估计了回归系数但不需要估计基准风险，而且这种方法可以提供所有我们所需的数据信息。

令 $R(t_j)$ 表示在第 j 次观察前的个体生命的集合，假设一次观察只有一次死亡，也就是说 $d_j=1$，那么，部分似然函数如下所示：

$$L(\beta) = \prod_{i=1}^{k} \frac{\exp(\beta z_j^T)}{\sum_{i \in R(j)} \exp(\beta z_i^T)} \tag{8-5}$$

直观来说，每个被观察的个体贡献了一部分概率，也就是说如果他被观察到死亡，那么一定是 $R(t_j)$ 中的一个。所以从第一个死亡开始的并贡献到部分似然函数的就是死亡力，因为第一个死亡除以总死亡率就是恰好在事件之前发生的。实际上，这是一个 Markov 跳跃过程，我们假设集合中的个体分别为 1、2、…、N，第一次死亡被观测到之前的状态记为 0；假定第一个死亡的个体为 i，而当死亡发生时，除第 i 个个体外剩余个体皆存活，将此状态记为 i。那么回忆第四章中有关 Markov 跳跃过程的跳跃概率的计算方法，这个过程离开状态 0 并进入状态 i 的概率就是：

$$\frac{\text{从状态 0 到状态 } i \text{ 的转移力}}{\text{所有跳出 0 状态转移力之和}}$$

其中，“从状态 0 到状态 i 的转移力”就是第 i 个个体的死亡力，“所有跳出 0 状态的转移力之和”就是所有个体死亡力之和。因此，第 i 个个体被观察到死于 x 岁，这个死亡对部分似然函数的贡献就是：

$$\frac{\mu_i(x)}{\mu_1(x) + \cdots + \mu_N(x)} \tag{8-6}$$

这里 $\mu_j(x)$ 就是第 j 个个体在 x 岁的死亡力。

请牢记模型没有考虑基准风险，部分似然函数只取决于死亡被观察到的顺序。比如说，如果第一个死亡的是最高的个体，记第 i 个协变量是高度，那么我们可以推断出高度对死亡力有重要影响。至于 Cox 模型，我们可以推断 β_i 是正的。

当然，我们的推断应该基于所有被观察的死亡。通过最大化部分似然函数，我们对回归系数的估计是基于死亡发生的顺序。毕竟这个模型想要确认影响死亡力的因素来增加或减少不定时的死亡。

【例 8-5】 以下是由 6 位成员组成的实验小组的死亡率研究数据。每个个体从 55 岁开始被观察直到死亡或缺失。下表展示了性别、进入年龄和离开的理由。

表 8-1　　死亡率研究数据

生命	性别	离开年龄（岁）	离开理由
1	m	56	死亡
2	f	62	缺失
3	f	63	死亡
4	m	66	死亡
5	m	67	缺失
6	m	67	缺失

死亡力模型设定为：$\mu(x|Z=z)=\mu_0(x)e^{\beta z}$，这里 x 是年龄，$\mu_0(x)$ 是基准风险，$z=0$ 表示男性，$z=1$ 则表示女性。请写出部分似然函数。

【答案】因为有三个年龄有死亡发生，因此部分似然函数应由三部分组成；

第一个死亡对部分似然函数的贡献是$\dfrac{\mu_1(56)}{\mu_1(56)+\cdots+\mu_6(56)}$，换句话说，我们用最年轻的死亡个体的死亡力除以总的该年龄的死亡力，结果为$\dfrac{1}{4+2e^{\beta}}$；

同样来讲，第二个死亡的贡献是$\dfrac{\mu_3(56)}{\mu_3(56)+\cdots+\mu_6(56)}$；最终的贡献是 1/3

将他们乘起来，便得到了部分似然函数：$L=\dfrac{Ce^{\beta}}{(e^{\beta}+2)(e^{\beta}+3)}$。

2. 最大化部分似然函数

最大化部分似然函数会产生最大似然估计过程中产生的协变量与死亡率之间的关系。最大化的过程是复杂的，而且经常没有显式解。在上面的例子里，只有一个协变量。这时候很直接的就能解出系数 β 的最大似然估计。

【例 8-6】请计算上面例子中的 β 以及模型系数的最大似然估计。

【答案】从先前的例子，我们有：

$$L=\frac{Ce^{\beta}}{(e^{\beta}+2)(e^{\beta}+3)},$$

取对数有：

$$l=\ln C+\beta-\ln(e^{\beta}+2)-\ln(e^{\beta}+3),$$

取对数并令其等于 0 得：$\beta=0.5\ln 6$，

再次求导得$\dfrac{d^2\ln L}{d\beta^2}<0$，

所以 β 的最大似然估计是 $\hat{\beta}=0.5\ln6=0.896$。

通常情况下计算过程会比较复杂，实际中数据可能也会有联系，也就是：a：可能出现 $d_j>1$ 的情况；或者 b：一些观察是缺失的。

通常对 b 的处理办法是将那些在 t_j 时刻缺失的个体包含在风险集 $R(t_j)$ 中（假设缺失发生在死亡被观察到之后）。

【例 8－7】 假设上面例子的调查有额外的数据：

表 8－2　　死亡率研究数据

生命	性别	离开年龄（岁）	离开理由
7	m	56	缺失
8	f	62	缺失

请说明这些额外的数据会如何影响第一个死亡的部分似然。

【答案】 我们把在 56 岁时被审查的生活也包括在 56 岁时被审查的生活。我们现在有 5 个男性和 3 个女性在 56 岁时面临风险，第一个死亡的部分可能性的贡献是 $\frac{1}{5+3e^{\beta}}$。

精确计算 a 中的部分似然函数很麻烦，因为所有 t_j 时刻的 d_j 个死亡个体会贡献死亡力，此时我们需要使用布鲁斯洛近似，如下所示：

$$L(\beta)=\prod_{j=1}^{k}\frac{\exp(\beta s_j^T)}{\left(\sum_{t\in R(tj)}\exp(\beta z_i^T)\right)^{d_j}}$$

因此，考虑两个生命 a 和 b 在 t_j 时刻被观察到死亡，我们假设 a 对部分似然的贡献是 $\frac{\mu_a(t_j)}{\sum_{i\in R(t_j)}\mu_i(t_j)}$，b 对部分似然的贡献是 $\frac{\mu_b(t_j)}{\sum_{i\in R(t_j)}\mu_i(t_j)}$。a 和 b 都被包含在了风险组 $R(t_j)$ 中。下面的例子会帮助你更好地理解这个知识点。

【例 8－8】 一项以肝移植术后住院患者的生存时间（以月为计量单位）为对象的调查正在进行。相关变量 z_{1i} 的值在无效对照组时为 0，在使用 X 治疗法时为 1，z_{2i} = 患者体重（以 kg 为单位）。观察到的生存时间（括号内为体重）如下：

无效对照组	治疗方法 X
3(83)	6＊(58)
9(68)	11(73)
14(75)	14(68)
16(86)	14＊(49)

带有星号的观察结果表示缺失的观察结果。基于布鲁斯洛近似的方法，请计算第 14 时刻的死亡对部分似然函数的贡献。

【答案】在第 14 时刻之前，有四个人存在死亡的风险。这四个人在第 14 时刻的总死亡率是：

$$\mu_0(14)e^{75\beta_2}+\mu_0(14)e^{\beta_1+68\beta_2}+\mu_0(14)e^{\beta_1+49\beta_2}+\mu_0(14)e^{86\beta_2}$$

其中，$\mu_0(t)$ 表示 t 时刻的基准死亡率，时间 t 以移植手术后生存的月数为单位。

在第 14 时刻死亡的两个人的死亡率分别是：

$$\mu_0(14)e^{75\beta_2}\text{和}\ \mu_0(14)e^{\beta_1+68\beta_2}$$

所以发生在第 14 时刻的死亡对部分似然函数的贡献是：

$$\frac{\mu_0(14)e^{75\beta_2}}{\mu_0(14)e^{75\beta_2}+\mu_0(14)e^{\beta_1+68\beta_2}+\mu_0(14)e^{\beta_1+49\beta_2}+\mu_0(14)e^{86\beta_2}}$$

$$\times\frac{\mu_0(14)e^{\beta_1+68\beta_2}}{\mu_0(14)e^{75\beta_2}+\mu_0(14)e^{\beta_1+68\beta_2}+\mu_0(14)e^{\beta_1+49\beta_2}+\mu_0(14)e^{86\beta_2}}$$

$$=\frac{\mu_0(14)e^{75\beta_2}\times\mu_0(14)e^{\beta_1+68\beta_2}}{[\mu_0(14)e^{75\beta_2}+\mu_0(14)e^{\beta_1+68\beta_2}+\mu_0(14)e^{\beta_1+49\beta_2}+\mu_0(14)e^{86\beta_2}]^2}$$

$$=\frac{e^{\beta_1+143\beta_2}}{[e^{75\beta_2}+e^{\beta_1+68\beta_2}+e^{\beta_1+49\beta_2}+e^{86\beta_2}]^2}$$

(由所有基准死亡率相约后得到)

3. 部分似然函数的性质

正如前面提到的，部分似然函数与完全似然函数极为相似：它给出了 β 的一个多元渐近正态且无偏的估计量，而且相关的渐近方差矩阵可从观测信息矩阵的逆矩阵中估计得到。

【例 8-9】 请证明：β 的最大部分似然估计是渐近无偏的。

【答案】 假设 $\tilde{\beta}$ 是 β 的部分极大似然估计，那么近似地（即样本规模趋近无限），$E(\tilde{\beta})=\beta$。

有效得分函数，又名向量函数：

$$u(\beta)=\left(\frac{\partial\ln L(\beta)}{\partial\beta_1},\cdots,\frac{\partial\ln L(\beta)}{\partial\beta_p}\right) \tag{8-7}$$

有效得分函数有着重要的作用；特别是通过解 $\mu(\hat{\beta})=0$ 可以得到最大似然估计 $\hat{\beta}$。

观测信息的矩阵 $I(\beta)_{ij}$ 等于 $p\times p$ 矩阵二重偏导数的负数：

$$I(\beta)_{ij}=\frac{\partial^2\ln L(\beta)}{\partial\beta_i\partial\beta_j}(1\leqslant i,j\leqslant p) \tag{8-8}$$

以此可以估计 $\hat{\beta}$。

方差矩阵是对称矩阵 C，其第 i、j 项等于 $\text{cov}(\tilde{\beta}_i, \tilde{\beta}_j)$。上述内容的重点在于，它是渐近性的：

$$C = [I(\hat{\beta})]^{-1} = -\begin{bmatrix} \frac{\partial^2 \ln L}{\partial \beta_1^2}|\beta = \hat{\beta} & \frac{\partial^2 \ln}{\partial \beta_1 \partial \beta_2}|\beta = \hat{\beta} & \cdots & \frac{\partial^2 \ln L}{\partial \beta_1 \partial \beta_p}|\beta = \hat{\beta} \\ \frac{\partial^2 \ln}{\partial \beta_2 \partial \beta_1}|\beta = \hat{\beta} & \frac{\partial^2 \ln}{\partial \beta_2^2}|\beta = \hat{\beta} & \cdots & \frac{\partial^2 \ln L}{\partial \beta_2 \partial \beta_p}|\beta = \hat{\beta} \\ \vdots & \vdots & \ddots & \vdots \\ \frac{\partial^2 \ln L}{\partial \beta_p \partial \beta_1}|\beta = \hat{\beta} & \frac{\partial^2 \ln}{\partial \beta_p \partial \beta_2}|\beta = \hat{\beta} & \cdots & \frac{\partial^2 \ln L}{\partial \beta_p^2}|\beta = \hat{\beta} \end{bmatrix}^{-1} \tag{8-9}$$

当我们考虑单参数情况时，相关的代数就能够大大简化。

在单参数情况下，对于只有一个相关变量 β 的模型，我们通过求解如下方程来计算 β 的最大部分似然估计：$\frac{d\ln L}{d\beta} = 0$。我们还可以利用近似来估计最大部分似然估计 $\tilde{\beta}$ 的方差：$\text{var}(\tilde{\beta}) \approx \left(-\frac{d^2 \ln L}{d\beta^2}\right)^{-1} |\beta = \hat{\beta}$，也就是 Cramer－Rao 下界。

【问题 8－7】计算【问题 8－4】中估计量的渐近标准误。

【问题 8－8】使用【问题 8－4】和【问题 8－7】求出的结果，为模型参数 β 构建一个 95% 的置信区间。你能从中推断出什么？

大多数计算机程序包存在一个适应 Cox 模型的有用特性，即 β 的估计信息矩阵通常是拟合过程（使用牛顿迭代算法）的一种副产品，所以 β 中成分的标准误差是可用的。这有助于评估某些特定模型的拟合度。

五、模型拟合

1. 评估相关变量的影响

在实际问题中，可能会出现多个可能的解释变量，而建模过程的一部分就是选择出具有显著影响的变量。因此，我们需要评估单独或联合相关变量影响的标准。

一个常用的标准是似然比统计量。假设我们需要评估向模型添加更多相关变量的影响。一般来说，假设我们用 p 个相关变量来拟合一个模型，用 $p+q$ 个相关变量来拟合另一个模型，$p+q$ 个相关变量中包括了第一个模型的 p 个相关变量。

每一个模型都是通过极大似然函数来拟合的，设 L_p 和 L_{p+q} 分别代表第一个模型和第二个模型的对数极大似然函数。

注意，L 通常用于表示一个似然函数，$\ln L$、$\log L$ 或 l 用于表示对数似然函数。然而，在本例中，L 被用于表示对数似然函数。

我们定义似然比统计量为：

$$-2(L_p - L_{p+q}) \tag{8-10}$$

它近似服从存在 q 个自由度的 χ^2 分布，基于额外的 q 个相关变量对初始的 p 个相关变量没有影响的假设。也就是说，本次检验的原假设为：

$$H_0: \beta_{p+1} = \beta_{p+2} = \cdots = \beta_{p+q} = 0$$

即额外的相关变量不显著。

其检验统计量为：

$$-2(\ln L_p - \ln L_{p+q}) \tag{8-11}$$

其中，对数似然函数是使用部分最大似然估计计算的。（注意，这里使用 L 表示对数似然）如果检验统计量的值大于的 χ_q^2 5% 上分位点，则在 5% 显著性水平上拒绝原假设。

严格地说，这个统计量是基于完全似然函数概率，但当拟合 Cox 模型时，该统计量是通过部分似然函数计算的。

在实际应用中，通常使用电脑统计软件对似然比进行数值计算。

【例 8-10】假设我们正在研究一个高血压对生存影响的模型，其中 z_i 有两个组成部分，$z_i^{(1)}$ 代表性别，$z_i^{(2)}$ 的水平代表血压。假设我们想要测试吸烟没有影响的假设，同样考虑性别和血压。

那么，我们可以定义一个增量的相关变量向量 $z_i' = (z_i^{(1)}, z_i^{(2)}, z_i^{(3)})$，其中 $z_i^{(3)}$ 是一个标记吸烟状态因子（对于非吸烟者是 0，对于吸烟者是 1），并重新拟合模型。

在原假设（即新参数 $\beta_3 = 0$）下，似然比统计 $-2(L_2 - L_3)$ 近似服从存在 1 个自由度的 χ^2 分布。

2. 构建模型

似然比统计量是各种模型构建策略的基础，例如：

（1）我们从原假设（一个协变量也没有）开始，每次添加一个可能的相关变量；

（2）我们也可以从一个包含所有可能的相关变量的完全模型开始，然后尝试消除那些没有显著影响的变量。

此外，测试相关变量之间的相互作用也是必要的，这样可以防止它们对于被解释变量的影响取决于彼此的是否存在。虽然本章不作要求，但 Collett（1994）给出了一些模型构建策略的例子和似然比统计量的解释。

似然比统计量是模型选择的一种标准工具；例如，在英国，它被用来选择为参数刻度的 Gompertz – Makeham 族函数的成员。

【例 8 –11】（扩展）

我们还可以扩展前一个例题中的模型，以此来测试相关变量之间的相互作用。

例如，我们可能希望调查死亡率是否受到吸烟和高血压的协同影响。在这种情况下，我们可以扩展相关变量向量，使其包含 $z^{(4)} = z^{(2)} \times z^{(3)}$，然后重新构建模型并检验原假设（即参数 $\beta_4 = 0$）。

【例 8 –12】我们进行了一项研究，以此来确定领取养老金者的死亡率与社会经济群体之间的联系。生存时间将使用 Cox 回归模型进行建模，该模型将考虑死亡率的两个其他影响因素—性别和吸烟状况。该模型是为了检验社会经济群体与其他因素之间的相互作用。请讲述一下如何制定初始模型。

【答案】

初始模型为：$\lambda(x;z_i) = \lambda_0(x)\exp(\beta z_i^T) = \lambda_0(x)\exp(\sum_{j=1}^{p}\beta_j z_{ij})$

其中 x 代表年龄，模型的第 i 个个体对应的相关变量为：

z_{i1} = 社会经济群体从低到高（从 0 到 4）；

z_{i2} = 性别（男性为 0，女性为 1）；

z_{i3} = 吸烟情况（吸烟者为 0，非吸烟者为 1）；

$z_{i4} = z_{i1} \times z_{i2}$，

$z_{i5} = z_{i1} \times z_{i3}$。

【问题 8 –9】利用上述例子中的模型，计算个体 A、B 在相同年龄时的危险率比，其中 A 为社会经济群体指数为 3 的男性吸烟者，B 为社会经济群体指数为 1 的男性非吸烟者。

【问题 8 –10】使用上面例子中的模型，你希望测试社会经济群体和其他因素之间的相互作用。说明原假设、检验统计量，以及将如何进行测试。

3. 结果的应用

在拟合模型和分析似然比之后，我们可以推断出每一个相关变量是如何影响死亡率的。这些信息可以以许多不同的方式使用。

模型可用于评估一种新的治疗方法对患者的影响。治疗方法将用某种相关变量来表示，相关变量可以是剂量的定量度量，也可以是一个指标，例如无效对照组为 0，治疗方法是 1。

人寿保险公司希望了解某些相关变量如何影响死亡率，这样就可以收取准确反映个人风险的保费，例如对吸烟者收取更高的保费。然而，保险公司将局限于那些可以轻松可靠地从潜在投保人中收集到的有限相关变量上。

Cox 模型可以提供以基准危险率为基础的个体死亡率的相对水平的估计。通过对基准危险率函数的形状和水平做出一定的假设，我们就可以估计出个体死亡率的绝对水平。

【例 8－13】

【答案】

从【问题 8－4】我们得知：

$$\frac{d^2\log L}{d\beta^2}=-\frac{2e^{\beta}}{(e^{\beta}+2)^2}-\frac{3e^{\beta}}{(e^{\beta}+3)^2},$$

如果 $\tilde{\beta}$ 是 β 的部分极大似然估计，那么 $\tilde{\beta}$ 的渐进方差为：

$$\begin{aligned}\mathrm{var}(\tilde{\beta})&=[I^{-1}(\beta)]_{\beta=\hat{\beta}}\\&=\left[\frac{2e^{\hat{\beta}}}{(e^{\hat{\beta}}+2)^2}+\frac{3e^{\hat{\beta}}}{(e^{\hat{\beta}}+3)^2}\right]^{-1}\\&=\left[\frac{2\sqrt{6}}{(\sqrt{6}+2)^2}+\frac{3\sqrt{6}}{(\sqrt{6}+3)^2}\right]^{-1}\\&=2.02062,\end{aligned}$$

所以渐近标准误为 $\sqrt{2.02062}=1.4215$。

【例 8－14】

【答案】

因为 $\tilde{\beta}$ 服从渐近正态分布，β 的 95% 置信区间为：

$$\hat{\beta}\pm1.96\sqrt{\mathrm{var}(\tilde{\beta})}=\frac{1}{2}\ln6\pm(1.96\times1.4215)=(-1.890,3.682),$$

因为置信区间中包含 0，我们根据数据得出结论性别不是显著相关变量。

【例 8－15】

【答案】

A、B 的相关变量为：

$$z_{A1}=3,\ z_{A2}=0,\ z_{A3}=0,\ z_{A4}=0,\ z_{A5}=0$$

$$z_{B1}=1,\ z_{B2}=0,\ z_{B3}=1,\ z_{B4}=0,\ z_{B5}=1,$$

所以危险率比为：

$$\frac{\lambda_A}{\lambda_B}=\frac{\lambda_0(x)e^{3\beta_1}}{\lambda_0(x)e^{\beta_1+\beta_3+\beta_5}}=e^{2\beta_1-\beta_3-\beta_5}.$$

【例 8－16】

【答案】

原假设是社会经济群体与其他因素之间不存在相互作用，即：

$H_0 = \beta_4 = \beta_5 = 0$,

我们将一个模型与前三个相关变量（z_{i1}, z_{i2}, z_{i3}）拟合，另一个模型与所有的相关变量（$z_{i1}, \cdots, z_{i5}$）拟合，每个模型都通过部分最大似然函数拟合，使用合适的统计软件进行拟合。设 L_1 和 L_2 分别为第一模型和第二模型的对数最大似然函数。

似然比统计量为 $-2(L_1 - L_2)$，且如果原假设为真，服从渐近 χ_2^2 分布。若似然比统计量超过 χ_2^2 的 5% 上分位点，则拒绝原假设。

习　题

1. 我们对某种新疗法对于热带疾病患者生存时间的影响进行了研究。模型拟合如下：

$h_i(t) = h_0(t)\exp(\underline{\beta}^T \underline{z})$,

其中，$h_i(t)$ 是 t 时刻的危险率，t 是采用新疗法治疗的某一时刻；$h_0(t)$ 是 t 时刻的基准危险率。

z 是由相关变量组成的向量，其中：

z_1 = 从确诊到开始接受治疗的时间；

z_2 = 当采用原有疗法时为 0，当采用新疗法时为 1；

z_3 = 当患者为女性时为 0，当患者为男性时为 1；

β 是由相关的参数组成的向量，其中：

$\beta_1 = 0.5$;

$\beta_2 = 0.01$;

$\beta_3 = -0.05$。

（1）说明基准危险率对应的患者应满足的条件；

（2）对于一名确诊 6 个月后接受新疗法的男性患者：

（a）只依靠 $h_0(t)$，写出该患者的危险率函数；

（b）只依靠 $h_0(t)$，表示出该患者的生存函数。

（3）对于一名确诊后立即接受新疗法的女性患者而言，生存 5 年的概率是 0.75。计算（2）中的男性患者生存 5 年的概率。

2.

（1）比较完全参数模型和 Cox 回归模型在评估相关变量对于生存的影响方面的优点和缺点。

你被要求调查一系列的相关变量对于心脏病发作风险的影响，具体的相关变量包括年龄、性别、是否吸烟、居住地、受教育程度以及进行体质锻炼的时间。数据从一项前瞻性研究获取，该研究跟踪调查了数千人的相关状况，研究从初次访问实验者开始，当实验者首次心脏病发作，或者实验者死于心脏病以外因素，或研究期限 10 年已满（不论实验者是否有过心脏病发）时结束。

（2）说明在本研究中存在的删失类型，并解释他们是如何发生的。

（3）说明选择相关变量的标准，使得我们可以通过控制模型的其他相关变量，找出对心脏病发作风险有显著影响的相关变量。

假设你的最终模型是一个 Cox 模型，它有三个相关变量：年龄（以初次访问时的整数年龄减 50 作为研究年龄），性别（男性为 0，女性为 1），是否吸烟（非吸烟者为 0，吸烟者为 1），相关的估计参数为：

年龄 = 0.01；

性别 = −0.4；

吸烟 = 0.5；

性别 × 吸烟 = −0.25。

其中，“性别 × 吸烟”是由两个相关变量“性别”和“吸烟”相乘得到的额外变量。

（4）描述最终的模型中，性别和是否吸烟这两种因素对心脏病发作风险的影响的估计。

（5）通过模型运行结果确定与 50 岁的男性非吸烟者在初次被访问时心脏病发作风险相同的女性吸烟者的年龄。

3. 一家制药公司有兴趣测试一种新的治疗方法，用于治疗一种使奶牛衰弱但不致命的疾病。公司进行了一项随机试验，将患有此病的牛的样本分配到新疗法或前一疗法中，进而观察患病牛是否会从这种状况中康复。公司决定使用 Cox 回归模型对结果进行分析。

使用以下模型对风险建模：

$$h(t,x)=h_0(t)\exp(\beta_0 z+\beta_1 x+\beta_2 xz),$$

其中，$h_0(t)$ 是基础危险率；z 是一个协变量，如果奶牛使用了新疗法，则值为 1，如果奶牛使用之前的疗法，则值为 0；x 是一个协变量，表示治疗开始时这头牛患有该疾病的时间长度（以天为单位）；t 是治疗持续天数。β_0、β_1、β_2 是参数，估计值分别为 0.8、0.4 和 −0.1。对于特定的牛，新的治疗方法和以前的治疗方法有完全相同的危险率。

（1）计算牛在开始治疗前的患病天数；

在之前的治疗方法下，在患病 3 天后开始治疗的奶牛，一旦开始治疗，平均恢复时间为 14 天。

（2）计算使用新疗法 14 天后依然患病的牛的比例。

4. 一个教育机构为孩子们提供乐器辅导，但该机构担心放弃演奏乐器的孩子的数量，因此正在测试一种新的教学方法，希望以此来提高孩子的坚持率。我们收集了数据，并建立了 Cox 比例风险模型来拟合放弃演奏乐器的风险。回归参数的对称 95% 置信区间（基于标准误差）如下表所示：

协变量	置信区间
乐器	
钢琴	0
小提琴	[-0.05, 0.19]
小号	[0.07, 0.21]
教育方法	
传统	0
新式	[-0.15, 0.05]
性别	
男	[-0.08, 0.12]
女	0

（1）写出 Cox 比例风险模型的一般表达式，并定义你使用的所有符号；

（2）描述拟合模型的参数含义；

（3）描述基准危险适用于哪一类儿童；

（4）讨论新的教学方法是否提高了孩子们继续演奏乐器的机会；

（5）根据模型的结果计算：在新的教学方法下，如果一个女孩按照传统方法学习，4 年后仍然在吹小号的概率是 0.7，那么一个男孩在 4 年后仍然在弹钢琴的概率是多少。

5. 有一项关于定期锻炼和性别对 50—70 岁人群患心脏病风险影响的研究，研究人员从调查人群 50 岁开始跟踪，直到他们患上心脏病或活到 70 岁。该研究使用了 Cox 回归模型。

（1）请解释为何 Cox 回归模型适用于分析这类问题。

研究者定义了以下两个变量：

当个体为男性时，$Z_1=1$，否则为 0；当个体进行定期锻炼时，$Z_2=1$，否则为 0。

研究者随后拟合了三个模型，第一个仅以性别为协变量，第二个以性别和锻炼为协变量，第三个以性别、锻炼和它们之间的相互作用为协变量。三种模型的最大对数似然和第三种模型参数的最大似然估计值如下表所示：

空模型	−1269
性别	−1256
性别＋锻炼	−1250
性别＋锻炼＋交叉项	−1246
协变量	参数值
性别	0.2
锻炼	−0.3
交叉项	−0.35

（2）通过进行适当的统计检验，表明模型中交叉项存在的必要性；

（3）解释模型结果。

6. 研究人员对目前居住在美国并且年龄超过 50 岁的人进行了一项肝脏疾病风险因素的调查。调查考虑了三个因素的影响：调查开始时的年龄、每周的酒类消费量和在热带国家居住的情况。这项调查使用了 Cox 回归模型来评估疾病发展的危险因素（$h(t)$），并用三个参数 β_A、β_C 和 β_T 来表示：

$$h(t) = h_0(t)\exp(\beta_A A + \beta_C C + \beta_T T)$$

A 为个体调查开始时的实际年龄减去 50 年；C 代表每周的饮酒量，如果一个人每周的饮酒量超过医生建议的最大值，则取值 1（酗酒者），否则取值 0；T 表示个体在热带国家的居住情况，如果该人在热带国家居住超过 12 个月，则取值 1，否则取值 0。

调查结果表明：

• 在调查开始时年龄为 60 岁的重度饮酒者的风险比在调查开始时年龄为 50 岁的非重度饮酒者（他们之前都没有在热带国家生活过）高出 1 倍。

• 曾经在热带国家生活过 12 个月以上的重度饮酒者的风险是以前从未在热带国家生活过的同龄非重度饮酒者的 4 倍。

• 一个在热带国家生活超过 12 个月的人的风险比一个同龄且有饮酒习惯的一直生活在英国的人高 3 倍。

（1）计算 β_A、β_C 和 β_T；

若已知：一个在调查开始时刚好 50 岁且不酗酒，并且一直在英国生活了 10 年的人没有患这种疾病的概率是 0.8。

（2）证明：在一个热带国家生活 12 个月以上的年龄和饮酒习惯相同的人在 10 年里没有该病的概率略高于 50%。

7. 有学者进行了一项关于喝啤酒对 60 岁以上男性影响的研究。研究人员对一组男性进行了跟踪调查，从他们 60 岁生日开始，一直追踪到他们去世或因其他原因去世。假设

基准死亡风险 μ 为常数，每天平均饮酒量为 x（杯），估计比例危险模型如下所示：

$$h(t)=\mu\exp(\beta x)$$

其中，$h(t)$ 表示 $60+t$ 岁个体的死亡风险；μ 的估计值为 0.03，β 的估计值为 0.2。

（1）解释 μ 和 β 的含义；

（2）计算一个每天喝两杯啤酒的 62 岁男子的死亡风险；

（3）对于一个每天喝三杯啤酒的 60 岁男性：

（a）估计其在接下来 10 年仍存活的概率；

（b）计算这位 60 岁男性的期望寿命。

（4）已知：另一名男子刚好也 60 岁，他只在当地的酒吧喝啤酒。他买了多少啤酒就喝多少，而且每天都要喝同样数量的啤酒，直到他去世。同时，这家酒吧的老板有兴趣卖尽可能多的啤酒。

为了使他的啤酒消费量最大化，计算老板每天必须卖给他的啤酒的平均杯数。

8. 使用 Cox 回归模型来估计一组养老保险投保人的死亡率。此模型考虑了持续时间（即自保单发出以来经过的时间）、投保人的年龄和性别。模型如下：

$$\mu(x,z_1,z_2)=\mu_0(x)e^{\beta_1 Z_1+\beta_2 Z_2}$$

其中，x 为投保人的年龄

$$Z_1=\begin{cases}0, & \text{持续时间}<1\\ 1, & \text{持续时间}\geqslant 1\end{cases}$$

$$Z_2=\begin{cases}0, & \text{男性}\\ 1, & \text{女性}\end{cases}$$

我们已经估计出了参数 β_1 和 β_2 的值，并得到了以下结果：

协变量	参数	标准误差
持续时间	0.416	0.067
性别	-0.030	0.017

（1）说明基准风险所指的投保人类别。

（2）解释持续时间协变量在确定死亡率方面是否显著。

（3）比较一位新的女性投保人与一位相同年龄且在两年前投保的男性投保人的死亡率。

9.

（1）解释什么是比例风险模型。

（2）概述 Cox 比例风险模型在实证研究中广泛使用的三个原因。

10. Cox 比例风险模型将被用来模拟学生在获得资格前离开某一职业的比率。假设他们继续从事该职业，学生将在加入该职业三年后获得资格。在拟合模型中，风险取决于加入该职业后的时间 t 和三个协变量。各类别的协变量及其类别和拟合参数如下表所示：

协变量	可能性	参数
雇主规模	大	0
	小	0.4
学习的学位	无	0.3
	科学	-0.1
	艺术	0.2
	其他	0
地点	伦敦	0
	英国其他城市	-0.3
	海外	0.4

（1）明确定义您使用的所有术语，写下此模型中的风险函数的表达式。

（2）说明在这种模式下最有可能获得资格的学生，以及最不可能的学生。

（3）一个在这个行业工作了一年的学生就会从“小”雇主转变为“大”雇主。在所有其他因素相同的情况下，如果他保持“小”雇主资格，则表示他符合“大”雇主资格的可能性。

11. 一项关于一种新治疗方法对热带疾病患者生存时间的影响的研究已拟合了以下模型：$h(t)=h_0(t)\exp\{\beta^T z\}$，$h_i(t)$ 是 t 时刻的风险，其中 t 是治疗后的时间，$h_0(t)$ 为 t 时刻的基线风险度，z 是协变量的一个向量，其中：z_1 = 从诊断到治疗的时间段；如果给予现有的治疗，$z_2=1$，反之为 1；如果为女性，$z_3=0$，反之为 1。β 是一个参数的向量，其中：$\beta_1=0.5$，$\beta_2=0.01$，$\beta_3=-0.05$。

（1）说明基线风险适用的生命。

（2）对于在诊断 6 个月后接受新治疗的男性：

（a）仅用 $h_0(t)$ 来写下风险函数。

（b）仅用 $h_0(t)$ 表示生存函数。

（3）对于在诊断时接受新治疗的女性，5 年的生存概率为 0.75。计算（2）中的雄性存活 5 年的概率。

12.

（1）比较全参数模型和 Cox 回归模型对生存模型异质性的影响的优缺点。

你被要求调查一组异质性的影响，包括年龄、性别、吸烟、居住地区、受教育程度和锻炼量对心脏病发作风险的影响。数据可以来自一个组几千人，从最初的采访直到他们第一次心脏病发作，或直到他们因其他原因造成的死亡，或直到采访过了 10 年（看看哪个先发生）。

（2）说明本研究中出现的缺失类型，并解释每种缺失类型是如何产生的。

（3）描述一个在控制模型的其他异质性时，可以允许你选择那些对心脏病发作风险有统计上显著影响的异质变量的标准。

13. 假设你最终的模型是一个 Cox 模型，它有三个异质特征：年龄（在初次采访时，以上次生日的年龄减去 50 岁来衡量），性别（男性 =0，女性 =1）和吸烟与否（非吸烟者 =0，吸烟者 =1），估计参数为：

年龄：0.01；

性别：-0.4；

吸烟：0.5；

性别×吸烟：-0.25。

其中，“性别×吸烟”是一个额外的异质特征，由两个异质变量“性别”和“吸烟”相乘形成。

（1）描述最终的模型中性别和吸烟行为对心脏病发作风险影响的估计。

（2）使用该模型的结果来确定女性吸烟者在初次访谈时的年龄，此时的女性与初次访谈时 50 岁男性非吸烟者具有相同的心脏病发作风险。

参考答案

1.

（1）基准危险率适用于以下人群的样本组：

- 诊断后立即接受新疗法治疗，$z_1=0$；
- 接受原有疗法者，$z_2=0$；
- 女性样本，$z_3=0$。

（2）

（a）对于诊断后数月接受新疗法的男性患者的危险率函数：

我们使用给定的模型参数，以及该个体的回归变量值：$z_1=\frac{1}{2}$年；$z_2=1$ 因为接受新疗法；$z_3=1$ 因为是男性患者。

所以：

$$h(t)=h_0(t)\exp\left\{0.5\times\frac{1}{2}+0.01\times1-0.05\times1\right\}=h_0(t)e^{0.21}。$$

（b）对于诊断后 6 个月接受了新疗法的男性，他的生存率函数：

$$S(t)=\exp\left\{-\int_{s=0}^{t}h(s)ds\right\}=\exp\left\{-\int_{s=0}^{t}h_0(s)e^{0.21}ds\right\}=\exp\left\{-e^{0.21}\int_{s=0}^{t}h_0(s)ds\right\}。$$

（3）对于第（2）问中个体生存 5 年的概率：

我们使用所给的关于女性样本的信息来确定基准危险率的表达式。然后我们可以用这个表达式来评估男性患者。

在诊断的时候基于新治疗的女性样本的危险率函数和生存率函数我们可以这样写：

$$h_f(t)=h_0(t)\exp\{0.5\times0+0.01\times1-0.05\times0\}=h_0(t)e^{0.01},$$

$$S_f(t)=\exp\left\{-\int_{s=0}^{5}h(s)ds\right\}=\exp\left\{-\int_{s=0}^{t}h_0(s)e^{0.01}ds\right\}=\exp\left\{-e^{0.01}\int_{s=0}^{t}h_0(s)ds\right\}$$
$$=0.75,$$

重新移项可以得到：

$$\exp\left\{-\int_{s=0}^{t}h_0(s)ds\right\}=(0.75)^{e^{-0.01}}$$

运用（2）（b）的答案可知：

$$S_m(t)==\exp\left\{-e^{0.21}\int_{s=0}^{t}h_0(s)ds\right\}=S_m(t)==\exp\{-e^{0.21}(0.75)^{e^{-0.01}}\}$$
$$=(0.75)^{e^{-0.20}}=0.7037$$

2.

（1）完全参数模型与 Cox 回归模型

Cox 回归模型是半参数估计的一个例子，在这种方法中，我们不预先限制危险率函数的精确形式。它是近年来应用最广泛的回归模型，也被称为比例危害模型。

参数化模型可用于同质的样本人群，也可适用于中等数量的同质样本人群，在这种情况下，拟合参数的置信区间给出了不同检验群体之间的差异，这应优于非参数化过程。

然而，如果不事先了解危险率函数的形式就很难应用完全参数化的模型，而这可能正是研究的目标。出于这个原因，半参数方法可能更受欢迎。

非参数方法处理生存率分析中一些重要问题的能力有限，例如相关变量对生存的影响。相关变量是指描述每个个体的一些变量，如年龄、性别、治疗类型、用药水平、症状严重程度等。如果相关变量将样本人群划分为少数同质群体，那么就有可能对每个同质群体进行 Kaplan - Meier 估计或其他非参数估计。但更直接和透明的方法是建立一个模型，其中可以将相关变量对生存的影响直接建模，即回归模型。

（2）本研究中的删失

右删失和类型 I 的删失是结束调查后存在的删失类型。

随机删失是存在的，因为除了心脏病之外的死亡可以发生在任何时候。

（3）标准——似然比检验

常用的检验标准是似然比检验。假设我们需要评估向模型添加更多相关变量的效果。例如，假设我们建立一个有 p 个相关变量的模型，另一个模型有 $p+g$ 个相关变量（其中包括第一个模型的 p 个相关变量）。

每个模型都是通过最大似然估计来拟合的。L_p 和 L_{p+q} 分别为第一模型和第二模型的最大对数似然函数。

检验的原假设为：

$$H_0: \beta_{p+1}=\beta_{p+2}=\cdots\beta_{p+q}=0,$$

即新增的相关变量不显著。检验统计量为：

$$-2(\ln L_p-\ln L_{p+q})$$

其中对数似然函数是使用最大部分似然估计计算的。在原假设下，它服从 χ^2 分布，有 q 个自由度。在5%显著性水平下，如果检验统计量的值大于 χ_q^2 的上5%分位点，则拒绝原假设。

（4）估计性别和吸烟习惯对心脏病的影响

最终的模型为：

$$\begin{aligned}\lambda(t;z_i) &= \lambda_0(t)\exp(\beta z_i^T)\\ &= \lambda_0(t)\exp(\sum_{j=1}^{4}\beta_j z_{ij})\\ &= \lambda_0(t)\exp(0.01z_{i1}-0.4z_{i2}+0.5z_{i3}-0.25z_{i4}),\end{aligned}$$

其中，$z_{i4}=z_{i2}\times z_{i3}$。

若第 i 个个体为女性，$z_{i2}=1$，那么 $\beta_2=-0.4$ 会使得危险率方程的值减少。这意味着，根据模型，女性患心脏病的概率较低；

若第 i 个个体为吸烟者，$z_{i3}=1$，那么 $\beta_3=0.5$ 会使得危险率方程的值增加。这意味着，根据模型，吸烟者患心脏病的概率较高；

若第 i 个个体是一名女性吸烟者，$z_{i4}=1$，那么 $\beta_4=-0.25$ 会使得危险率方程的值减少。这意味着，根据模型，虽然女性吸烟者心脏病发作的风险比不吸烟的女性高，但吸烟对男性的危害要比女性大得多。

（5）一个50岁不吸烟的男性的危险率方程是基准危险率方程：

$$\lambda(t)=\lambda_0(t)\exp(0)=\lambda_0(t)$$

一个女性吸烟者有如下危险率方程：

$$\lambda(t)=\lambda_0(t)\exp(0.01z_{i1}-0.4+0.5-0.25)=\lambda_0(t)\exp(0.01z_{i1}-0.15)$$

令上述两个方程相等，我们有：

$$0.01z_{i1}-0.15=0,$$

即：$z_{i1}=15$，所以，根据模型女性吸烟者年龄必须为 65 岁，才使得她与 50 岁的男性非吸烟者具有相同的心脏病发作风险。

3.

(1)
$$h_0(t)\exp(\beta_0+\beta_1 x+\beta_2 x)=h_0(t)\exp(\beta_1 x)$$
$$\exp(\beta_0)=\exp(-\beta_2 x)$$
$$\beta_0=-\beta_2 x$$
$$0.8=0.1x$$

因此，$x=8$，即需要 8 天。

(2) 表示回复时间中位数，即：$S(t)=0.5$，

对于之前的治疗方法，我们有：

$$S(14)=\exp\left(-e^{0.4(3)}\int_0^{14}h_0(t)dt\right)=\exp\left(-3.320\int_0^{14}h_0(t)dt\right)=0.5,$$

即：$\int_0^{14}h_0(t)dt=\frac{\ln(0.5)}{-3.320}=0.209$，

对于新治疗方案我们有：

$$S(14)=\exp\left(-e^{0.8+1.2-0.3}\int_0^{14}h_0(t)dt\right)=\exp(-5.474(0.209))=0.319$$

4.

(1) $h(z,t)=h_0(t)\exp(\beta z_i^T)$

其中，$h(z,t)$ 是 t 期危险率；$h_0(t)$ 是基准危险率；z_i^T 是协变量向量；β 是系数向量。

(2) 弹小提琴时 $z_1=1$，否则为 0；

吹小号时 $z_2=1$，否则为 0；

使用新方法时 $z_3=1$，否则为 0；

是男性时 $z_4=1$，否则为 0。

(3) 基础危险率适用于描述：

女性、使用传统教育方法、弹钢琴的个体。

(4) 与新教学方法相关的参数是 −0.05。因为参数是负的，新的教学方法减少了辍学的危险。因此，新的教学方法似乎确实提高了孩子继续使用他或她的乐器的机会。

然而，参数的95%置信区间为零。因此，在5%的显著性水平下，无法得出以下结论：新的教学方法提高了孩子继续演奏乐器的机会。

（5）一个用传统教育方式学习小号的女孩选择放弃的危险率是 $h_0(t)\exp(0.14)$，因此，她在四年后仍然坚持吹小号的概率是：

$$S_{female}(4) = \exp\left(-e^{0.14}\int_0^4 h_0(t)dt\right) = \exp\left(-1.150274\int_0^4 h_0(t)dt\right)$$

由 $S_{female}(4) = \exp\left(-1.150274\int_0^4 h_0(t)dt\right) = 0.7$ 可得：

$\ln 0.7 = -1.150274\int_0^4 h_0(t)dt$，

即：$\int_0^4 h_0(t)dt = \dfrac{\ln 0.7}{-1.150274} = 0.310078$

因此，一个使用新方式学钢琴的男孩放弃的危险率是：

$h_0(t)\exp(-0.05+0.02) = h_0(t)\exp(-0.03)$，

从而，他四年后依然坚持弹钢琴的概率是：

$S_{male}(4) = \exp\left(-(-e^{0.03})\int_0^4 h_0(t)dt\right) = \exp(-0.310078(0.970446)) = 0.74014$

5.

（1）Cox模型确保了风险总是正的；

标准软件包通常包括Cox模型；

Cox模型允许所有个人危险函数的一般“形状”由数据决定，具有高度的灵活性；

本次调查的数据是删失的，而Cox模型可以处理删失的数据；

在Cox模型中，具有不同协变量值的个体的危险率是成比例的，这意味着在所有年龄中不同的协变量之间承担了相同的比率；

如果我们不是很关心危险率的精确形式，我们可以忽略基准危险率的形式，而直接从数据中估计协变量的影响。

（2）使用似然比检验的方法比较“性别+锻炼”组模型和“性别+锻炼+交叉项”组模型。假定两组的对数似然值分别为 L 和 $L_{交叉}$，则检验统计量为：$-2(L-L_{交叉})$，由题知：

$$-2(L-L_{交叉}) = -2(-1250-(-1246)) = 8$$

在假定交叉项参数为零的原假设下，该统计量服从一个自由度为1的卡方分布（因为交叉项包含一个参数）。由于8>7.879，卡方分布的临界值在0.5%水平（或8>3.84为5%水平），我们在0.5%的显著性水平下拒绝原假设，并得出结论：有必要在模型中加入交叉项。

（3）将基准组设定为不定期锻炼的女性，那么与其相比，其他三种类别患心脏病的危险率如下表所示：

性别	是否规律锻炼	危险率
男	否	$\exp(0.2)=1.22$
男	是	$\exp(0.2-0.3-0.35)=0.64$
女	是	$\exp(-0.3)=0.74$

可以得到以下结论：

（a）不经常锻炼的男性比女性更容易患心脏病；

（b）有规律的锻炼可以降低男性和女性患心脏病的风险；

（c）定期锻炼在降低心脏病风险方面对男性的影响大于女性，以至于在经常锻炼的人群中，男性比女性患心脏病的风险更低。

6.

（1）由题知：$\exp(\beta_T)=3$，

因此，$\beta_T=\ln(3)=1.099$

并且，由 $\exp(\beta_C+\beta_T)=\exp(\beta_C)\exp(\beta_T)=4$ 可得：

$\exp(\beta_C)=\dfrac{4}{3}$，即 $\beta_C=\ln\left(\dfrac{4}{3}\right)=0.2877$

最后，由 $\exp(10\beta_A)=\dfrac{6}{4}$ 可得 $\beta_A=\dfrac{1}{10}\ln\dfrac{6}{4}=0.0405$

（2）一个一直生活在英国的 50 岁非重度饮酒的人在 10 年内不患该病的概率为：

$S_{T=0}(10)=\exp\left(-\int_0^{10}h_0(t)dt\right)=0.8$，

因此，在热带国家生活 12 个月以上的，并且年龄和饮酒习惯与之相同的人在 10 年内没有患病的概率为：

$$S_{T=1}(10)=\exp\left(-e^{\beta_T}\int_0^{10}h_0(t)dt\right)=0.8^{e\beta_T}=0.8^3=0.512$$

7.

（1）μ 是一个不喝啤酒的男子的危险率；β 衡量了每天一杯啤酒的饮用增加量对危险率的影响。

（2）一天喝两杯啤酒的男子的危险率为：$0.03\exp(0.2\cdot 2)=0.0448$

（3）（a）一个每天喝三杯啤酒的 60 岁男子存活到 70 岁的概率为：

$$\exp\left(-0.03\int_0^{10}\exp(0.2\cdot 3)dt\right)=\exp(-0.547)=0.579$$

(b) 因为危险率为一个常数，60 岁男子的期望年龄为：

$$\frac{1}{h(t)}=\frac{1}{\mu\exp(\beta x)}=\frac{1}{0.03\exp(0.2\cdot 3)}=18.3\text{ 年。}$$

(4) 个体总收益 R 与每日平均饮酒量（杯）与男子期望寿命乘积正相关，即：

$$R\propto\frac{x}{0.03\exp(0.2x)}$$

最大化 R 的一阶条件为：

$$\frac{dR}{dx}=\frac{0.03\exp(0.2x)-x(0.03\cdot 0.2)\exp(0.2x)}{(0.03\exp(0.2x))^2}=\frac{1-0.2x}{0.03\exp(0.2x)},$$

令其等于 0，得到 $1-0.2x=0$，$x=5$。

二阶条件为：

$$\frac{d^2R}{dx^2}=\frac{-0.2(0.03\exp(0.2x))-(1-0.2x)(0.03\cdot 0.2\exp(0.2x))}{(0.03\exp(0.2x))^2}=\frac{0.2(0.2x-2)}{0.03\exp(0.2x)},$$

当 $x=5$ 时，其值为负，因此此时 R 取到最大值。

即每天应该卖这个男子 5 杯啤酒。

8.

(1) 基准风险所指的投保人类别是在不到一年前购买了保单的男性养老保险投保人。

(2)

持续时间参数的近似 95% 置信区间为：

$$0.416\pm(1.96\cdot 0.067)=(0.285,0.547)$$

由于该区间不包含 0，可以得出结论，持续时间协变量在确定死亡率方面是显著的。

(3) 死亡率的比较

根据模型，对于年龄为 x 的新女性投保人的死亡 $\mu_0(x)e^{-0.030}$；对于相同年龄且在两年前投保的男性投保人的死亡率是 $\mu_0(x)e^{0.416}$。由于

$$\frac{\mu_0(x)e^{-0.030}}{\mu_0(x)e^{0.416}}=e^{-0.446}=0.640$$

该模型表明，女性的死亡率比男性低 36%。

也可以说，男性的死亡率比女性高 36%。

9.

(1) 比例风险模型

比例风险模型用于描述个体的风险率，这取决于持续时间（自指定事件以来的时间）和其他协变量。

每个个体的风险率由基准风险组成，基准风险仅取决于持续时间，再乘以仅取决于该

个体协变量值的函数。

该模型是“比例”的，因为每个个体的风险率始终保持与基准风险（因此也与其他个体）相同的比例。

基准风险率对应于所有协变量均为零的个体。

（2）Cox 模型的优点

Cox 回归模型允许我们在不考虑基准风险率形式的情况下，比较具有不同协变量的个体（例如男性和女性）。

Cox 模型是一个常用的模型，有可靠的软件来帮助我们进行所需的计算。

指数函数确保了风险率始终为正。

它是一个半参数模型，因此基准风险率不需要提前指定。

10.

（1）风险函数

离开职业的风险函数如下：

$$\lambda(t,Z)=\lambda_0(t)\exp[0.4Z_1+0.3Z_2-0.1Z_3+0.2Z_4-0.3Z_5+0.4Z_6]$$

其中，

$\lambda_0(t)$ 为自进入职业生涯后，在 t 时刻的基线风险

如果是小雇主，$Z_1=1$，如果不是，则为 0

如果没有学位，$Z_2=1$，如果有学位，则为 0

如果有科学学位，$Z_3=1$，如果没有，则为 0

如果有艺术学位，$Z_4=1$，如果没有，则为 0

如果位置是英国（除伦敦），$Z_5=1$，如果不是，则为 0

如果位置是海外，$Z_6=1$，如果不是，则为 0

（2）最有可能和最不可能获得参赛资格的人：

最有可能获得资格的学生是那些风险函数值最低的学生，即那些有 $Z_1=0$，$Z_2=0$，$Z_3=1, Z_4=0$，$Z_5=1$ 和 $Z_6=0$ 的学生。所以最有可能合格的学生是那些在大雇主工作，拥有科学学位，在英国和伦敦以外工作的学生。

最不可能符合条件的是那些 $Z_1=1$，$Z_2=1$，$Z_3=0$，$Z_4=0$，$Z_5=0$ 和 $Z_6=1$ 的学生，比如那些为小雇主工作、没有学位、在海外工作的学生。

（3）合格的概率

在该行业工作一年的学生获得该行业资格的可能性为：

$$\exp\left(-\int_1^3\lambda(t,z)\,dt\right)$$

我们可以把这看作是学生“生存下来”的可能性，即随时避免离开这个职业的概率。

如果该学生为一个大雇主工作，其概率是：

$$P_L = \exp\left\{-\int_1^3 \lambda_0(t) e^{0.3Z_2-0.1Z_3+0.2Z_4-0.3Z_5+0.4Z_6} dt\right\}$$

$$= \exp\left[-e^{0.3Z_2-0.1Z_3+0.2Z_4-0.3Z_5+0.4Z_6}\int_1^3 \lambda_0(t)\,dt\right]$$

如果该学生为一个小雇主工作，其概率为：

$$P_s = \exp\left[-\int_1^3 \lambda_0(t) e^{0.4+0.3Z_2-0.1Z_3+0.2Z_4-0.3Z_5+0.4Z_6} dt\right]$$

$$= \exp\left[-e^{0.4+0.3Z_2-0.1Z_3+0.2Z_4-0.3Z_5+0.4Z_6}\int_1^3 \lambda_0(t)\,dt\right]$$

$$= \exp\left[-e^{0.4}e^{0.3Z_2-0.1Z_3+0.2Z_4-0.3Z_5+0.4Z_6}\int_1^3 \lambda_0(t)\,dt\right]$$

$$= \left\{\exp\left[-e^{0.3Z_2-0.1Z_3+0.2Z_4-0.3Z_5+0.4Z_6}\int_1^3 \lambda_0(t)\,dt\right]\right\}^{\exp(0.4)}$$

$$= (P_L)^{\exp(0.4)}$$

第二个最后一个等式来自结果 $e^{AB} = (e^B)^A$

故

$$P_L = (P_S)^{\exp(-0.4)} = (P_S)^{0.67032}$$

11.

(1) 适用于基准风险的生命组为满足以下条件的生命集合：

诊断后立即接受治疗，$z_1 = 0$

接受了现有的治疗，$z_2 = 0$

女性，$z_3 = 0$

(2)

(a) 在诊断后 6 个月接受新的治疗的男性生命的风险函数：

我们使用我们给出的模型参数，以及回归变量的值，即：

$z_1 = \frac{1}{2}$year，$z_2 = 1$，标示新的治疗，$z_3 = 1$，表示男性

$$h(t) = h_0(t)\exp\left\{0.5 \times \frac{1}{2} + 0.01 \times 1 - 0.05 \times 1\right\} = h_0(t)e^{0.21}$$

(b) 在诊断后 6 个月接受新的治疗的男性生命的生存函数为：

$$S(t) = \exp\left\{-\int_{s=0}^{t} h(s)\,ds\right\}$$

$$= \exp\left\{-\int_{s=0}^{t} h_0(s)e^{0.21}\,ds\right\}$$

$$= \exp\left\{-e^{0.21}\int_{s=0}^{t} h_0(s)ds\right\}$$

（3）计算（2）中的生命存活 5 年的概率

我们使用关于女性生命的信息来确定基线风险的表达式。然后我们可以用这个表达式来评估男性的相关概率。

对于在诊断时给予新的治疗的女性，我们可以写道：

$$h_f(t) = h_0(t)\exp\{0.5\times 0 + 0.01\times 1 - 0.05\times 0\} = h_0(t)e^{0.01}$$

$$S_f(5) = \exp\left\{-\int_{s=0}^{5} h(s)ds\right\} = \exp\left\{-\int_{s=0}^{5} h_0(s)e^{0.01}ds\right\}$$

$$= \exp\left\{-e^{0.01}\int_{s=0}^{5} h_0(s)ds\right\} = \left(\exp\left\{-\int_{s=0}^{5} h_0(s)ds\right\}\right)^{e^{0.01}}$$

$$= 0.75$$

整理可得：

$$exp\left\{-\int_{s=0}^{5} h_0(s)ds\right\} = (0.75)^{e^{-0.01}}$$

然后使用（2）（b）对 $t=5$ 的结果，我们可以写出：

$$S_m(5) = \exp\left\{-e^{0.21}\int_{s=0}^{5} h_0(s)ds\right\} = \left(\exp\left\{-\int_{s=0}^{5} h_0(s)ds\right\}\right)^{e^{0.21}}$$

最后，通过替换，可得：

$$S_m(5) = \left(\exp\left\{-\int_{s=0}^{5} h_0(s)ds\right\}\right)^{e^{0.21}} = \left((0.75)^{e^{-0.01}}\right)^{e^{0.21}} = (0.75)^{e^{0.20}}$$

$$= 0.7037$$

12.（1）Cox 回归模型是半参数方法的一个例子，其中我们不预先约束风险函数的精确形式。它是近年来应用最广泛的回归模型，也是比例风险模型的一个例子。

参数模型可以用于齐次总体，也可以拟合到中等数量的齐次组，在这种情况下，拟合参数的置信区间给出了组间差异的检验，这应该优于非参数程序。

然而，如果不预先知道风险函数的形式，完全参数模型很难应用。因此，半参数方法可能更流行。

（2）在调查结束时，出现了右缺失和第一类缺失。

随机缺失也是存在的，因为除心脏攻击外造成的死亡可能发生在任何时候。

（3）一个常见的标准是似然比检验。例如，假设我们拟合一个具有 p 个异质性的模型，以及另一个具有 $p+q$ 个异质性的模型（其中包括第一个模型的 p 个异质特征）。

每个模型都是通过最大化似然函数来拟合的。设 $\ln L\_p$ 和 $\ln L\_(p+q)$ 分别为第一模型和第二模型的最大对数似然。

该检验的原假设是：

$$H_0: \beta_{p+1}=\beta_{p+2}=\cdots=\beta_{p+q}=0$$

即额外的异质性不显著。

似然比统计量为：

$$-2(\ln L_p-\ln L_{p+q})$$

其中，对数似然值使用最大部分似然估计值计算。在原假设下，它有一个渐近的卡方分布，具有 q 个自由度。

如果检验统计量的值大于 q 个自由度的卡方分布上尾 5%，则将在 5% 的显著性水平上拒绝原假设。

13. (1) 最终的模型是：

$\lambda(t;z_i)=\lambda_0(t)\times\exp(\beta z_i^T)=\lambda_0(t)\exp(0.01z_{i1}-0.4z_{i2}+0.5z_{i3}-0.25z_{i4})$，

其中，

$$z_{i4}=z_{i3}\times z_{i2}$$

如果性别为女性，$z_{i2}=1$ 的话，$\beta_2=-0.4$ 的值会降低第 i 个生命的风险函数。这意味着，根据该模型，女性心脏病发作的风险更低。

如果被调查者状态为“吸烟者”，$z_{i2}=1$ 的话，$\beta_3=0.5$ 的值将增加第 i 个生命的风险函数。这意味着，根据该模型，吸烟者患心脏病发作的风险更高。

如果同时是女性和吸烟者，$z_{i4}=1$ 的话，$\beta_4=-0.25$ 的值将降低第 i 个生命的风险函数。这意味着，根据该模型，虽然女性吸烟者比女性不吸烟者有更高的心脏病发作风险，但吸烟对男性的有害影响要比对女性大得多。

(2) 50 岁非吸烟者男性的基线风险函数：

$$\lambda(t)=\lambda_0(t)\exp(0)=\lambda_0(t)$$

女性吸烟者的风险函数：

$$\lambda(t)=\lambda_0(t)\exp(0.01z_{i1}-0.4+0.5-0.25)=\lambda_0(t)\exp(0.01z_{i1}-0.15)$$

为了使这两个风险函数相同，我们要求：

$$0.01z_{i1}-0.15=0$$

即

$$z_{i1}=15$$

因此，根据该模型，一个女性吸烟者必须是 65 岁，才能与一个 50 岁的男性非吸烟者有相同的心脏病发作风险。

第九章　随机死亡率模型初探

学习要点

- 了解随机死亡率模型要解决的目标问题和发展历程。
- 了解几种主要的基于单一人口的随机死亡率模型。
- 了解多人口随机死亡率模型的主要分类与代表。

第一节　随机死亡率模型简介

在前面的章节里，我们已经对建立人口年龄结构模型的几种方法有了一定的了解，包括在精算实务中广泛使用的生命表及其估计原理，以及生存函数的参数与非参数估计方法。生命表和生存函数的估计大多以一组静态的死亡率数据为基础。但在实际情况中，研究者们面临一个不可忽视的问题：死亡率随时间的推移不断地发生着变化。

传统上，Gompertz 模型和 Makeham 模型等确定性死亡率变化模型被使用以模拟死亡率的变动；而实务中常通过定期更新生命表来贴合最新的死亡率数据。死亡率的变动在整体上呈现出人口死亡率随时间不断下降的趋势，预期寿命的提高导致了我们熟知的老龄化问题。在风险管理领域，人口老龄化代表的死亡率降低带来的不确定性被称作长寿风险。根据风险的不确定性，死亡率随时间的变化在具体数值上具备随机特征，而非遵循确定的趋势。长寿风险是指个人或总体人群未来的平均实际寿命高于预期寿命所产生的风险。进行长寿风险或与其相关领域的研究者们时常需要借助模型表示或是探究未来一段时间的死亡率变动情况。因此对于长寿风险的计量需要将随机性纳入考量，而不能直接应用确定性模型。基于以上两点，随机死亡率模型被建立以模拟并预测死亡率随时间变动的情况。

随机死亡率模型以动态死亡率假设为基础，在考虑不同年龄人群死亡率差异的基础上，将死亡率随时间的变化纳入模型，根据随机死亡率模型选取的不同，以死亡年份的不同参数形式（部分模型还会同时纳入出生年份的影响）量化表达出来。随机死亡率模型不仅能够预测未来的死亡率期望值，而且还能给出它的分布情况甚至模拟其变化路径，这对于责任期较长的寿险或养老产品，以及与长寿风险相关的衍生品的定价与风险管理方面的研究来说有十分重要的意义。

在这一章中，我们将对常见的随机死亡率模型进行介绍。在本章的第一部分，我们重点介绍了单人口随机死亡率模型。我们将从最基本的 Lee - Carter 模型开始，并拓展到另外几种广泛应用的单人口模型中。第二部分主要包括另一个基于 Lee - Carter 模型的改进方向，即应用于两个及多个异质性人口群体的随机死亡率模型。这一类模型的建立为将存在多个异质的不同人群的死亡率同时纳入考量。

第二节　单人口随机死亡率模型

一、Lee - Carter 模型

单人口随机死亡率模型是较为简单的形式，模型假设人群为单一人口群体，从而忽略不同人群特征的影响。这一假设在研究人口范围较小时常被近似认为成立。

Lee - Carter 模型由 Lee and Carter（1992）提出，是最经典的随机死亡率模型，也是最广泛用于实际研究中的随机死亡率模型之一。

1. 经典 Lee - Carter 模型

Lee - Carter 模型的原理类似于广义线性回归（GLM）模型，即假设对数死亡率可以表示为一个由分开的年龄效应和时间效应构成的与多元回归类似的表达形式。具体模型如下所示：

$$\ln[m(x,t)] = \alpha_x + \beta_x \kappa_t + \varepsilon_{xt} \tag{9-1}$$

其中，$m(x,t)$ 表示 x 岁的人在年份 t 的中心死亡率，α_x 为年龄对死亡率整体影响的系数；κ_t 反映了死亡率在时间上随死亡发生的具体年份变动的总体趋势，而 β_x 表示不同年龄个体对死亡率的时间效应的敏感度。交互项整体代表各死亡年龄个体死亡率随时间变化的变化趋势。ε_{xt}为随机误差项，假定服从正态分布 $N(0,\delta^2)$。

由于年龄、时间效应之间可能存在共线性问题，为保证解的唯一性，需要对参数进行约束。Lee - Carter 模型一般使用的约束条件如下所示：

$$\sum_t \kappa_t = 0 \tag{9-2}$$

$$\sum_x \beta_x = 1 \tag{9-3}$$

在上面的第一个约束等式下，α_x 可以使用年龄为 x 的个体在数据所有年份范围的 $\ln[m(x,t)]$ 均值来表示。即：

$$\alpha_x = \sum_{t=1}^{T} \frac{\ln[m(x,t)]}{T} = \ln\left[\prod_{t=1}^{T} m(x,t)^{\frac{1}{T}}\right] \tag{9-4}$$

2. 模型的参数估计

对随机死亡率模型进行参数估计时，常用的方法包括矩阵奇异值分解法（SVD）、加权最小二乘法（WLS）、最大似然法（MLE）等。我们对加权最小二乘法和最大似然估计方法进行简单介绍。

奇异值分解法和简单最小二乘法对所有均对不同年龄人群的死亡率赋予完全相同的权重，在大部分年龄段死亡概率较低的情况下，对估计的精确性会不可避免地产生影响。加权最小二乘法首先通过对模型表达式两侧对 x 求和，得到：

$$\kappa_t = \sum_x \ln[m(x,t) - \hat{\alpha}_x] \tag{9-5}$$

由于 $\ln[m(x,t)]$ 的方差近似为死亡人数 $D(x,t)$ 的倒数。可令 $D(x,t)$ 为残差平方和的权重，即 $\min\sum_{x,t} D(x,t)[\ln m(x,t) - \hat{\alpha}_x - \hat{\beta}_x\hat{\kappa}_t]$，利用线性回归的方法即可得到 $\hat{\beta}_x$ 的取值。其具体形式为：

$$\hat{\beta}_x = \frac{\sum_{t=1}^{T} D(x,t)\kappa_t[\ln m(x,t) - \alpha_x]}{\sum_{t=1}^{T} D(x,t)\kappa_t^2} \tag{9-6}$$

李志生和刘恒甲（2010）使用中国人口数据，对几种估计方法进行了对比分析，发现加权最小二乘法（WLS）具有最好的拟合与预测效果。

最大似然法（MLE）是几种方法中应用最为广泛的一种。在进行参数估计之前，我们需要首先关注死亡率的分布。对于假定给定年份与死亡年龄的人群，显然其死亡人数服从由符合条件的总人数和死亡率作为参数的二项分布。实践中常用二项分布的泊松近似，即假设 $D(x,t) \sim Poisson[E(x,t)m(x,t)]$，其中 $D(x,t)$ 为在 t 年时年龄为 x 岁人的死亡总数，$E(x,t)$ 为面临死亡风险的 t 年时年龄为 x 岁人的总人数。

之后利用极大似然法即可对模型参数进行估计。在泊松分布的假设下，似然函数形式为：

$$L = \prod_{t,x} \frac{[E(t,x)m(t,x)]^{D(t,x)}}{D(t,x)!} \exp[-E(t,x)m(t,x)] \tag{9-7}$$

对似然函数取对数，得到：

$$l = \sum_{t,x} D(t,x)\ln[E(t,x)m(t,x)] - E(t,x)m(t,x) - \ln[D(t,x)!] \tag{9-8}$$

根据极大似然估计的原理，我们需要通过求出一组参数，使得得到的 $m(x,t)$ 使似然函数最大化。研究中通过迭代的方式获得待求参数，具体迭代形式如下：

$$\hat{\varphi}^{(h+1)} = \hat{\varphi}^{(h)} - \frac{\dfrac{\partial l^{(h)}}{\partial \varphi}}{\dfrac{\partial^2 l^{(h)}}{\partial \varphi^2}} \tag{9-9}$$

其中，h 为当前的迭代次数，$\hat{\varphi}^{(h)}$、$l^{(h)}$ 分别为第 h 次迭代时的待求参数与对应的似然函数取值。迭代持续进行，知道似然函数的变化小于一定值后得到最终结果。

3. 模型的死亡率预测

在拟合 Lee - Carter 模型的参数后，为了得到死亡率随时间变化的预测值，首先，需要对其构成中随时间变化的因子 κ_t 进行预测。我们通常使用整合移动平均自回归（ARIMA）模型进行对时间序列的预测。建立 ARIMA(p,d,q) 模型如下。

$$\left(1 - \sum_{i=1}^{p} \varphi_i L'\right)(1-L)^d \kappa_t = \lambda + \left(1 + \sum_{i=1}^{q} \theta_i L'\right)\varepsilon_{t-1} \tag{9-10}$$

其中，L 为滞后算子，p 为自回归项数，q 为移动平均项数，d 为使 κ_t 成为平稳序列所做的差分次数，λ 为常数项，ε 为误差项。根据 Box - Jenkins 方法，利用参数估计得到的 κ_t 值进行拟合，确定使用的 ARIMA(p,d,q) 模型中自回归项数 p、移动平均项数 q、差分次数 d 的具体数额。对于 Lee - Carter 模型，大多数情况下 ARIMA(0,1,0) 为最优形式。此时：

$$\kappa_t = \rho + \kappa_{t-1} + \varepsilon_i \tag{9-11}$$

这一形式用带漂移项的随机游走过程来进行拟合。已有研究证明参数 κ_t 可以认为近似服从这一过程。得到时间效应的预测之后，将 $\kappa_{t+1},\cdots,\kappa_{t+n}$ 代入原模型，即可得到死亡率的预测值。

4. Lee－Carter 模型的实际应用

Lee－Carter 模型作为最经典的随机死亡率模型，在精算学、人口学等领域及与之相关的研究中被广泛应用。Tuljapurkar（2000）应用 Lee－Carter 模型，基于 1950—1994 年美国、英国、日本、加拿大、法国、德国、意大利七国的死亡率历史数据对其 1995—2020 年的死亡率数据给出了预测。Horneff 等（2010）利用 Lee－Carter 模型对个体的生存状况建模，配合生命周期模型研究了对于面临不可保劳动收入风险、资本回报风险和随机死亡率的个体，延期支付年金在最优生命周期投资组合和消费选择的作用，研究显示最优年金化水平随着个体的风险厌恶程度、收入风险的升高以及国家养老金替代率、随机死亡率的降低，个体的最优年金化水平提高。

国内也有相当数量的研究使用 Lee－Carter 模型估测中国的死亡率数据。如李志生和刘恒甲（2010）对中国人口死亡率数据进行拟合和预测，根据 1992—2002 年的数据求得 2003—2007 年的模型预测结果并与实际值进行比对，对经典 Lee－Carter 模型在中国的实用性进行检验。文章比较分析了矩阵奇异值分解法、最小二乘法、加权最小二乘法和极大似然估计四种参数估计方法，并利用 Bootstrap 方法对参数进行区间估计。结果表明 Lee－Carter 模型对中国死亡率数据具有较好的拟合效果，在拟合模型的预测效果中，通过加权最小二乘法得到的死亡率模型的预测表现最好。邹小芃、杨芊芊和杨亚静（2018）运用 Lee－Carter 模型拟合并预测中国人口死亡率，随后在年金价格中引入长寿风险指数，创立了长寿风险指数递延年金并证明其在价格和风险转移上的优势。

另外，根据研究目标的不同或数据特点的差异，一些研究在 Lee－Carter 模型的基础上结合自身的研究背景进行修正或改进，并使用改进的 Lee－Carter 模型进行研究。如韩猛和王晓军（2010）采用 Lee－Carter 模型对中国 1994—2005 年的城市人口死亡率数据进行分析时，在数据量有限且部分年份数据缺失的情况下，对 Lee－Carter 模型的参数假设进行改进，使用“双随机过程”来描述 $\hat{\kappa}_t$ 随时间的变化趋势，从而将带漂移项的随机游走过程中漂移项参数的波动性包含在模型中。王晓军和任文东（2012）在“双随机过程”的基础上，给出了用带漂移项的随机游走拟合时，在 $\kappa_{t+1}-\kappa_t$ 不同分布情况下的参数估计方法，对我国人口死亡率数据进行建模与预测。胡仕强和陈荣达（2018）在奇异值分解法的基础上，将对数中心死亡率矩阵的前两项主成分纳入模型，形成双因子 Lee－Carter 模型，对我国实际人口死亡率数据进行预测，并基于此进行了年金产品的定价与风险度量。

5. Lee－Carter 模型的评价

Lee－Carter 模型具有模型参数少、拟合过程简单和预测结果稳健等优势，但经典 Lee－

Carter 模型需要较大数据量以保证拟合结果，一般认为需要至少 20 年以上的连续数据才能保证预测结果的稳健性。除此之外，Lee – Carter 模型对年龄系数不随时间变化的设定忽视了与外界时间相互作用对年龄效应的影响。

针对参数设定的问题，Renshaw and Haberman（2006）在 Lee – Carter 模型上加入出生年因素的影响，得到了 Lee – Carter 随机死亡率模型的又一种改进形式——APC 模型。APC 模型也是一种重要的随机死亡率模型，我们将在下一部分详细介绍 APC 模型。

二、APC 模型

出生年因素的影响又称作队列效应，是指由于年代的不同、社会和环境的变化，每一出生队列所暴露的病因因素不同，其健康状况会随之而改变。因此，每一代人由于成长期间面临的，也就是说死亡率除了与人的年龄和日历年有关外，还可能与人的出生年有关，Renshaw and Haberman（2006）最早提出了考虑出生年效应的死亡率模型。

APC 模型（Age – Period – Cohort 模型），即年龄—时期—队列效应模型。在 APC 模型中，除了 Lee – Carter 模型所包含的死亡年龄和死亡年份对平均死亡率的影响以外，加入了队列效应的影响。具体的模型形式可以用下式表示：

$$\ln[m(x,t)] = \alpha_x + \beta_x^{(1)}\kappa_t + \beta_x^{(2)}\gamma_{t-x} + \varepsilon_{xt} \tag{9-12}$$

在 APC 模型中，新加入的参数 γ_{t-x} 概括了死亡率在时间上随个体的出生年份变动的趋势，其中 $t-x$ 即出生年份，表现为死亡年与死亡年龄的差值。

为避免共线性导致解不唯一，需要对 APC 模型施加以下约束条件：

$$\sum_t \kappa_t = 0 \tag{9-13}$$

$$\sum_x \beta_x^{(1)} = 1 \tag{9-14}$$

$$\sum_{t-x} \gamma_{t-x} = 0 \tag{9-15}$$

$$\sum_x \beta_x^{(2)} = 1 \tag{9-16}$$

约束条件的选取原理与传统 Lee – Carter 模型相同。

在实际研究中，APC 模型有时存在稳健性较差的问题。一种 APC 模型的简化形式常被代替标准 APC 模型使用。这一简化形式可表示为：

$$\ln[m(x,t)] = \alpha_x + \kappa_t + \gamma_{t-x} + \varepsilon_{xt} \tag{9-17}$$

约束条件相应地更改为：

$$\sum_t \kappa_t = 0 \tag{9-18}$$

$$\sum_{t-x} \gamma_{t-x} = 0 \tag{9-19}$$

$$\sum_{t-x} (t - r)\gamma_{t-x} = 0 \tag{9-20}$$

对 APC 模型进行参数估计时，队列效应 γ_{t-x} 的拟合在实践中与时间效应类似，同样需要通过 ARIMA 模型完成。其他参数的估计方法与经典 Lee – Carter 模型相同。

APC 模型的应用

APC 模型目前在国内的应用相当一部分集中于对疾病发病率的预测。如李春晖和宇传华（2015）利用 APC 模型和 IE 算法对 1990—2019 年中国女性乳腺癌死亡趋势进行估计，发现乳腺癌死亡风险总体上随年龄增加而增大、而随出生年份增加，其队列效应呈下降趋势。邵海妍等（2016）采用同样的方法分析 1991—2011 年中国肝癌死亡趋势，结果表明中国居民肝癌死亡率整体呈上升趋势。

在长寿风险或精算领域，APC 模型在国内的使用主要见于对比分析。如樊毅、张宁和张万月（2017）依据赤池信息准则和贝叶斯信息准则两种标准，比较了包括 Lee – Carter 模型、APC 模型、CBD 模型及其改进形式等八种随机死亡率模型对我国男性死亡率的改善的估计，最终证明 APC 模型在稳定性检验和回溯测试最适合于拟合和预测中国的人口死亡率。

三、CBD 模型

根据现有的数据和相关研究，人口死亡率曲线在年龄超过一定值后变化率会呈现降低趋势，即高龄人口死亡率相对下降。另外，高龄人口暴露数相对较少、死亡分布规律较为特殊，一般的死亡率模型无法较好地拟合高龄人口死亡状况。针对这一情况，Cairns、Blake and Dowd（2006）提出了对于较高年龄组效果更好的两因素随机死亡率模型。

基本的 CBD 模型形式如下式所示：

$$\mathrm{log}it[q(x,t)] = \kappa_t^{(1)} + \kappa_t^{(2)}(x - \bar{x}) + \varepsilon_{xt} \tag{9-21}$$

其中，$\mathrm{log}it[q(x,t)] = \ln \frac{q(x,t)}{1 - q(x,t)}$，$q(x,t)$ 即年份为 t 时年龄为 x 的个体的死亡率［注意此处不使用在之前两个模型中出现的中心死亡率 $m(x,t)$］。$\bar{x}$ 为样本年龄的均值。ε_{xt} 为误差项。

CBD 模型与 Lee – Carter 模型以及 APC 模型最大的一个不同点，是死亡年龄 x 直接进入模型，而非以随 x 变化的参数 α_x 间接产生影响。与 Lee – Carter 模型类似，我们可以用广义线性回归的原理解释 CBD 模型，即令每一年的死亡率经过 log*it* 函数变换后服从一个关于年龄的线性回归方程。另外，在使用（$x-\bar{x}$），将死亡年龄 x 标准化处理后，模型中的参数 $\kappa_t^{(1)}$ 代表平均水平，而 $\kappa_t^{(2)}$ 仍为斜率参数。正如一般的回归模型那样，CBD 模型并不需要参数唯一性约束。

与 APC 模型对 Lee – Carter 模型的改进类似，在 CBD 模型中也可以加入出生年的队列效应影响。得到的 CBD 扩展模型主要有以下三种：

模型 1：

$$\text{logit}[q(x,t)] = \kappa_t^{(1)} + \kappa_t^{(2)}(x-\bar{x}) + \gamma_{t-x} \tag{9-22}$$

$$\sum_{t-x} \gamma_{t-x} = 0 \tag{9-23}$$

$$\sum_{t-x} (t-r)\gamma_{t-x} = 0 \tag{9-24}$$

模型 1 的扩展方法与 APC 模型相同，新加入参数 γ_{t-x} 同样概括了影响死亡率的出生年因素。由于 γ_{t-x} 与原有的死亡年龄回归项可能存在交互，此时为使参数具有唯一解，通过计算选取使得 γ_{t-x} 的平方和最小化，可以得到以上两条约束条件。

模型 2：

$$\text{logit}q[x,t] = \kappa_t^{(1)} + \kappa_t^{(2)}(x-\bar{x}) + \kappa_t^{(3)}[(x-\bar{x})^2 - \hat{\sigma}_x^2] + \gamma_{t-x} \tag{9-25}$$

$$\sum_{t-x} \gamma_{t-x} = 0 \tag{9-26}$$

$$\sum_{t-x} (t-r)\gamma_{t-x} = 0 \tag{9-27}$$

$$\sum_{t-x} (t-r)^2\gamma_{t-x} = 0 \tag{9-28}$$

其中，$\hat{\sigma}_x^2$ 是样本年龄的方差，即（$x-\bar{x}$）^{2} 的期望值。模型 2 约束条件的选取标准与模型 1 相同。

在模型 1 的基础上，模型 2 增加了死亡年龄的方差作为补充回归项。此时，出生年对死亡率的影响由二次函数而非线性关系刻画，与模型 1 相比，关系刻画的精度有效增加。

模型 3：

$$\text{logit}q[x,t] = \kappa_t^{(1)} + \kappa_t^{(2)}(x-\bar{x}) + \gamma_{t-x}(x_c - x) \tag{9-29}$$

$$\sum_{t-x} \gamma_{t-x} = 0 \tag{9-30}$$

其中，x_c 为常数参数。

模型 3 在 CBD 模型的基础上，加入了包括表示出生年影响的参数 γ_{t-x} 和与死亡年龄相关的系数（$x_c - x$）的交互项。王晓军和黄顺林（2011）基于贝叶斯信息准则，得出这一模型形式最好地拟合了我国男性的人口死亡率。

除了我们主要介绍的三种随机死亡率模型以外，还有 Plat 模型、CMI 模型，Markov 链蒙特卡洛模拟方法等度量随机死亡率的方法。这些方法各有优劣，在实际应用中，需要根据数据的特点以及需要获取的信息有针对性地对使用模型的形式进行选择并调整，来增强模型的解释力。

CBD 模型的应用

CBD 模型与 Lee - Carter 模型相比在中国的应用相对较少。对该模型的简单应用主要为王晓军和黄顺林（2011）使用贝叶斯信息准则和似然比检验对包括经典 Lee - Carter 模型、APC 模型及其简化形式、CBD 模型及其扩展形式等随机死亡率模型进行比较，结果表明 CBD 扩展模型中的模型 3 具备最好的拟合效果，并以此为基础对我国养老保险个人账户在领取阶段的长寿风险影响进行评估。高原（2015）分别使用 Lee - Carter 模型和 CBD 模型，使用 1994—2012 年的中国分年龄分性别人口死亡率对 2013—2080 年的国内人口的预期寿命进行预测。

另外，何颖媛和刘贯春（2014）针对 CBD 模型分两阶段进行参数估计这一特点进行改进，建立两因子状态空间模型并引入卡尔曼滤波模型进行估计，结合生存年金组合折现模型，利用 1996—2011 年数据展开实证研究，发现年金组合规模的扩大可以消除微观长寿风险，但不能消除占据不可分散风险主导地位的宏观长寿风险。

第三节　多人口随机死亡率模型

一、两人口随机死亡率模型

在第一部分中，我们所有的模型和分析都是基于单一人口群体的假设，即模型中的个体是一个单一特质的人口群体（至少在死亡率相关的特征上相同）。这样一个群体被称为同质群体。而在实际情况中，很多影响死亡率的因素只作用于部分人群，从而造成不同人群之间死亡率特征存在差异。一组具有不同特征的生命被称为异质生命，如不同国家或不同文化背景下的个体，或性别不同，或职业与生活习惯不同。

虽然不同人群的死亡率特征不尽相同，但在很多时候，由于一些共同因素的作用，他们表现出一定的一致性或相关性。在实际中，不管是忽略不同人群之间与死亡率相关的特征差异还是分别独立考察社会上每类人群的死亡率，都会导致结果存在问题。因此我们在建立随机死亡率模型时，不能简单基于单一人口群体的假设，而需要根据不同的人口特征将模型中的群体分为两类或更多异质性人群，并通过模型反映人群死亡率之间的一致性与差异性。

两人口随机死亡率是多人口随机死亡率模型中相对简单的形式。相当一部分情况下，我们会使用一些只把人群分为两类的划分标准，如性别，吸烟与否，是否具有大学学历等。此时存在一些专用于两类异质人群的随机死亡率预测模型。在这一节中，我们首先介绍这些两人口随机死亡率模型。

两人口随机死亡率模型的基本假设，是社会中的两类人群虽然特征不同，但由于相互关联而死亡率发展趋势相同，因此二者的死亡率之间存在固定比值。常见的两人口死亡率模型一般由 APC 模型或 CBD 模型拓展而来，在这一部分，我们分别从中选取了引力模型和 Logistic 两人口随机死亡率模型，作为示例介绍。

1. 引力模型

引力模型在 APC 模型的基础上扩展，因此对全年龄段人群均具备实用性。考虑两个具有相关性的人口群体，其中人口群体（1）为大样本数据国家或高数据质量国家，人口群体（2）为小数量人口数据国家或低数据质量国家。针对两个群体建立模型，得到以下模型形式：

$$\ln m_{x,t}^{(1)}=\beta_x^{(1)}+\frac{\kappa_t^{(1)}}{n_a}+\frac{\gamma_{t-x}^{(1)}}{n_a}+\varepsilon_{x,t}^{(1)} \tag{9-31}$$

$$\kappa_t^{(1)}=\mu^{(1)}+\kappa_{t-1}^{(1)}+C^{(1)}Z_t^{(1)} \tag{9-32}$$

$$\ln m_{x,t}^{(2)}=\beta_x^{(2)}+\frac{\kappa_t^{(2)}}{n_a}+\frac{\gamma_{t-x}^{(2)}}{n_a}+\varepsilon_{x,t}^{(2)} \tag{9-33}$$

$$\kappa_t^{(2)}=\mu^{(2)}+\kappa_{t-1}^{(2)}+C^{(2)}Z_t^{(2)} \tag{9-34}$$

其中，$m_{x,t}$与之前的 $m(x,t)$ 相同，表示 x 岁个体在年份 t 的死亡率，参数 β_x、κ_t 和 γ_{t-x}同样表示年龄、死亡时间以及队列效应。n_a 表示可用数据中可用于参数估计部分的个体的死亡年龄可取到的总数。在考虑两个人群的时间效应可能存在的相互作用的情况下，我们认为大样本数据人群（1）已经充分反映了时间效应信息，因此，在人群（2）的时间序列预测中加入人群（1）上一期的时间效应 $\kappa_{t-1}^{(1)}$，设 $\kappa_t^{(2)}$ 与 $\kappa_{t-1}^{(1)}$的相关性为 $\varphi^{(k)}$，此时，对时间效应的拟合方法可以改进为：

$$\kappa_t^{(2)}=\kappa_{t-1}^{(2)}+\varphi^{(k)}(\kappa_{t-1}^{(1)}-\kappa_{t-1}^{(2)})+\mu^{(2)}+C^{(2,1)}Z_t^{(1)}+C^{(2,2)}Z_t^{(2)} \tag{9-35}$$

其余参数的估计仍然可以使用最大似然方法，针对引力模型，Cairns 等（2011）借助贝叶斯模型原理对两人口引力模型进行改良，建立了两人口贝叶斯层次模型。基于贝叶斯原理的模型可以对两个样本规模相似的样本群体进行建模，而不必区分大小样本群体。

2. Logistic 两人口随机死亡率模型

由 CBD 模型扩展而来的随机死亡率模型同样更多适用高龄人口。其原理是：假设高龄人口死亡率并不服从指数分布，而是服从 Logistic 模型结构，即随着年龄的增长，死亡率趋于一个常数，且极限值小于 1。

Logistic 两人口随机死亡率模型表达式为：

$$\text{Logit}m_{x,t}^{(i)} = \alpha_t + \beta_t x + \tau_t^{(i)} + \nu_t^{(i)} x \tag{9-36}$$

$$\sum_t \tau_t^{(1)} = 0 \tag{9-37}$$

$$\sum_t \tau_t^{(1)} = 0 \tag{9-38}$$

其中，参数 α_t 与 β_t 的取值在两类人群中相同，而 $\tau_t^{(i)}$ 和 $\nu_t^{(i)}$ 在每个异质性群体中取值不同。整体而言，两人口 Logistic 模型的原理与广义线性回归模型相似，即以 Logit 函数为连接函数，在等号右侧以死亡年龄 x 为自变量，从而 $\alpha_t + \tau_t^{(i)}$ 为回归的截距项，$\beta_t + \nu_t^{(i)}$ 为 x 的回归系数。

通过用（$x - \bar{x}$）代替死亡年龄 x，我们可以得到与 CBD 模型更为类似的标准化形式。

两人口随机死亡率模型也可以使用极大似然法对进行估计，其原理与单人口随机死亡率模型类似。

二、多人口随机死亡率模型

在现有的多人口随机死亡率模型研究中，较为常见的建模方法是在单人口 Lee - Carter 模型的基础上，增加对不同人群的异质性以及关联关系的描述。产生的模型包括 Joint - K 模型、ACF 模型和 CAE 模型等。

Joint - K 模型最早于 1992 年与经典 Lee - Carter 模型被同时提出。与 Lee - Carter 模型相比，Joint - K 模型假设基础年龄效应 $\alpha(x,i)$ 在不同年龄与群体中不同，基础时间效应 $\kappa(t)$ 在各异质人口群体中均相同，但不同年龄和群体的个体对死亡率随变动存在不同的敏感度 $\beta(x,i)$，Joint - K 模型的具体形式为：

$$\ln[m(x,t,i)] = \alpha(x,i) + \beta(x,i)\kappa(t) + \varepsilon(x,t,i) \tag{9-39}$$

$$\sum_t \kappa(t) = 0 \tag{9-40}$$

$$\sum_x \beta(x,i) = 1 \tag{9-41}$$

为使模型具备唯一性，同样需要对参数取约束条件。多种异质性人群时取约束条件的原理与单人口模型原理相同。

在 Joint－K 模型的基础上，2005 年 Li 和 Lee 将 $\beta(x,i)\kappa(t)$ 拆分为不随所属人口群体改变的公共时间效应和随所属异质性群体产生数值变化的附加时间效应，使用参数 $B(x)$ 表示随机死亡率在该年龄段对时间变化的敏感度，$K(t)$ 表示公共时间效应，$\kappa(x,i)$ 表示根据人群取值不同的附加时间效应参数。从而形成了 ACF 模型，其表达式可写作：

$$\ln[m(x,t,i)] = \alpha(x,i) + B(x)K(t) + \beta(x,i)\kappa(x,i) + \varepsilon(x,t,i) \tag{9-42}$$

$$\sum_x B(x) = 1 \tag{9-43}$$

$$\sum_t K(t) = 0 \tag{9-44}$$

$$\sum_x \beta(x,i) = 1 \tag{9-45}$$

$$\sum_t \kappa(x,i) = 0 \tag{9-46}$$

这一模型又称作 ACF(0) 模型。由于 ACF(0) 模型的参数较多，在使用最大似然方法时容易出现难以收敛或收敛结果为局部最优等问题，后续研究中出现了削减参数的 ACF(1)、ACF(2) 等模型形式。

CAE 模型在合并 $B(x)K(t) + \beta(x,i)\kappa(x,i)$ 两项为 $B(x)\kappa(x,i)$，对各人群死亡率变动的时间差异进行描述的基础上，将模型扩展到多维，并引入主成分分析法获得参数估计。具体模型形式与约束条件为：

$$\ln[m(x,t,i,j)] = \alpha(x,i) + \sum_x B(x,j)\kappa(t,i,j) + \varepsilon(x,t,i,j) \tag{9-47}$$

$$\sum_x B(x) = 1 \tag{9-48}$$

$$\sum_t \kappa(x,i) = 0 \tag{9-49}$$

在对多人口随机死亡率模型进行参数估计时，同样可以使用最大似然法，且原理与步骤与单人口的情况类似。预测过程也同样使用 ARIMA(0,1,0)、VAR(1) 等预测模型对时间效应参数进行估计，之后基于预测基年的死亡率数据与拟合参数即可得出结果。死亡率预测公式为：

$$\hat{m}_{x,t,i} = \dot{m}_{x,s,i}\exp[\hat{B}_x(\hat{K}_t - K_s) + \hat{\beta}_{x,i}(\hat{\kappa}_{t,i} - \kappa_{s,i})] \tag{9-50}$$

其中，$\hat{K}_t$ 与 $\hat{\kappa}_{t,i}$ 为各年龄个体的预测均值，$\dot{m}_{x,s,i}$、K_s 与 $\kappa_{s,i}$ 为预测基年 s 的死亡率与时间效应数据，$\hat{m}_{x,t,i}$ 为死亡率预测结果。多人口随机死亡率模型的参数估计迭代过程和时间序列预测方法可以参见赵明和王晓军（2020）的附录。

除以上研究方法外，有一些研究者也提出了一些基于 Coupla 方法或机器学习方法等途径建立的多人口随机死亡率估计模型。这些方法的模型建构大多提出时间较短，仍存在一定待解决的问题，因此尚未形成较成熟的研究模式。有兴趣深入了解的读者可以自行查阅相关文献。

参考文献

IFOA. CT4 Models Combined Materials Pack for exams in 2015 [M]. The Actuarial Education Company, 2016.

IFOA. Risk Modelling and Survival Analysis Combined Materials Pack for exams in 2019 [M]. The Actuarial Education Company, 2020.

London Dick 著，陈子毅译. 生存模型 [M]. 上海：上海科学技术出版社，1996.

陈旭. 生存分析教程 [M]. 长沙：湖南师范大学出版社，2024

龚光鲁，钱敏平. 应用随机过程教程 [M]. 清华大学出版社，2004.

李晓林，孙佳美. 生命表基础 [M]. 中国财政经济出版社，2006.

刘嘉琨，王公恕. 应用随机过程 - 第 2 版 [M]. 科学出版社，2004.

刘宪. 生存分析：模型与应用 [M]. 高等教育出版社，2012.

彭非，王伟. 生存分析 [M]. 北京：中国人民大学出版社，2004

张波，张景肖. 应用随机过程 [M]. 清华大学出版社，2004.

邹公明. 生存模型的构造理论 [M]. 上海财经大学出版社，2005.